제 2 판

존 듀이의
경험과 교육

엄태동 역저

박영
story

일러두기

- 이 책의 1부와 2부는 존 듀이의 Experience and Education. New York: The Macmillan Company. 1938과 The Child and The Curriculum. Chicago: The University of Chicago Press. 1902를 우리말로 옮긴 것이다.

- 부록으로 실은 「존 듀이를 위한 한 편의 변론」은 역자가 듀이의 교육이론을 해설하고 평가할 목적으로 쓴 논문인 「지상에서 추방당한 존 듀이의 천상의 교육학(2001년)」을 수정한 것이다.

- 1부와 2부 본문에서 [ ] 속의 글은 저자인 듀이가 원문을 보충하기 위해서 써넣은 것이며, ( ) 속의 글은 역자가 원문의 문맥을 자연스럽게 잇기 위해서, 또는 독자의 이해를 돕기 위해서 별도로 써넣은 것이다.

- 1부와 2부의 본문 하단에 실려 있는 주석은 역자가 별도로 붙인 것으로 다소 까다로운 이론적 설명을 포함하고 있다. 이를 건너뛰고 본문만 읽어도 무방하다.

저자 서문

모든 사회적인 운동에는 갈등이 수반되기 마련이며, 이러한 갈등은 지적인 논쟁의 형태로 표출되고는 한다. 만약 교육과 같은 중요한 사회적 관심사가 실제적이거나 이론적인 논쟁이 이루어지는 장(場)이 되지 않고 있다면, 이를 결코 건강한 징후라고 볼 수는 없다. 그러나 이론적인 관점, 적어도 교육철학을 구성하는 이론의 관점에서 보면, 실제적인 갈등은 물론이고, 그러한 갈등을 둘러싸고 전개되는 논쟁들도 문제를 해결하기보다는 오히려 문제를 야기하고 있을 뿐인 경우가 많다. (어떻게 해야 하는가?) 서로 맞서고 있는 양 진영 가운데 어느 한편에 가담하기보다는, 먼저 갈등이 초래되는 원인을 조사해야 된다. 그리고 각 진영이 주장하는 실천과 이념이 보여주는 것보다는 좀 더 깊이가 있고 폭넓은 관점에 서서 교육과 관련된 문제들을 어떻게 다루어야 하는지를 제시해야 된다. 이것이야말로 교육을 학문적으로 이론화할 때 반드시 수행해야 하는 과제이다.

교육철학의 과제를 이렇게 말한다고 해서 교육철학이 서로 상반되는 생각을 지닌 학파들 사이에 서서 타협점이나 중도적인 입장을 모색해야 한다는 의미는 아니며, 모든 학파로부터 이것저것 요점을 끌어모아 절충안을 만들어야 한다는 의미도 아니다. 그것은 새로운

형태의 교육 실천을 가져올 수 있는 새로운 개념의 체계를 도입해야
한다는 뜻이다. 새로운 개념을 형성해야 한다는 바로 이 부담 때문에
낯익은 전통이나 관습에서 벗어나 종전의 것과는 다른 교육철학을 구
성하는 일은 대단히 어려운 과제가 된다. 새로운 개념의 체계에 근거
하여 학교를 운영하는 것이 관례에 따라 학교를 운영하는 것보다도
훨씬 어려운 이유도 바로 여기에 있다. 새로운 이론의 체계와 그러한
이론에 근거한 실천을 모색하던 운동들이 오래가지 못하고 금방 기세
가 꺾인 나머지, 좀 더 쉬어 보이고 좀 더 기본적인 것처럼 보이는 과
거의 이론과 실천으로 거의 예외 없이 되돌아가고 마는 현상이 빚어
지는 것도 이러한 어려움에서 기인한다. 지금도 고대의 그리스나 중
세 시대의 교육원리들을 다시 되살리려는 시도가 교육계에서 왕왕 이
루어지고 있으며, 이것 역시 새것을 버리고 옛것으로 회귀하려는 사
례라 볼 수 있다.

　　이러한 사정을 고려하여 나는 이 작은 책자의 끝부분에서 새로운
사회 질서가 현재 요구하고 있는 바에 적합한 새로운 교육 운동을 모
색하려는 사람들이라면, 다음과 같은 점에 유념하여야 한다고 이야기
하였다. 즉, 새로운 교육을 실현하려는 사람은 교육을 교육 그 자체로
보아야 하며, 진보주의까지도 포함하여 갖가지의 '주의'(ism)에 근거하
여 교육에 대해 사고해서는 안 된다는 점을 명심해야 한다. 왜냐하면
어떠한 교육 운동이든지 간에, 특정한 주의(ism)에 입각하여 교육에
대한 사유를 전개하고 실천을 모색하게 되면, 그것에 반대하는 다른
주의들(isms)로부터 반발을 초래하여, 스스로도 알지 못하는 사이에,
그것들로부터 영향을 받아 궤도를 이탈하게 되기 때문이다. 그렇게

되면, 교육 운동은 실지로 존재하는 교육과 관련된 요구나 문제, 가능
성 등을 포괄적이고 건설적으로 조사하여 교육의 원리를 마련하는 대
신에 다른 주의들(isms)에 대항하여 교육의 원리를 모색하는 어리석음
을 범하게 된다. 이 작은 책자에 실려 있는 논설의 가치가 무엇이든지
간에, 그것은 교육과 관련된 보다 폭넓고 깊이 있는 문제에 관심을 불
러일으킴으로써 그러한 문제를 다루는 데에 적절한 틀을 제안하기 위
한 노력의 산물이다.

존 듀이

편집자 서문

　『경험과 교육』은 카파 델타 파이(Kappa Delta Pi) 학회의 강좌 총서 가운데 처음 십 년간 출판된 총서 시리즈를 완결하는 마지막 저서이다. 듀이 박사는 우리 학회의 첫 번째 강좌를 담당한 강사이자, 총서의 마지막에 해당하는 열 번째 강좌를 담당한 강사이기도 하다. 따라서 이 저서는 우리 학회와 그런 특별한 인연을 맺고 있는 듀이 박사를 기념하기 위한 출판물이라고 볼 수도 있다. 비록 저자의 다른 저서들에 비하면 분량이 적기는 하지만, 『경험과 교육』은 교육철학 분야의 기념비적인 저서이다.

　상호 적대적인 신념을 따르는 사람들이나 단체들이 난립하는 등의 혼란이 미국의 교육계에 광범위하게 퍼져있어서 교육을 위해 하나로 결집되어야 하는 힘이 이리저리 분산되는 유감스러운 일이 벌어지고 있다. 이러한 와중에 나온 이 작은 책자는 교육이 통일된 방향으로 나아가도록 하는 데에 필요한 분명하고도 확실한 안내를 제공하고 있다. 새교육을 신봉하는 교사들이 듀이 박사의 가르침을 공공연하게 자신들의 실천에 적용하고 있을 뿐만 아니라, 경험, 실험, 목적이 있는 배움(purposeful learning), 자유 등과 같은 진보적인 교육의 유명한 개념들을 강조하고 있는 만큼, 듀이 박사 자신이 이러한 현재의 교육

실천에 어떠한 반응을 보이고 있는지를 살펴보는 것도 의미 있는 일
이다. 카파 델타 파이의 집행 위원회는 사회의 급변으로 인하여 혼란
에 빠진 국가를 이끌어 나가는 데에 교육계의 총력을 기울여야 하는
이때, 오히려 미국의 교육계를 양분시키고 있을 뿐만 아니라, 힘을 약
화시키고 있는 몇몇 난제들에 대하여 논의해 줄 것을 듀이 박사에게
부탁하였다. 이는 교육의 문제를 분명히 이해하고, 교육계의 힘을 결
집한다는 취지에서 이루어진 것이다.

　『경험과 교육』은 전통적인 교육과 진보적인 교육 양자를 명확하
게 분석하고 있다. 전통적인 교육과 진보적인 교육 각각의 근본적인
결함도 이 책자에 기술되어 있다. 전통적인 학교가 교과의 내용으로
전통적인 교과목이나 문화적인 유산을 강조하고 있다면, 새로운 학교
는 학생의 내적인 욕구와 흥미, 그리고 변화하는 사회가 당면하고 있
는 문제 등을 중시한다. 그러나 양쪽 진영이 가치 있게 평가하고 있는
것들은 그것만 가지고는 충분하다고 보기 어렵다. 교과목이나 학생
가운데 어느 한 쪽만이 중요한 것이 아니라, 사실은 양자가 모두 교육
에 있어서는 본질적이다. 건전한 교육적 경험은, 무엇보다도, 학생과
학생이 배우는 것 사이에 계속성과 상호작용이 존재해야 가능하다.
전통적인 교육과정(教育課程)이 아이들의 타고난 역량과 흥미를 무시
하고, 대신 엄격한 통제와 훈육을 중시해왔다는 점은 의심의 여지가
없다. 그러나 오늘날 이러한 유형의 학교교육에 대한 반작용으로 인
하여 종종 또 다른 극단, 즉 충분히 조직되지 못한 교육과정, 과도한
개인주의, 자유의 지표라고 오해되고 있는 방종(放縱) 등이 조장되고
있다. 듀이 박사는 전통적인 교육뿐만 아니라, 새교육도 모두 적절하

지 못하다고 주장한다. 양자 모두 신중하게 개발된 경험 철학의 원리
를 적용하지 못하고 있기 때문에 교육적이지 못하다는 것이다. 이 책
자의 상당 부분은 경험이 어떤 의미를 지니는지, 그리고 경험이 교육
과 어떤 관련을 갖는지를 설명하는 데에 할애되고 있다.

　　교육계에 분열과 대립을 낳고 이를 더욱 조장하고 있는 파벌들을
비판하면서, 듀이 박사는 교육을 인간이 세계를 연구하는 데에 활용
하는 과학적인 방법이라고 해석한다. 비판적인 탐구를 수행하고 지적
인 삶을 영위하려면, 다양한 의미들과 가치들에 대한 지식이 요구되
는데 과학적인 방법은 그러한 지식을 습득하고 축적하는 방법으로서
곧 교육에 해당한다는 것이다. (그의 말마따나) 과학적인 탐구란 체계적
인 지식을 추구하기 마련이다. 이 때 과학적인 탐구가 추구하는 지식
의 체계는 이후의 탐구를 수행하는 데에 도움이 되는 수단으로 이해
될 필요가 있다. 따라서 과학자는 문제들이 발견되는 대로 이를 탐구
하기만 하면 자신의 역할을 다하는 것이라고 한정적으로 생각하기보
다는, 그러한 문제들의 성격, 문제들이 대두되고 있는 시대적 배경,
문제들을 둘러싸고 있는 환경적 조건들, 문제들의 의의 등을 연구하
는 데까지 나아가야 한다. 이러한 목적을 달성하기 위하여 과학자는
관련된 지식들이 축적되어 있는지를 조사하고, 그러한 지식들을 다시
검토할 필요가 있다. 이렇게 생각할 때, 결국 교육은 (과학자들이 지식을
탐구하는 데 사용하는 과학적 방법에 충실하게) 교과를 진보적으로 조직할
수 있어야 하며, 학생들이 그렇게 조직된 교과를 공부하다가 보면 저
절로 문제들의 의미와 의의를 파악할 수 있도록 해주어야 한다. 과학
적인 연구는 우리를 경험으로 인도할 뿐만 아니라, 우리의 경험을 확

장시켜 준다. 그러나 그러한 경험은 의미 있는 지식과 계속적으로 연결되어 있을 경우에만, 그리고 지식이 학생들의 사고방식과 태도와 기능 등을 적절하게 변모시키거나 개선하는 경우에만 교육적인 것일 수 있다. 이렇게 보면, 진정한 배움이 이루어지는 장면 속에는 종적(縱的)인 차원과 횡적(橫的)인 차원이 존재한다. 그것은 역사적이며 동시에 사회적이다. 또한 그것은 질서가 있으면서도 역동적이다.

　　교육과 관련하여 신뢰할 만한 가르침을 진지하게 추구하고 있는 오늘날의 수많은 교육전문가들과 교사들은 이 책자에서 그들의 관심을 끄는 대목들을 발견할 수 있을 것이다. 『경험과 교육』은 교육전문가들과 교사들이 합심해서 미국의 교육 체제를 구축할 수 있도록 확고한 토대를 제공해 준다. 물론 그러한 교육 체제는 모든 경험의 원천을 존중하여야 하며, 경험과 교육에 대하여 부정적인 것이 아니라 긍정적인 철학에 근거하여야 한다. 경험과 교육에 대한 긍정적인 철학의 안내를 받음으로써 미국의 교육자들은 그들의 적대적인 파벌을 해소하고, 좀 더 나은 내일로 나아가는 견고한 대열에 합류하게 될 것이다.

알프레드 L. 홀퀘스트
카파 델타 파이 출판 편집자

차 례

제1부 경험과 교육

제1장 전통적인 교육과 진보적인 교육 ·································· 3

제2장 경험 이론의 필요성 ·· 14

제3장 경험의 준거 ··· 26

제4장 사회적 통제 ··· 55

제5장 자유의 본질 ··· 71

제6장 목적의 의미 ··· 78

제7장 교과 내용의 진보적 조직 ································ 88

제8장 교육의 수단이자 목적인 경험 ···························· 113

제2부 아동과 교육과정

아동과 교육과정 ·· 119

제3부 존 듀이를 위한 한 편의 변론

제1장　존 듀이의 비애: 그를 둘러싼 오해와 혼동 ·························· 159

제2장　프래그머티즘과 실용주의의 혼동 ······························· 167

제3장　교육의 가치와 교과의 가치에 대한 혼동 ······················ 176

제4장　교과의 진보적 조직이라는 아이디어의 오해 ···················· 187

제5장　존 듀이 다시 읽기: 교육본위론적 재해석 ······················ 198

역자 후기　　　　　　　　　　　　　　　　　　　　　213

참고 문헌　　　　　　　　　　　　　　　　　　　　　218

색인　　　　　　　　　　　　　　　　　　　　　　　221

01

경험과 교육

1장 전통적인 교육과 진보적인 교육

인간은 모든 것을 극단적인 대립 구도 속에 집어넣어 생각하려는 경향이 있다. 이로 인하여 '이것이냐, 저것이냐'라는 양자택일적인 구도에 부합하도록 자신의 신념을 형성할 뿐만 아니라, 이것과 저것이라는 대립항 사이에 중간적인 가능성이 존재할 수도 있다는 사실조차 인정하지 않는다. 세상이 이것 아니면 저것이라는 식으로 극단적으로 대립하면서 흘러가지는 않는다는 점을 인정할 수밖에 없는 경우에도, 양자택일적인 대립 구도가 이론적으로는 흠잡을 데 없이 올바른 것이며, 단지 이를 실제적인 문제들에 적용할 때 상황적인 변수들로 인하여 어떠한 타협이 이루어질 뿐이라고 강변한다. 교육철학 역시 이 점에서는 예외가 아니다. 조금만 살펴보면, 교육이론의 역사는 '내부로부터의 발달'이라는 면에서 교육을 보는 견해와 '외부로부터의 형성'이라는 면에서 교육을 보는 견해 사이의 대립으로 점철되어 왔음을 알 수 있다. 즉, 자연적으로 부여받은 선천적인 자질에 기초하여 이루

어지는 것이 교육이라는 견해와 선천적으로 타고난 성향을 지양(止揚)
하고 외부의 압력으로 형성된 습관이 그 자리를 대신 차지하도록 만
드는 과정이 교육이라는 견해가 교육이론의 전체 역사를 통해 대립해
온 것이다.

　　현재에도 그러한 대립은, 학교의 실제적인 문제들과 관련하여, 전
통적인 교육과 진보적인 교육 사이의 대립이라는 형태로 나타나고 있
다. 전통적인 교육을 지배하고 있는 근본적인 아이디어들을 하나도
남김없이 정확하게 진술하려 들기보다는, 대략적으로 그 특징만을 소
개한다면, 아마도 다음과 같은 내용이 될 것이다. 교육이 다루는 교과
는 과거부터 형성되어 온 정보와 기능의 체계들로 구성된다. 따라서
학교의 중요한 과제는 그러한 교과를 새로운 세대에게 전수하는 일이
다. 행위의 기준과 규칙 역시 과거부터 발전되어 내려오는 것이며, 도
덕교육은 이러한 규칙과 기준에 일치하는 행위의 습관을 형성하는 일
이다. 끝으로 학교 조직을 일반적인 패턴의 면에서 살펴본다면 [학교
조직의 일반적인 유형이라는 말은 학생들 간의 관계, 그리고 학생들
과 교사들 간의 관계를 의미한다], 학교는 다른 사회적인 제도들과는
뚜렷하게 구분되는 특이한 종류의 제도이다. 일상적인 교실, 교실의
시간표, 학급 편성의 체제, 시험 및 진급 제도, 질서 유지를 위한 규칙
들 등을 머릿속에 떠올려 상상해 본다면, 여러분은 조직의 패턴이라
는 말로 내가 의미하고자 하는 바가 무엇인지를 파악할 수 있을 것이
다. 그리고 여러분이 이러한 학교의 장면을, 예를 들어 가정 내에서
벌어지는 장면과 비교해 본다면, 학교가 다른 형태의 사회 조직들과
뚜렷하게 구분되는 제도라는 말이 무슨 뜻인지를 알 수 있을 것이다.

　방금 위에서 언급한 전통적인 교육의 세 가지 특징들은 수업이나 훈육1의 목적과 방법이 어떠한 것이어야 하는지를 규정한다. 교육의 주된 목적이나 목표는 어린 세대로 하여금 그들이 장차 살게 될 미래의 삶 속에서 책임 있게 행동하고 성공할 수 있도록 준비시키는 일이 된다. 그리고 이는 어린 세대가 수업을 통하여 배우는 자료들을 이해하는 가운데 그 속에 들어 있는 조직화된 정보의 체계와 기존의 기술들을 습득함으로써 가능하다. 적절한 행위의 기준뿐만 아니라, 교과 또한 과거로부터 전해져 내려오는 것이다. 따라서 대개의 경우 학생들은 순응적이고 수용적이며 복종적인 태도를 취해야만 한다. 서적들, 그 가운데서도 특히 교과서는 과거의 지식과 지혜를 대표하는 중요한 자료이며, 교사는 학생들이 그러한 자료들을 접하고 이를 효과적으로 습득하도록 만드는 역할을 담당한다. 교사들은 지식과 기술을 학생들에게 전달하고, 학생들이 행위의 규칙을 따르도록 만든다.

　내가 전통적인 교육의 특징적인 면모를 이렇게 요약한 것은 전통적인 교육을 떠받치고 있는 철학을 비판하기 위해서가 아니다. 새교육이라 하든, 진보적인 학교2라 하든, 그것들은 모두 전통적인 교육에

---

1 훈육(訓育)으로 번역된 영어 단어 discipline은 도야(陶冶)로도 흔히 번역되며, 교과(教科)를 뜻하기도 한다.

2 듀이가 제안하는 교육을 새교육(new education)이나 진보적인 교육(progressive educ-ation)이라는 말로 표현하는 경우가 많다. 그리고 실제로 새교육과 진보적인 교육을 표방했던 교육 운동의 실패나 문제 등을 근거로 하여 듀이가 주장하는 교육은 수용하기 어려운 것으로 드러났다고 평가하기도 한다(황용길, 1999). 그러나 듀이가 제안한 새교육이나 진보적인 교육은 실제로 교육 현장에서 실천되었던 새교육이나 진보적인 교육과 동일한 것은 아니다. 『경험과 교육』이라는 이 책은 전통적인 교육은 물론이고, 전통적인 교육을 반대하면서 등장한 진보적인 교육 운동을 동시에 비판하는 가운데, 진정한 의미의 진보적인 교육을 제안하기 위한 것이다. 이러한

대한 불만으로부터 자생적으로 탄생한 것이다. 그것의 구체적인 면면
역시 전통적인 교육과 학교를 비판하는 가운데 형성되었다. 새교육이
나 진보적인 학교의 등장 이면에 숨어 있는 전통적인 교육에 대한 비
판을 명시적으로 드러내 이야기하면 다음과 같다. 본질적으로 전통적
인 교육을 지배하고 있는 기본적인 틀은 위로부터, 그리고 외부로부
터 무엇인가를 부과(賦課)하는 것이 곧 교육이라고 보는 관점이다. 그
것은 성숙을 향하여 서서히 나아가고 있는 어린 세대들에게 성인의
기준과 성인의 교과, 그리고 성인의 방법을 부과하는 교육이다. 성인
과 어린 세대의 간극은 너무나도 커서 어린아이들에게 요구되는 교과
나 배움의 방법, 그리고 행위의 방식은 어린아이들의 현재 역량을 기
준으로 보면 지나치게 이질적이다. 그러한 것들은 어린아이가 현재
지니고 있는 경험의 범위를 넘어선다. 바로 이 점에서 그것은 강압적
으로 부과될 수밖에 없다. 설사 유능한 교사가, 그러한 강압적인 부과
가 가져오는 비인간적인 특징이 해소될 수 있도록, 적절한 방법이나
장치를 사용한다고 하더라도 이는 마찬가지이다.

　　그러나 성숙한 성인이 그들의 경험의 산물로 지니고 있는 것과
어린 세대의 경험이나 능력 사이의 간극은 너무나도 넓다. 그리고 바
로 이러한 형편 때문에 학생들이 무엇인가를 배워서 이를 발전시켜
나가는 데에 능동적으로 참여한다는 것은 사실상 불가능하다. 그들이
할 수 있는 일이라고는, 자신들이 마치 적군의 총부리를 향해 돌격하
라는 명령을 받고 이에 따르다가 죽음의 계곡에서 전사한 저 600여

점에서 진보적인 교육 운동과 듀이의 교육이론 사이에 존재하는 차이를 알지 못하
고, 전자의 실패를 들어 후자를 비판하는 것은 듀이에게는 부당한 일이다.

명의 경기병대(輕騎兵隊)3의 한 사람이기라도 하듯이, 무조건 시키는 대로 따라 하고 배우는 것뿐이다. 이 경우에 배움이란 서적이나 성인들의 머릿속에 벌써부터 들어있던 것을 수동적으로 받아들여 습득하는 활동을 뜻할 뿐이다. 더 나아가 학생들은 교사가 가르치는 지식을 본질상 완결되어 있을 뿐만 아니라, 수정의 여지조차 없을 정도로 확정된 것이라 받아들이면서 배우게 된다. 교사가 가르치는 지식은 최종적인 산물인 것처럼 수용되며, 그 지식이 원래 구성되던 방식이나, 장차 그 지식이 분명 겪게 될 변화의 양상 등은 거의 고려의 대상이 되지 않는다. 교육과 관련된 이러한 사고방식은 미래가 과거와 상당한 정도로 흡사할 것이라 가정하는 사회에서 생겨난 문화적인 산물인 경우가 대부분이다. 그럼에도 불구하고, 미래는 과거와는 다른 것으로 변화하기 마련이라고 생각하는 사회에서조차도, 이러한 사고방식이 교육적으로 유용한 것으로 간주되어 통용되고 있는 실정이다.

　　만약 우리가 새교육 운동의 실천 속에 암묵적으로 숨어 있는 교육철학을 체계화하려고 시도한다면, 내가 생각하기에, 지금 존재하고 있는 다양한 진보적인 학교들에 공통적으로 들어 있는 다음과 같은 특정한 원리들을 발견하게 될 것이다. 위로부터의 부과에 반대하는 개성의 표현과 함양이 강조된다. 외부적인 훈육과 대립하는 것으로 자유로운 활동을 발견할 수 있다. 서적이나 교사로부터 배우는 것이

---

3 듀이는 여기서 러시아 군대와 싸우다 전사한 코사크(Cossack) 병사들을 노래한 영국의 시인 알프레드 테니슨(Alfred Lord Tennyson, 1809~1883)의 시 '경기병대의 돌격'(Charge of the Light Brigade)을 인용하고 있다. 듀이는 이 시에 묘사된 무모한 명령과 이를 따르는 맹목적인 행동, 그리고 그 종말이 전통적인 교육의 장면에서도 그대로 재연된다는 취지의 설명을 하고 있다.

아니라, 경험을 통하여 배우는 것이 중시된다. 서로 관련을 맺지 못하고 고립되어 있는 기술과 기능을 반복적인 연습을 통하여 습득하는 일 대신에 직접적이며 생생한 호소력을 지닌 목적을 실현하기 위한 도구로서 기술과 기능을 습득하는 일이 강조된다. 다소간 먼 미래를 위해 준비하는 일 대신에 현재의 삶이 가지고 있는 기회를 최대한 활용하는 일이 중시된다. 고정된 목적과 자료에 집착하기보다는 변화하는 사회에 친숙해지는 일이 강조된다.

그러나 원리라는 것은, 그것이 무엇이든지 간에, 그것 자체만으로는 추상적이기 마련이다. 원리들을 적용하였을 때 어떠한 결과들이 생겨나는가를 살펴보아야만, 그 원리들이 구체적으로 어떠한 것들인지를 알 수가 있다. 위에서 거론한 원리들은 상당히 많은 것을 떠받치고 있으면서도 여러 영역에 걸쳐 있는 만큼, 그것들이 학교나 가정에서 구체적으로 어떻게 실천되는가는 그것들을 어떻게 해석하는가에 전적으로 달려 있다. 이와 관련하여 앞에서 이야기했던 '이것이냐, 저것이냐'라는 식의 철학에 빠지지 않도록 각별히 주의를 기울일 필요가 있다. 새교육의 토대가 되고 있는 일반적인 철학은 올바른 것일 수 있다. 그러나 새교육이 전통적인 교육과는 차별화된 추상적인 원리를 지니고 있다고 해서, 그러한 추상적인 원리가 새교육과 관련하여 우리가 취하고 있는 도덕적이거나 지적인 선택이 구체적인 교육의 실천 장면에서 어떠한 방식으로 작동할 것인지를 저절로 결정해 주지는 못한다. 새교육의 운동 속에는, 그것이 대치하고자 하는 전통적인 교육의 목적과 방법을 부정해야만 한다는 강박 관념으로 인하여, 무엇인가를 건설적으로 구성하는 원리보다는 기존의 것을 부정하는 원리를 내놓는 데에 치중하게 될 위험성이 늘 도사리고 있다. 그럼으로써 새교육의 철학을 건설적으로 발전시키는 일 대신에 오히려 새교육이 부정하는 전통적인 교육의 실제 속에서 새교육의 실마리를 찾으려 드는 잘못을 범할 가능성이 있다.

나는 '실제 경험의 과정과 교육 사이에는 본질적이며 필연적인 관계가 존재한다'는 아이디어 속에서 새교육의 토대가 되는 철학의 기본적인 통일성을 발견할 수 있다고 생각한다. 만약 이러한 생각이 맞다면, 새교육이 취해야 하는 기본적인 아이디어를 건설적으로 구성하고 발전시킬 수 있는가의 여부는 우리가 경험에 대한 정확한 관념을 지니고 있는가에 달려 있다고 볼 수 있다. 예를 들어, 좀 더 나중에 논의될 주제이기는 하지만, '교과를 어떻게 조직할 것인가' 하는 문제를 생각해 보자.4 교과의 조직과 관련하여 진보적인 교육이 직면하고 있는 문제들은 이러한 것들이다. 경험 속에서 교과와 교과의 조직이 차지하는 위치는 무엇이며, 이들은 어떠한 의미를 지니는가? 경험 속에서 교과는 어떠한 기능을 수행하는가? 교과 내용의 진보적인 조직을 가능하도록 만드는 무엇이 경험 속에 들어 있는가? 경험의 자료들이 진보적으로 조직되지 않았을 때, 뒤따르게 되는 결과는 무엇인가? 단지 전통적인 교육을 부정하고 반대한다는 취지에서 전개되는 철학은 이러한 문제들을 그냥 무시하고 넘어갈 것이다. 그러한 철학은, 교과란 과거부터 이미 조직된 형태로 전해 내려오고 있다는 생각을 토대로 해서 지금까지 교육이 이루어졌기 때문에, 전통적인 조직의 원리를 송두리째 부정하기만 하면 충분하다고 생각하는 경향이 있다.

---

4 이 주제는 이 책의 <7장 교과 내용의 진보적 조직>에서 자세히 논의된다.

따라서 교과의 조직이란 무엇이며, 학생의 현재 경험을 출발점으로 삼아 교과를 진보적으로 조직할 수 있는 방법이 무엇인지를 발견하려고 애쓰지 않는다. 우리가 여기서 예를 든 교과의 조직이라는 문제 이외에 전통적인 낡은 교육과 새교육 사이의 모든 차이점들을 세세히 살펴본다고 하더라도, 지금 이야기한 것과 유사한 결론들에 도달하게 된다. 외적인 통제를 부정한다고 할 때, 그렇다면 경험 속에 들어 있는 통제의 요소들이 무엇인지를 찾는 일이 당장 문제로 대두된다. 외적인 권위를 거부한다고 해서 모든 권위를 배격해야 하는 것은 아니다. 오히려 좀 더 효과적인 권위의 원천을 찾을 필요가 있다. 우리가 극단적인 '이것이냐, 저것이냐'라는 식의 철학을 받아들이지 않는 이상, 전통적인 교육이 성숙한 성인들에게나 어울리는 지식과 방법, 행위의 규칙 등을 어린 세대에게 부과했다고 해서, 성인들의 지식과 기술 등이 미성숙한 아이들의 경험에 대하여 그 경험이 성장해 나가야 하는 방향을 지시하는 가치를 조금도 지니지 못한다는 결론은 따라 나오지 않는다. 오히려 교육이 학생들의 개인적인 경험을 토대로 삼아 이루어지도록 하는 데에는, 전통적인 학교에서 그랬던 것 이상으로, 성인과 아동이 좀 더 다양하고 좀 더 친밀하게 접촉하는 일이 요청된다. 또한 여기서 자연스럽게 따라 나오는 귀결로서 새교육은 전통적인 교육보다도 성인에 의한 지도(指導)를 더욱 필요로 한다. 따라서 문제는 '개인의 당사자적인 경험5을 통하여 배운다는 원리를 훼손

---

5 '개인의 당사자적인 경험'으로 번역된 원어는 'personal experience'이다. 이는 개인적인 경험이라고 번역해도 무방하다. 어찌되었든, 듀이가 이 말을 통해서 강조하는 것은 '학생들이 직접 주체가 되어서 행하는 경험'이다. 그러한 경험은 학생들이 수동적으로 받아들여야 하는 성인들의 경험, 즉 학생들이 소외(疎外)되어 있는 경험

하지 않으면서도 성인과 아동 사이의 접촉이 이루어지도록 하려면 어떻게 해야 하는가?'라는 것이 된다. 이 문제를 해결하려면, 개인이 자신의 경험을 형성하는 경우에 그 과정에 스며들어 영향을 미치기 마련인 사회적인 요인들을 철저하게 철학적으로 연구할 필요가 있다.

　　지금까지의 논의가 의미하는 바는 새교육의 일반적인 원리들만 가지고는 교육과 관련된 현실적이거나 실천적인 행위들, 그리고 학교의 관리 등의 면에서 진보적인 학교들이 직면하고 있는 문제들 가운데 어느 것도 해결하지 못한다는 점이다. 오히려 그러한 원리들은 경험에 대한 새로운 철학에 근거하여 해결책을 모색해야만 하는 새로운 문제들을 낳고 있다. 전통적인 교육의 아이디어와 실천을 부정하고 반대편 극단으로 달려가기만 하면 충분하다고 생각하는 이상, 이러한 문제들은 해결은 고사하고, 문제로서 인식조차 되지 못한다. 형편이 그렇기는 하지만, 지금까지의 이야기만으로도 '조직된 교과가 공부와 관련하여 갖는 중요성이 대부분의 새로운 학교에서는 과소평가되거나 무시되는 경향이 있다'거나, '새로운 학교에서는 성인에 의한 어떠한 형태의 지도나 안내도 개인의 자유를 침해하는 것처럼 생각하고 있다', 또는 '교육이 현재, 그리고 미래와 관련을 맺어야 한다는 아이디어를 마치 과거를 이해하는 일은 교육에 있어서 하등의 역할도 못하거나 기껏해야 사소한 역할을 할 뿐이라고 해석하는 경향이 새로운 학교에 퍼져있다'라는 나의 지적이 무엇을 말하는지 여러분은 이해했을 것이다. 이러한 결함들을 과장되다 싶을 정도로 강조할 생각은 없다. 그렇지만 지금 여기서 말한 것만 가지고도, 교육에서 통용되던 관

─────────

　　과는 구분된다.

행에 반발하며 이를 부정하는 가운데 등장한 교육의 이론과 실제가 어떤 예기치 못한 방향으로 흐르고 있는지를 예증하는 데에는 부족함이 없다. 그러한 교육의 이론과 실제는 경험에 대한 이론, 그리고 경험이 교육과 관련하여 갖는 잠재적인 의미에 대한 이론을 토대로 삼아 교육의 목적과 방법, 교과의 조직 등에 대한 긍정적이며 건설적인 논의를 발전시켜 나가는 데에는 대단히 소홀하다.

자유의 이념에 기초하고 있다고 표방하고 있는 교육철학조차도 그것이 반대하고자 했던 전통적인 교육만큼이나 독단적인 것이 될 수 있다는 말은 조금도 과장이 아니다. 왜냐하면 어떠한 이론이나 실천이라고 하더라도, 자체의 기본적인 원리들을 비판적으로 검토하는 가운데 형성된 것이 아니라면, 그것은 독단적인 것으로 흐를 가능성이 있기 때문이다. 새교육이 배우는 사람의 자유를 강조한다고 한번 가정해 보자. 그러한 강조는 올바른 것이지만, 이는 곧바로 새로운 문제를 낳는다. '자유란 무엇이며, 그것은 어떠한 조건 아래에서 실현될 수 있는 것인가?' 하는 문제가 제기되는 것이다. 전통적인 학교에서 공통적으로 발견되는 외부적인 부과라는 것이 어린 세대의 지적이거나 도덕적인 발달을 촉진하기보다는 제한한다고 가정해 보자. 이 또한 올바른 것이기는 하지만, 이러한 심각한 결함을 인식한다는 것 역시 새로운 문제를 내놓는다. '미성숙한 아동들의 교육적인 발달을 촉진함에 있어서 교사와 서적들이 수행하는 역할은 무엇인가?' 하는 것이 바로 그 문제이다. 전통적인 교육이 과거와 지나치게 연관되어 있어서 현재와 미래의 문제를 다루는 데에는 거의 도움이 되지 못하는 사실이나 아이디어를 공부를 위한 교과로 채택해 왔다고 하자. 이 또한 맞는 말이다. 그러나 이 경우 우리는 과거의 성취물과 현재의 문제들 사이를 연결시켜 주는 것이면서, 동시에 경험의 내부에 현실적으로 존재하기도 하는 그러한 연결 고리를 찾아내야 하는 문제를 떠안게 된다. 우리는 과거에 대한 이해가 미래를 효과적으로 다루는 데에 활용될 수 있는 잠재적인 도구가 될 수 있도록 이를 번역하는 방법이 무엇인지를 밝혀야 한다. 우리는 과거의 지식이 교육의 목적이 될 수 없다고 배격하고, 그 지식이 지니는 수단으로서의 중요성만을 강조할 수도 있다. 그렇게 할 경우에 우리는 '과거에 대한 이해가 살아있는 현재를 향유하는 데에 의미 있는 기여를 할 수 있는 방식으로 젊은이들이 과거를 이해하도록 만들려면 어떻게 해야 하는가?'라는 문제와 직면하게 된다. 이는 교육에 대한 지금까지의 논의 속에서는 찾아볼 수도 없었던 전혀 새로운 문제이다.

결국 내가 말하고자 하는 요지는 '전통적인 교육을 이끌어 왔던 철학과 전통적인 교육의 실제를 부정함으로써 교육을 새롭게 유형화할 수 있다'고 믿는 사람들은 이전에는 볼 수 없었던 교육적인 난제와 직면하게 된다는 점이다. 이러한 사실을 깨닫지 못하는 이상, 즉 단순히 옛것으로부터 떠난다고 해서 문제가 해결되지는 않는다는 사실을 철저히 자각하지 못하는 이상, 우리는 혼란에 빠져 맹목적으로 행동하게 될 것이다. 따라서 지금부터는 새로운 교육이 직면하고 있는 중요한 문제들을 지적하고, 어떠한 방식으로 해결책을 모색해야 하는지를 제안하는 데에 이 책의 나머지 페이지들을 할애하고자 한다. 나는 모든 것이 불확실한 가운데서도 하나의 항구적인 참조의 틀이 존재한다고 생각한다. 그것은 다른 것이 아니라, 교육과 개인의 당사자적인 경험 사이에는 유기적인 관련이 존재한다는 사실, 또는 새로운 교육철학은 모종의 경험적이고도 실험적인 철학의 노선을 따른다는 사실이다. 그러나 경험과 실험은 설명이 필요 없을 만큼 자명한 관념은 아

니다. 오히려 경험이나 실험이라는 것이 무슨 의미를 지니는지는 앞
으로 탐구되어야 할 문제의 한 부분이다. 경험론6의 의미를 이해하려
면, 우리는 먼저 경험이 무엇인지를 알고 있을 필요가 있다.

　진정한 교육은 예외 없이 경험을 통하여 이루어진다고 믿는다 해
서, 모든 경험을 똑같이 교육적인 것으로 본다는 뜻은 아니다. 경험과
교육을 곧바로 상호 동일한 것으로 취급할 수는 없다. 왜냐하면 어떤
경험은 비교육적(mis-educative)인 것일 수도 있기 때문이다. 경험은
그것이 무엇이든지 간에, 이후의 경험을 억제하거나 왜곡함으로써 성
장을 가로막는 결과를 가져온다면, 비교육적인 것이다. 어떤 경험은
새로움에 대하여 무감각한 상태를 초래하는 것일 수도 있다. 그러한
경험은 새로움에 대한 감수성과 감응을 불러일으키지 못하며, 그럼으
로써 앞으로 좀 더 풍부한 경험을 갖게 될 수 있는 가능성을 제약한
다. 또한 어떤 경험은 한 개인이 지니고 있는 기능을 그것이 거의 기
계적인 것이 될 만큼 특정한 방향으로 증진시키기는 하지만, 그럼으
로써 그를 틀에 박힌 활동을 수행하는 존재로 만들어버리기도 한다.
그 결과는 다시 이후의 경험이 전개될 수 있는 영역을 좁혀놓는 것이
되고 만다. 그리고 어떤 경험은 지금 당장은 유쾌한 것일 수도 있지
만, 점차 나태하고 부주의한 태도가 형성되도록 조장할 수도 있다. 그
리고 이러한 태도는 다시 후속되는 경험의 특질(特質)을 손상시킴으로
써 우리가 경험으로부터 얻을 수 있는 것을 취하는 데에 장애로 작용
한다. 또한 어떤 경험들은 서로 관련을 맺지 못함으로써, 하나하나의

---

6 경험론으로 번역된 'empiricism'은 합리론과 대립되는 것으로서의 영국의 경험론을
　의미하는 것이 아니라, 듀이적인 의미에서의 경험에 대한 철학을 말한다.

경험은 그 자체로 좋을 뿐만 아니라 심지어 흥미로운 것이라고 하더라도, 그것들이 하나로 결합하여 더 커다란 경험으로 축적되지 못할 수도 있다. 그러한 경우에 우리의 에너지는 분산되고, 우리는 이것저것 산만한 경험으로 들뜨게 된다. 각각의 경험은 생생하고 활기가 있으며 흥미로운 것일 수도 있다. 그렇지만 그 각각의 경험들이 서로 관련을 맺지 못하고 뿔뿔이 흩어져 버리면, 그러한 경험을 하는 우리는 산만하고 통합적이지 못하며 내실 있는 결속력도 지니지 못한 습관을 갖게 된다. 또한 그러한 습관이 형성됨으로써 우리는 미래의 경험을 통제하는 능력도 습득하지 못하게 된다. 결과적으로 우리는 단편적인 경험들이 생겨나는 대로, 그 경험이 유쾌한 것이면 이를 즐기면서, 또 그 경험이 불쾌한 것이면 불만을 품거나 혐오스러워 하면서, 그것들을 수동적으로 겪게 될 뿐이다. 이러한 상황에서 자제력(self-control)에 대하여 이야기한다는 것은 부질없는 일이다.7

　전통적인 교육의 장면에서는 방금 언급한 것과 같은 비교육적인 경험의 사례들이 너무나도 자주 목격된다. 전통적인 교육의 장면에서도, 그것이 교육적인 것이 아니라 비교육적인 것이라는 문제가 있기는 하지만, 어떠한 경험이 이루어지기는 한다. 이 점에서 전통적인 교실은 학생들이 어떠한 경험도 하지 못하는 장소라고 가정하는 것은, 비록 그러한 가정을 드러내놓고 하지는 않는다고 하더라도, 커다란 잘못을 범하는 셈이 된다. 사실이 이러한 데도 불구하고, 진보적인 교육을 실천하는 사람들이 전통적인 교육과는 뚜렷하게 대조되는 위치

---

7 자제력은 <4장 사회적 통제>와 <5장 자유의 본질>에서 논의되며, 특히 5장에서 그것은 교육의 이상적 목표로 거론된다.

에 서서 '경험을 통한 배움'이 이루어지도록 교육을 설계할 때, 이런
잘못을 범하고는 한다. 진보적인 교육이 행하는 이러저러한 교육적
조치들 이면에는 '전통적인 교실에서 학생들은 어떠한 경험도 하지 못
한다'는 가정이 암암리에 자리 잡고 있는 경우가 흔한 것이다. (다시 한
번 말하지만) 전통적인 교육의 장면에서는 어떠한 경험도 일어나지 않
는다고 말하는 것은 전통적인 교육에 대한 정당한 비판이 될 수 없다.
전통적인 교육의 장면에서도 학생들과 교사들이 해왔던 경험이 있기
는 하지만, 상당히는 그릇된 종류의 경험이었다고 말해야 온당한 비
판이 될 수 있다. 예를 들자면, 전통적인 교육에 대한 비판은 다음과
같은 질문의 형식으로 제기될 수가 있다. 전통적인 교실에서 수행하
는 배움의 방식으로 인하여 얼마나 많은 학생들이 새로운 아이디어에
무감각해지고, 배우고자 하는 열의를 상실하게 되었는가? 기계적인 훈
련을 통하여 특정한 기능을 습득하는 일이 지나치게 강조됨으로써 얼
마나 많은 학생들이 새로운 상황에서 그들의 판단력을 행사하고 지적
으로 행동하는 능력을 신장시키는 데에 제약을 받았는가? 이로 인하
여 얼마나 많은 학생들이 무엇인가를 배우는 과정은 권태롭고 지루하
기 그지없는 것이라 생각하게 되었는가? 얼마나 많은 학생들이 학교
에서 그들이 배운 것은 학교 밖의 삶의 사태와는 너무나도 이질적인
것이기 때문에 그러한 사태에 대한 통제력을 그들에게 주지 못한다는
사실을 알아차리게 되었는가? 얼마나 많은 학생들이 책 읽는 일을 따
분한 고역으로 여기고, 야한 읽을거리에만 매달리게 되었는가?

　　내가 이러한 질문을 제기한다고 해서 전통적인 교육을 도매금으
로 싸잡아 비난하려는 것은 아니다. 여기에는 이와는 전혀 다른 목적

이 있다. 그것은 전통적인 학교에서도 어린아이들이 무엇인가를 경험하기는 한다는 사실, 따라서 문제는 경험의 부재(不在)에 있는 것이 아니라, 전통적인 학교에서 어린아이들이 하게 되는 그 경험이, 이후의 경험과의 관련이라는 점에서 보면, 결함이 있고 잘못된 것이라는 사실을 강조하기 위해서이다. '전통적인 교육에서는 하나의 경험이 이후의 경험과 관련을 맺지 못하고 있다'는 비판조의 이러한 부정적인 진술을 '경험들이 서로 관련을 맺도록 해야 한다'는 긍정적인 진술로 고쳐 써보자. 그렇게 하면, 우리는 당장 진보적인 교육과 관련하여 상당한 정도의 중요성을 지니는 통찰을 얻게 된다. 경험이 필요하다든가, 경험을 쌓는 가운데 이전보다도 더 적극적으로 활동에 몰입하도록 만들 필요가 있다든가 하는 주장을 되풀이하는 것만으로는 충분하지 않다. 모든 것은 경험의 특질에 달려 있다. 어떠한 경험이든지 간에 그 경험의 특질에는 두 가지 측면이 있다. 즐겁다거나 불쾌하다거나 하는 것처럼 경험을 통하여 우리가 즉각적으로 겪는 측면이 있으며, 이후의 경험에 그것이 미치는 영향이라는 측면이 있다. 첫 번째 측면은 분명할 뿐만 아니라 판단하기도 용이하다. 그러나 하나의 경험이 이후의 경험에 어떤 영향을 미치는가 하는 점은 쉽게 드러나지 않는다. 여기서 교사가 풀어야 할 골치 아픈 문제가 생겨난다. 단순히 즉각적인 재미를 불러일으키는 경험에 그쳐서는 안 된다. 학생들이 거부감 없이 몰입하여 활동에 열중하도록 만들면서도 바람직한 경험이 뒤따라 나오게끔 해주는 경험을 마련해야 된다. 이것이 바로 교사의 소임이다. 사람이 혼자 떨어져 살다가 죽는 경우란 없는 것처럼, 경험 역시 다른 것과는 고립된 채로 홀로 생겨났다가 소멸하지는 않는다. 원

했든 원하지 않았든, 의도했든 의도하지 않았든 간에, 모든 경험은 이
후의 경험 속에서 지속적으로 살아 숨 쉬게 된다. 여기서 경험에 토대
를 두고 있는 교육의 중심적인 문제, 즉 '뒤따르는 경험 속에서 새로
운 것을 창조하는 결실을 거두는 가운데 살아 숨 쉴 수 있는 그런 종
류의 현재 경험을 선정한다'고 하는 문제가 생겨난다.

　하나의 경험이 이후의 경험과 관련을 맺도록 하는 문제와 관련하
여 나는 '경험의 계속성의 원리', 또는 '경험의 연속적인 계열'(experiential
continuum)이라 부를 수 있는 것에 대해서 나중에 좀 더 자세히 논의할
것이다.8 여기서는 다만 이러한 원리가 교육적 경험에 대한 철학을 형
성함에 있어서 중요한 의미가 있다는 점만을 강조하고자 한다. 다른
이론들과 마찬가지로 교육철학은 언어와 상징의 형태로 진술되어야만
한다. 그러나 교육철학은 교육을 수행하기 위한 계획이라는 점에서
언어나 상징으로는 완전히 진술될 수 없는 무엇을 지니고 있다. 다른
계획들과 마찬가지로, 하나의 계획으로서의 교육철학 역시 '무엇을 해
야 하고, 그것을 어떻게 해야 하는가'라는 문제와 관련하여 골격이 마
련되어야만 한다. '교육은 경험의 내부에서, 경험에 힘입어 이루어지
는 것이면서, 동시에 경험을 위하여 이루어지는 발달'9이라고 확신을

---

8 경험의 계속성의 원리는 상호작용의 원리와 함께 이 책의 <3장 경험의 준거>에
　서 자세히 논의된다.
9 '경험의 내부에서, 경험에 힘입어 이루어지는 것이면서, 동시에 경험을 위하여 이
　루어지는 발달'이라는 문구는 'development within, by, and for experience'를 번
　역한 것이다. 경험의 내부에서 경험에 힘입어 이루어진다는 것은 교육이 경험을
　통하여 이루어져야 한다는 의미를 담고 있다. 반면에 교육이 경험을 위하여 이루
　어지는 발달이기도 하다는 말은 하나의 경험이 교육에 힘입어 이후의 경험과 관련
　을 맺으면서 성장해나간다는 점을 뜻한다.

갖고 충심으로 주장하면 할수록, 경험이란 무엇인가에 대한 분명한 이해를 마련하는 일이 더욱 중요한 과제로 부각된다. 만약 경험이란 무엇인가를 이해하고자 애쓴 결과로 나온 경험의 이론이 교과의 내용, 수업과 훈육의 방법, 학교의 물리적인 설비와 사회적인 조직을 결정하기 위한 계획이 되지 못한다면, 그것은 아무짝에도 쓸모가 없는 것이다. 경험의 이론이 어떠한 일에 착수해야 하고 무엇을 실행해야 하는가를 보여주지 못한다면, 그것은 인간의 정서를 자극하는 효과가 있기는 하지만, 그와 동일한 효과가 있는 다른 말들로 언제든 대치될 수 있는 영양가 없는 말들의 집합체로 전락하고 만다. 전통적인 교육이 과거로부터 전해 내려오는 계획과 프로그램에 따르는 판에 박힌 활동이었다고 해서 진보적인 교육은 아무런 계획도 없이 즉흥적으로 그때그때 이루어지는 활동이면 된다는 결론은 따라 나오지 않는다.

　　전통적인 학교는 특정한 교육철학을 체계적으로 발전시키지 않고도 그럭저럭 운영될 수가 있었다. 전통적인 학교가 교육철학 비슷한 것으로 내세운 것이 있었다고 하더라도, 그것은 거의 대부분 교양, 학문, 인류의 위대한 문화유산 등과 같은 추상적인 어휘들뿐이었다. 그러면서도 정작 전통적인 학교를 이끄는 실제적인 안내는 이러한 어휘들에서 나오는 것이 아니라, 관습과 판에 박힌 듯 고정된 관례에서 나왔다. 진보적인 학교는 (전통적인 학교처럼) 확립된 전통이나 제도적인 관례에 의존할 수는 없다. 그렇다고 해서 되는대로 아무렇게나 운영되어서도 안 된다. 그것은 어떤 이념의 안내를 받아 운영되어야 한다. 이때 그러한 이념을 분명히 하고 일관성을 갖도록 만들면, (진보적인 학교가 필요로 하는) 교육철학이 형성된다. 전통적인 학교에서 찾아볼 수 있는 특정한 종류의 조직에 반기(反旗)를 드는 것은 어떠한 이념에 바탕을 둔 새로운 조직을 만들어야 한다는 요구를 낳는다. 내가 생각하기에 교육을 혁신하려는 개혁가들만이 교육철학이 필요하다고 느껴왔다는 사실은 교육사(敎育史)를 조금만 들춰보아도 쉽게 알 수 있다. 기존의 체제를 고수하려는 사람들에게는 현재의 실천을 정당화하는 데에 필요한 몇 마디 듣기 좋은 말이면 충분하였다. 교육과 관련된 실제의 일들은 이미 제도화되어 굳어져 버린 관례에 따라 이루어졌다. (이러한 사실들로부터) 진보적인 교육이 배워야 하는 것은 경험의 철학에 토대를 둔 교육철학을 형성하는 일이 상당히 긴급하게, 이전 시대의 혁신자들에게 과해졌던 것보다 더 절박하게 요청되고 있다는 점이다.

　나는 우연한 기회에 문제가 되고 있는 철학을, 링컨10이 민주주의에 대해서 한 말을 진보적인 교육의 맥락에 맞도록 고쳐 써서, '경험의, 경험에 의한, 경험을 위한 교육'이라는 말로 표현한 적이 있다. '~의, ~에 의한, ~을 위한'이라는 말 가운데 어느 것도 자명한 의미를 지니고 있지는 않다. (그렇지만) 이 말들 각각은 '교육적인 경험이 의미하는 바를 이해하고, 이것에 기초하여 교육이 따라야 할 질서와 구비해야 할 조직에 관한 원리를 마련하여 실제로 작동하도록 만들라'는 요청을 담고 있다.

---

10 미국의 16대 대통령인 에이브러햄 링컨(Abraham Lincoln, 1809~1865)을 말한다. '경험의, 경험에 의한, 경험을 위한 교육'(education of, by, and for experience)이라는 말이 앞에서는 '경험의 내부에서, 경험에 힘입어 이루어지는 것이면서, 동시에 경험을 위하여 이루어지는 발달'(development within, by, and for experience)이라는 말로 표현되어 있다. 이 말의 의미에 대해서는 앞의 주 9번을 참고하라. 그러나 정확히 말해서 이 말의 의미를 제대로 알려면, 듀이가 바로 다음 구절에서 언급하고 있는 것처럼, 교육적인 경험이란 무엇인가를 먼저 이해해야만 한다.

따라서 새교육에 적합한 그런 종류의 교육 자료와 교육 방법, 그리고 사회적인 관계 등을 구안하는 과제는 전통적인 교육에 부합하는 것들을 구안하던 과제보다도 훨씬 더 어려운 일이다. 내가 생각하기에는, 진보적인 학교를 운영하는 과정에서 겪은 어려움들, 그리고 진보적인 학교에 가해졌던 비판들 가운데 상당수는 바로 이러한 과제들에서 비롯되었다. 새교육이 전통적인 교육보다는 솔직히 좀 더 쉽다는 (근거 없는) 생각이 수그러들지 않는 이상, 진보적인 학교가 겪는 어려움은 더욱 극심해지고, 진보적인 학교에 가해지는 비판은 나날이 늘어나기 마련이다. 내가 판단하기에는, 전통적인 교육보다는 새교육을 하는 것이 더 쉬운 일이라는 믿음이 (사람들 사이에) 다소간 널리 퍼져 있다. 아마도 이러한 현상은 전통적인 교육에 반대하는 새교육이 의당 해야 할 일이라고는 전통적인 교육이 하던 일을 안 하는 것뿐이라는 생각, 또는 전통적인 학교에서 하던 일들을 하지 않기만 하면 곧바로 새교육이 된다는 생각에서 파생되는 듯하다. 이는 '이것이냐, 저것이냐'라는 식의 철학이 전통적인 교육과의 관계 속에서 새교육의 모습을 그리는 경우에도 여전히 작동하고 있음을 보여준다.

나는 새교육이 원리의 면에서 전통적인 교육보다는 좀 더 단순하다는 사실을 기꺼이 인정한다. 새교육은 성장의 원리와 일치한다. 반면에 전통적인 교육이 행하던 것과 같은 교과와 교육 방법의 선정 및 조직에는 인위적인 요소들이 상당히 많이 개입하며, 그러한 인위적인 요소들은 언제나 문제를 불필요할 정도로 복잡하게 만든다. 그러나 쉽다는 것과 단순하다는 것이 같은 말은 아니다. 진실로 단순한 것을 발견하고, 그렇게 발견한 단순한 원리에 맞도록 행동한다는 것은 대

단히 어려운 일이다. 인위적이고 복잡한 것들이 많다고 하더라도, 일
단 그것이 제도적으로 확립되어 관례와 관습 속에 뿌리를 박게 되면,
새로운 관점을 정립하고 그러한 관점 속에 실제로 함의(含意)되어 있
는 바를 끌어내는 일보다는, 이미 잘 다져져 있는 길을 걸어가는 것이
더 쉬운 일이 된다. 프톨레미(Ptolemy)의 천문학 체계는 순환하는 커다
란 원들과 다시 그 원들의 주위를 도는 작은 원들로 이루어져 있어서
코페르니쿠스(Copernicus)의 천문학 체계보다도 더 복잡한 것이었다.
그러나 실제의 천체 현상이 코페르니쿠스의 원리를 토대로 하여 조직
되기 이전에는 오랜 기간에 걸쳐 지적인 습관처럼 굳어져 버린 프톨
레미의 천문학이 제공하는 설명 체계를 따르는 것이 문제를 최소화하
는 가장 쉬운 길이었다. 이러한 역사적 교훈을 원래의 우리 이야기에
적용하여 생각할 때, 학교에서 이루어지고 있는 일에 새로운 방향을
부여하려면, 교육 방법과 교육 자료를 적절하게 선정하고 조직하는
일을 건설적으로 이끌어주는 정합적(整合的)인 경험의 이론을 형성할
필요가 있음을 알 수 있다. 경험에 대한 정합적인 이론을 만드는 것은
오랜 시간을 요할 뿐만 아니라 대단히 힘든 일이다. 경험의 이론은 경
험의 성장과 관련된 문제를 다루어야 하는데, 성장을 저해하고 그것
을 그릇된 방향으로 나아가게 만드는 많은 장애물들이 존재하고 있
다.

  조직(organization)의 문제에 대해서는 나중에 다시 언급할 기회가
있을 것이다.[11] 아마도 지금 분명히 할 필요가 있는 것은 우리가, 그

---

[11] 조직의 문제는 특히 교과 내용의 조직과 관련하여 <7장 교과 내용의 진보적 조
  직>에서 집중적으로 논의된다.

것이 교과 내용의 조직이든, 교육 방법의 조직이든, 아니면 사회적 관계의 조직이든 간에, 전통적인 교육의 특징을 이루던 그러한 종류의 조직을 염두에 두고 조직에 대해서 생각하는 경향으로부터 벗어나야만 한다는 점이다. 내가 보기에 오늘날 조직이라는 관념에 대하여 상당한 정도의 반감이 존재하는 것은, 조직하면 전통적인 학교에서 이루어지던 혐오스러운 공부를 떠올리게 되고, 그러한 공부에 대한 이미지로부터 벗어나서 조직에 대해 생각하기가 상당히 어렵기 때문인 듯하다. 조직이라는 말을 듣는 순간, 우리는 거의 자동적으로 우리에게 친숙한 조직, 즉 전통적인 학교에서 경험했던 그러한 종류의 조직을 상상하게 되며, 그것에 대한 혐오감 속에서 조직이라고 하면 그것이 어떠한 조직이든지 간에 회피해 버리고 만다. 반면 최근에 세력을 키워가고 있는 수구적(守舊的)인 입장의 사람들은 교육(과 관련된 조직)에 대해 반대로 생각한다. 그들은 새로운 유형의 학교가 적절한 지적 조직이나 도덕적 조직을 형성하지 못해서 다소간 혼란을 겪고 있다는 사실을 증거로 들면서 그렇기 때문에 학교에는 조직이 필요하다고 주장한다. 그뿐만 아니라, 조직이라고 하면 그것이 무엇이든지 간에, 실험 과학이 출범하기 이전에 형성된 조직을 말하는 것이라고 강변한다. 만약 우리가 경험적이고도 실험적인 토대에 근거해서 (새로운) 조직의 개념을 발전시키지 못한다면, 이는 전통적인 교육을 옹호하는 수구적인 입장의 사람들에게 너무도 손쉬운 승리를 안겨 주게 될 것이다. 그러나 현재 실험 과학이 어느 분야에서도 찾아보기 어려울 만큼 가장 좋은 지적인 조직의 유형을 제공하고 있다는 사실을 생각할 때, 스스로를 경험주의자라 부르는 우리가 질서와 조직의 문제에 있어서 더 이상 취약한 면모를 보여서는 안 된다.

3장 경험의 준거

    지금까지 '교육이 경험을 토대로 하여 지적인 방식으로 수행되도록 하기 위해서는 경험에 관한 이론을 형성할 필요가 있다'는 이야기를 해왔다. 이 이야기가 틀린 것이 아니라면, 순서상 우리가 다음에 논의할 필요가 있는 것은 경험에 관한 이론을 형성하는 데에 있어서 가장 중요한 원리들을 발굴하여 제안하는 일이다. 따라서 이 일에 필요한 만큼의 철학적 분석을 수행하는 것은 불가피하며, 현재 우리가 하고자 하는 일과 관련해서 생각하면, 이는 결코 느닷없는 일은 아니다. 그러나 내가 다시 분명히 하고 싶은 것은 이러한 철학적 분석 그 자체가 우리의 목적은 아니라는 점이다. 그것은 어디까지나 대부분의 사람이 관심을 갖고 있는 구체적인 문제들을 앞으로 논의해 나감에 있어서 그러한 논의에 적용되어야 하는 준거를 미리 확보하기 위한 것이다.

    나는 이미 내가 계속성이라는 말로, 또는 경험의 연속적인 계열이라는 말로 부르고 있는 것에 대하여 언급한 적이 있다.[12] 계속성의

원리는, 내가 이미 지적했던 것처럼, 교육적으로 가치 있는 경험과 그
렇지 못한 경험을 구분하려는 모든 시도에 적용된다. 이러한 구분은
전통적인 형태의 교육을 비판하는 경우뿐만 아니라, 그것과는 다른
형태의 교육을 도입하여 운영하고자 하는 데에도 필수 불가결하다고
주장하는 것은 과장된 말처럼 들릴 수도 있다. 그렇다고 하더라도 잠
시 동안은 의심을 유보해 두고, 그러한 구분이 필수 불가결하다는 나
의 주장을 쫓아와 달라고 당부하고 싶다. 내가 보기에는, 사람들이 진
보적인 교육 운동에 호감을 느끼는 이유 가운데 하나는 그것이, 전제
적(專制的)인 면을 많이 지니고 있는 전통적인 학교의 절차보다는, 우
리가 헌신하고 있는 민주적인 이상과 좀 더 일치한다고 생각하기 때
문인 듯하다. 진보적인 교육 운동이 호의적으로 수용되도록 만드는
또 다른 이유는 진보적인 교육의 방법이, 전통적인 학교의 시책에 종
종 따라다니는 가혹함과 비교해 볼 때, 훨씬 인간적이라는 데에 있다.

　　내가 제기하려는 질문은 '왜 우리는 전제적이거나 가혹한 것보다
는 민주적이고 인간적인 제도를 더 선호하는가?' 하는 점이다. 그리고
"왜"라는 말로 내가 묻고자 하는 것은 우리가 민주적이고 인간적인
제도를 선호하도록 만든 원인(cause)이 아니라 이유(reason)이다. 우리
가 민주적이거나 인간적인 제도를 선호하게 된 원인 가운데 하나는
아마도 우리가 학교에서뿐만 아니라, 신문, 설교, 연설, 그리고 우리의
법과 입법기관 등을 통하여 민주주의가 모든 사회적 제도 가운데 가
장 좋은 것이라고 배웠기 때문일 것이다. 우리는 우리를 둘러싸고 있
는 환경으로 인하여 민주주의가 가장 좋은 것이라는 생각이 우리의

---

12 경험의 계속성과 연속적 계열은 <2장 경험 이론의 필요성>에서 언급되고 있다.

정신적이고 도덕적인 기질에 있어 습관과도 같은 것이 되도록 이를 동화해 왔다. 그러나 동일한 원인이라고 하더라도, 우리와는 다른 환경에 있는 사람들로 하여금 우리와는 완전히 다른 것을 선호하도록, 예를 들어 파시즘(fascism)을 더 선호하도록 만들 수도 있다. (명심해야 할 것은) 우리로 하여금 무엇인가를 선호하도록 만든 원인과 우리가 그 무엇을 선호해야만 하는 이유가 같은 것은 아니라는 점이다.13

　여기서 사람들이 민주적인 것을 선호하는 이유가 무엇인지에 대하여 자세히 논의하려는 것이 나의 목적은 아니다. 그러나 나는 다음과 같은 질문만은 반드시 제기하고자 한다. 결국 민주적인 것을 선호

---

13 원인은 그것이 초래하는 결과와는 별개의 사태, 또는 사건이며, 따라서 결과와는 우연적이거나 사실적으로 관련을 맺는다. 원인과 결과를 논할 때, 우리는 적어도 상호 구분되는 두 가지 사건과 접하고 있어야 한다. 반면에 특정한 행위를 하는 이유는 그러한 행위 자체와 구분되는 별개의 것일 수가 없다. 이유와 행위는 하나로 묶여 있으며, 원인-결과의 경우와는 달리 이들은 필연적이거나 논리적으로 관련을 맺는다. 본문에서 거론되고 있는 것처럼 민주주의가 가장 좋은 제도라고 배운 결과로 우리는 민주주의를 선호할 수도 있지만, 오히려 반대로 민주주의를 혐오하게 될 수도 있다. 또한 민주주의의 선호라는 결과를 가져오는 데에 작용하는 요인, 즉 원인에 해당하는 것은 민주주의에 대한 수업 이외에도 수없이 많을 수가 있다. 이 점에서 민주주의에 대한 수업과 민주주의에 대한 선호는 필연적인 관계를 형성하고 있는 것은 아니다. 반면에 누군가가 민주주의를 선호하게 된다는 것은 그로 하여금 그러한 선택을 하도록 이끈 무엇이, 적어도 민주주의의 본질적 가치에 해당하는 것이, 민주주의에 내장되어 있다는 의미가 된다. 민주주의라는 개념에 논리적으로 함의(含意)되어 있는 것 때문에 민주주의를 선택한다고 할 때, 그것은 민주주의를 선호하게 된 이유에 해당한다. 이 경우에 이유와 행위는 원인과 결과처럼 서로 구분되는 사건으로 독립되어 있는 것이 아니다. 어떠한 결과를 초래한 원인을 찾고자 할 때, 우리는 그 결과에 시간상 선행하여 이루어진 사건이 무엇인지를 경험적으로 조사해야 한다. 그러나 어떠한 행위의 이유를 찾으려면, 우리는 그러한 행위가 지니는 의미를 개념적이거나 논리적으로 분석해 보아야 한다.

하는 이유는, 그것이 어떠한 것이든지 간에, 민주적인 사회 제도가 비민주적이거나 반민주적인 사회 형태보다도 좀 더 많은 사람이 자유롭게 접근할 수 있고 향유할 수 있는 바람직한 인간 경험의 특질을 조장한다는 믿음에 근거하고 있는 것이 아닌가? 개인의 자유를 존중하여야 한다는 원리나 인간관계에 있어 예의범절과 친절함을 중시해야 한다는 원리 등은 이러한 것들이 억압과 강제, 또는 물리적인 힘에 호소하는 방법보다도 훨씬 더 많은 사람에게 고차적인 경험의 특질을 제공한다는 확신에 뿌리를 박고 있는 것이 아닌가? 설득을 통하여 도달하게 되는 합의와 확신이야말로, 설득 이외의 그 어떠한 방법을 아무리 많이 동원한다고 하더라도, 그것보다는 더 나은 특질의 경험을 가능하게 한다고 우리가 믿기 때문에 민주적인 제도를 선호하는 것이 아닌가?

만약 이러한 질문에 대해 '그렇다'라고 답변할 수 있다면[개인적으로 나는 민주주의와 인간적인 것을 선호하는 이유를 다른 근거에서 정당화할 수 있다고는 생각하지 않는다], 사람들이 진보적인 교육에 호감을 느끼는 궁극적인 이유, 즉 진보적인 교육이 인간적인 방법에 의존하고 그것을 사용하기 때문에, 그리고 그것이 민주주의와 일맥상통하는 점이 있기 때문에 호감을 느낀다는 것은 다양한 경험들에 내재해 있는 가치들 사이에는 차별이 존재한다는 사실로 이어진다. 여기서 우리는 그러한 차별화의 준거로서 앞에서 언급했던 경험의 계속성이라는 원리로 다시 돌아가게 된다.

경험의 계속성이라는 원리는 그 밑바탕에 있어서 습관, 즉 생물학적으로 해석되는 습관이라는 현상에 근거하고 있다. 우리가 어떠한

경험을 하고 그 결과를 겪게 된다고 할 때, 그 경험은 예외 없이 우리
를 변화시키기 마련이며, 이러한 변화는 우리가 원하든지 원하지 않
든지 간에 후속되는 경험의 특질에 영향을 준다. 이것이 습관이 지니
고 있는 기본적인 특징이다. 하나의 경험을 하고 난 뒤에 그에 후속되
는 경험을 계속한다고 할 때, 우리는 이전 경험의 영향으로 인하여 다
소간 다른 사람으로 변모되어 후속되는 경험에 임하기 마련인 것이
다. 습관을 이런 것으로 이해할 때, 그것은 무엇인가를 틀에 박힌 듯
수행하는 일상적인 습관도 습관의 한 가지 특수한 사례로 포함하기는
한다. 그렇지만 (경험의 계속성 원리가 상정하는) 습관은 일상적인 습관의
개념보다는 훨씬 더 깊은 의미를 지닌다. 그것은 정서적이며 지적인
태도의 형성을 포함하며, 삶의 과정에서 우리가 직면하는 모든 삶의
조건들에 대한 기본적인 감수성과 그러한 조건들을 대하고 그것에 반
응하는 방식들을 포함한다.14 이런 관점에서 이해할 때, 경험의 계속
성의 원리란 '모든 경험은 그것보다 선행하는 경험들로부터 무엇인가
를 받아들이며, 동시에 그것에 후속되는 경험의 특질을 어떠한 방식
으로 변경시킨다'는 사실을 의미한다. 어느 시인이 말한 것처럼,

  " … 모든 경험은 아치 형태의 문(門)과도 같으며, 그 문을 지나면 거기

---

14 흔히 습관은 부정적인 의미를 지닌 고정된 행동의 경향성을 뜻하는 말로 사용된다.
   담배 피우는 습관이라든가, 다리를 떠는 습관 등이 그러한 예이다. 그러나 듀이가
   말하는 습관은 그런 것이 아니다. 그것은 하나의 사태에 직면했을 때, 이전의 경험
   을 근거로 그 사태에 반응하면서 사태의 특수성에 맞도록 이전의 경험을 새롭게
   변화시키는 반응 양식이며, 그러한 사태를 대하는 다양한 태도와 감수성의 체계이
   다. 따라서 그것은 한 개인의 됨됨이를 형성하는 지적이거나 정서적인 행동과 태
   도와 신념의 체계를 의미하는 것으로서 긍정적인 의미를 지닌다.

에 내가 한 번도 걸어본 적이 없는 세계가 끝없이 펼쳐진다. 그러나 그 세계의 가장자리 저 끝은 내가 그 세계를 향해 나아갈 때마다 영원히 내 시야에서 사라져 버린다."

　그러나 지금까지의 논의만으로 우리가 경험들을 차별화하여 구분할 수 있는 근거를 확보하게 된 것은 아직 아니다. 왜냐하면 경험의 계속성이라는 원리는 어느 경험에나 두루 적용될 수 있는 것이며, 이 원리가 적용될 수 없는 경험, 즉 계속성이 없는 경험은 찾아볼 수 없기 때문이다. 어떠한 경우든지 간에, 경험에는 어느 정도의 계속성이 존재한다. 따라서 경험의 계속성이 발현되는 상이한 형태들에 주목해야만 우리는 경험들을 차별화하여 구분할 수 있는 근거를 얻게 된다. 나는 이전에 성장을 '성장하는'(growing)이라는 능동형의 현재 분사로 이해할 때, 교육의 과정은 그러한 성장과 동일한 것으로 간주될 수 있다는 아이디어를 제안한 적이 있다. 나의 그러한 아이디어는 여러 모로 비판을 받아 왔다. 여기서 나는 나에게 가해진 비판들이 어떤 취지의 반론에 근거하고 있는지를 따져보고자 한다.

　신체적인 면뿐만 아니라 지적이거나 도덕적인 면에서도 발달하는 것을 의미하는 성장, 또는 성장함은 계속성의 원리를 예증하는 하나의 사례이다. 교육을 성장과 동일한 것으로 보는 나의 아이디어에 대해 제기되어 온 반론은 성장이 굉장히 다양한 방향을 취할 수 있다는 점을 근거로 하고 있다. 예를 들어 도둑질을 이제 막 시작한 사람이 그러한 방향으로 성장하여 도둑질을 계속하게 될 수도 있으며, 도둑질이 반복될수록 고도의 능숙한 솜씨를 지닌 도둑으로 성장해 갈 수도 있다. 여기서 알 수 있는 것처럼 성장만으로는 충분하지 않으며, 우리는 성장이 취해야 하는 방향과 성장이 겨냥해야 하는 목적을 동시에 상세히 밝혀야 한다는 것이다. 이것이 그동안 나에 대해 제기되어 온 반론의 요지이다. 그러나 우리는 그러한 반론이 정곡(正鵠)을 찌르고 있다고 판단하기 이전에 문제가 되고 있는 사례를 좀 더 분석해 보아야만 한다.

어떤 사람이 도둑이나 강도로, 또는 타락한 정치인으로 철저히 성장할 수도 있다는 것은 의심의 여지가 없는 사실이다. 그러나 교육으로서의 성장이나 성장으로서의 교육이라는 관점에서 보면, 문제는 이러한 방향으로의 성장이 그 사람의 전체적인 면에서의 성장을 조장하는가 아니면 저해하는가 하는 점이다. 이러한 형태의 성장은 이후의 성장에 필요한 여건을 창출하는가, 아니면 이렇게 성장한 사람이 새로운 방향으로 계속 성장하는 데에 필요한 계기나 자극이나 기회를 얻지 못하도록 가로막는 장벽이 되는가? 한 가지 특정한 방향으로 이루어진 성장이 다른 방향으로의 발달에 길을 열어주는 태도나 습관에 어떠한 영향을 미치는가? 이러한 질문들에 대한 대답은 여러분에게 맡겨둔다고 하더라도, 특정한 방향으로 이루어진 발달은 그것이 계속적인 성장에 기여할 수 있을 때, 오직 그때라야만 성장으로서의 교육이라는 준거를 만족시킬 수 있다는 점만은 말해 두고자 한다. 왜냐하면 계속적인 성장으로서의 교육이라는 관념은 특정하게 제한된 방향의 성장에만 적용되는 것이 아니라, 우리의 모든 방향에서의 전체적인 성장에 두루 적용될 수 있는 것이라야만 하기 때문이다.

여기서 나는 다시 교육적인 경험과 비교육적인 경험을 식별하는

데에 사용되는 준거인 계속성이라는 문제에 대한 논의로 되돌아가고
자 한다. 우리가 이미 살펴본 것처럼, 어떠한 경우든지 간에 경험에는
어느 정도의 계속성이 존재한다. 왜냐하면 모든 경험은 우리로 하여
금 특정한 것을 선호하거나 혐오하도록 만들며, 이러저러한 목적을
위하여 행위를 한다고 할 때 그러한 행위를 쉽게 해주거나 어렵게 만
듦으로써, 이후의 경험들이 지니는 특질과 밀접한 관련이 있는 우리
의 태도에 좋은 것이든 나쁜 것이든 영향을 미치기 때문이다. 더욱이
모든 경험은 이후의 경험들이 일어나는 객관적인 조건에 어느 정도
영향을 미치기 마련이다. 예를 들면, 말을 배우게 된 아이는 말을 배
우지 못했을 경우에는 지니지 않았을 새로운 능력과 욕구를 갖게 된
다. 그럼으로써 그 아이는 말을 배울 때 말만 배우는 것이 아니라, 나
중에 수행되는 또 다른 배움의 외적인 조건들을 동시에 확장시키는
것이다. 아이가 읽기를 배우게 되면, 이 역시 마찬가지로, 뒤이어 무
엇인가를 배울 때 그와 관련된 새로운 환경을 창출하게 된다. 만약 어
떤 사람이 교사나 변호사, 또는 의사나 주식 중개인이 되고자 결심하
고 그러한 결심을 실행에 옮긴다면, 그는 필연적으로 장래에 그가 살
면서 여러 가지 행위를 하게 될 환경을 어느 정도 결정하는 셈이 된
다. 그러한 결심과 그 결심의 실행으로 인하여 그는 특정한 자극에는
좀 더 민감하게 반응하게 되며, 만약 그가 다른 선택을 했더라면 그에
게 자극이 되었을 수도 있는 주변의 사물이나 사건 등에는 상대적으
로 둔감해지고 만다.

　　그러나 경험의 계속성이라는 원리가 모든 경우에 어떠한 방식으
로든 적용되기는 하지만, 현재 경험이 지니는 특질이 그러한 원리가

적용되는 방식 자체에 영향을 미치기도 한다. 우리는 어떤 아이를 두고 그 아이가 버릇없이 크고 있다거나 버릇없이 컸다고 말한다. 아이를 지나치게 제멋대로 키운 결과는 그 아이에게 지속적인 영향을 미친다. 이는 장차 아이에게 주위의 사람들이나 사물들이 자신의 욕구를 충족시켜 주거나, 그의 순간적인 변덕에 호응하도록 요구하는 것이 조금도 어색하지 않고 당연하다고 여기는 태도를 갖도록 만든다. 더 나아가 이는 아이로 하여금 그때그때 그가 하고 싶어 하는 행동을 할 수 있도록 해주는 그러한 상황을 추구하도록 만든다. 아이를 제멋대로 키우게 되면, 아이는 그가 직면하게 되는 난관을 극복하기 위하여 노력하고 인내심을 발휘해야 하는 상황을 혐오하거나, 그러한 상황에 대처하는 능력에 있어 상대적으로 무력하게 된다. 여기서 엿볼 수 있는 것처럼, 경험의 계속성의 원리가 이후의 성장 능력을 제약하는 방식으로 어떤 사람을 낮은 발달 수준에 묶어 놓을 수도 있다는 사실에는 아무런 모순도 없다.

　반면에 만약 경험이 호기심을 유발하고 상황을 주도하는 능력을 신장시켜 어떤 사람으로 하여금 미래의 난관을 극복하는 데에 필요한 만큼의 충분한 욕구와 목적의식을 지니도록 한다면, 경험의 계속성은 위에서 본 것과는 전혀 다른 방식으로 작동하게 된다. 모든 경험은 동적(動的)인 추진력에 해당한다. 경험의 가치는 그것이 무엇을 향해 어떠한 방향으로 움직여 나가는가 하는 점에 근거해서만 판단될 수 있다. 교사로서 성인은 충분히 성숙한 경험을 지니고 있다. 따라서 그는 자신보다 덜 성숙한 경험을 지니고 있는 사람들은 할 수 없는 방식으로 어린아이들의 모든 경험을 하나하나 평가할 수 있는 위치에 있다.

이 점에서 어린아이들의 경험이 어떠한 방향을 향해 나아가고 있는지를 살피는 것은 성인인 교사의 과제가 된다. 만약 교사가 자신의 상대적으로 탁월한 통찰력을 미성숙한 아이들의 경험이 이루어지는 상황적인 조건들을 체계적으로 조직하는 데에 도움이 되도록 사용하지 않고 이를 내던져 버린다면, 그가 좀 더 성숙한 존재라는 사실은 어떠한 의의도 지니지 못하는 부질없는 것이 되고 만다. 경험이 어떠한 방향으로 나아가고 있는지를 살피면서 이를 토대로 하여 그 경험이 제대로 이루어지고 있는지를 판단하고 이끄는 데에 현재 자신의 경험이 지니고 있는 동적인 추진력을 활용하지 못한다면, 이는 경험의 원리 그 자체에 충실한 것이 될 수 없다. (물론) 교사는 두 가지 방향에서 경험의 원리를 충실히 따르지 못하고 이를 위배할 수가 있다. 먼저 교사는 자신의 과거 경험으로부터 무엇인가를 틀림없이 습득했음에도 불구하고, 그것이 무엇인지를 이해하는 데에 오류를 범할 수 있다. 또한 그는 인간의 모든 경험은 궁극적으로 사회적인 것이라는 사실, 즉 경험은 인간 사이의 접촉과 의사소통을 수반한다는 사실을 충실히 따르지 못할 수도 있다. (그렇기는 하지만) 성숙한 사람은 그가 자신의 경험을 통해 습득한 다채로운 공감적 이해의 능력을 그때그때 어린 사람과 교류하는 데에 적절히 사용할 수 있어야 한다. 도덕적인 관점에서 이야기하자면, 어린 사람은 아직 성숙한 사람과 공감적 이해를 나누며 교류할 능력이 없다고 판단할 권리는 어느 누구에게도 없다.

　그러나 이렇게 말하는 순간(교사가 자신의 경험을 토대로 어린아이의 경험을 살피고 안내해야 한다고 말하는 순간), 사람들은 거의 곧바로, 우리가 의도한 것과는 정반대되는 극단으로 되돌아가 버린다. 그리고는 우리가 위에서 한 말은, 마치 그런 것이 아닌 듯이 꾸미고는 있지만, 실상은 외부로부터의 부과라는 아이디어를 옹호하고 있는 것이라 받아들이려는 경향이 있다. 따라서 성인이 어린아이들에게 외적인 통제를 가하지 않으면서도, 그가 자신의 보다 폭넓은 경험을 통하여 습득한 지혜를 발휘할 수 있는 방식에 대해서 몇 마디 더 언급하는 것이 좋을 듯하다. 어린아이들에게 어떠한 태도와 습관적인 경향성이 생겨나고 있는지를 주의 깊게 살펴보는 것은 성인의 과제이다. 이러한 방향에서 그는, 만약 그가 교사라면, 계속적인 성장에 실제로 기여하는 태도는 무엇이며, 이를 저해하는 태도는 무엇인지를 판단할 수 있어야 한다. 여기에 덧붙여 그는 한 사람 한 사람을 각기 고유한 개인으로 바라보면서 공감적으로 이해할 수 있는 능력을 지녀야 한다. 그리고 무엇인가를 배우고 있는 사람들의 마음속에서 실제로 무슨 일이 일어나고 있는지를 파악하는 데에 이 능력을 사용할 수 있어야 한다. 다른 무엇보다도 부모나 교사에게 요구되는 것이 바로 이러한 능력이다. 그러나 이러한 능력을 갖는 일이 쉽지 않다는 점에서, 살아있는 경험에 토대를 두고 있는 교육 체제를 성공적으로 운영한다는 것은 전통적인 교육의 패턴을 따르는 것보다 더 어려운 일이 될 수밖에 없다.

그러나 이것과는 다른 측면의 문제도 있다. 경험이 단순히 한 개인의 내부에서만 이루어지는 것은 아니다. 물론 경험이 욕구와 목적을 대하는 태도의 형성에 영향을 주는 것을 보면, 그것이 개인의 내부에서 진행되는 것임에는 분명하다. 그러나 이것이 이야기의 전부는 아니다. 모든 진정한 경험은 경험이 이루어지는 객관적인 조건을 어느 정도 변화시킨다고 하는 능동적인 면을 갖고 있다. 자질구레한 사례를 거론하기보다는 다소 거창한 사례를 하나 든다고 하면, 문명과 야만의 차이는 이전의 경험이 이후의 경험이 생겨나는 객관적인 조건을 어느 정도나 변화시키는가 하는 데에 있다. 도로, 신속한 이동과 운송의 수단, 도구, 연장, 가구, 전등과 전력 등이 바로 문명과 야만의 차이를 보여주는 사례들이다. 현재의 문명화된 경험을 가능하게 하는 외적인 조건들을 파괴하면, 순식간에 우리의 경험은 야만인들의 그것으로 전락하게 될 것이다.

한마디로 말하면, 우리는 대개의 경우 선대(先代)의 인간적인 활동을 통하여 성립되고 전승되어 온 것들에 힘입어 현재와 같은 모습을 지니게 된 세계, 다양한 사람들과 사물들로 구성되어 있는 세계 속에서 태어나 살다가 그 속에서 죽기 마련이다. 이러한 사실을 간과할 때, 경험은 마치 그것이 한 개인의 몸과 마음속에서만 이루어지는 것인 양 취급받고 만다. 경험이 진공 속에서 생겨나지 않는다는 점은 말할 필요도 없는 사실이다. 개인의 바깥에 경험을 발생시키는 원천들이 존재한다. 경험은 이러한 원천들로부터 끊임없이 양분을 섭취한다. 빈민가에 사는 아이가 교양 있는 가정의 아이가 하는 것과는 다른 경험을 한다는 사실, 시골 아이가 도시 아이와는 다른 종류의 경험을 갖는다는 사실, 또는 바닷가에 사는 아이가 내륙의 초원 지대에서 자란 아이와는 다른 경험을 갖는다는 사실을 의심하는 사람은 없다. 대개의 경우 우리는 그러한 사실을 별도로 언급할 필요도 없을 만큼 너무도 당연해서 시시한 것이라 여기기 마련이다. 그러나 이 사실이 지니는 교육적인 의미를 분명히 할 경우, 여기서 우리는 외부에서 무엇인가를 부과하지 않고도 교사가 어린아이들의 경험을 이끌 수 있는 두 번째 방법을 발견하게 된다. 교사의 일차적인 책무는 한 개인을 둘러 싸고 있는 외적인 조건이 어떻게 그의 실제적인 경험을 조형하는지를 보여주는 일반적인 원리를 이해하는 일뿐만 아니라, 한 개인의 경험 이 계속적으로 성장할 수 있도록 만들어주는 주위 환경이 어떤 것인 지를 구체적으로 식별하는 일까지를 포함한다. 무엇보다도 교사는 물 리적이거나 사회적인 환경으로부터 가치 있는 경험을 형성하는 데에 기여할 수 있는 모든 것들을 끌어낼 수 있어야 하며, 가치 있는 경험 이 가능하도록 그러한 환경들을 활용하는 법을 알고 있어야만 한다.

전통적인 교육은 이러한 문제들에 직면할 필요가 없었다. 전통적 인 교육은 이러한 책무들을 체계적으로 피해 나갈 수가 있었던 것이 다. (학생들의 성장을 위해서는) 책상, 칠판, 조그마한 교정(校庭) 등과 같 은 학교의 환경만으로도 충분하다고 생각하였다. 교사가 교육적인 자 원으로 활용하기 위하여 지역 사회의 물리적이거나 역사적인, 혹은 경제적이거나 직업적인 여건들을 정확히 알고 있을 필요는 없었다. 이와는 반대로 교육과 경험의 필연적인 관련에 근거하고 있는 교육 체제는, 그것이 따르는 원리에 충실하려면, 지역 사회의 이러한 여건 들을 항상 고려해야만 한다. 교사들이 감수해야 하는 이러한 부담은 전통적인 교육 체제를 운영하는 일보다 진보적인 교육 체제를 운영하 는 일을 더 어렵게 만드는 또 하나의 이유가 된다.

교육의 (전체적인) 틀을 짜면서 교육받는 사람들에 내재해 있는 조 건들에 따르도록 객관적인 조건들을 아주 체계적으로 조절할 수가 있 다. 교사, 교과서, 여러 가지 장치와 설비, 연장자(年長者)들의 좀 더 성숙한 경험의 산물에 해당하는 모든 것들의 위치와 기능을 어린아이의 즉각적인 성향과 느낌에 체계적으로 따르도록 만들면, 언제든 이러한 일이 가능하다. 물론 불가피하게 외적인 통제를 해야만 하고, 그 대가로 개인의 자유를 제한하는 희생을 치러야만 하는 경우에는 어쩔 수 없이 객관적인 요인들이 중시될 수밖에 없다고 보는 이론들도 있다. 그러나 그런 경우들은 아주 예외적이며, 따라서 이 이론들도 결국 경험이란 객관적인 조건들이 경험하는 개인의 내부에서 진행되는 것에 따를 때만 진정한 경험이 된다는 관념에 근거하고 있는 셈이다.

그러나 이렇게 말한다고 해서 내가 객관적인 조건들을 무시할 수 있다고 이야기하고 있는 것은 아니다. 우리가 사물들과 사람들로 이루어져 있는 세계 속에서 살고 있다는 사실을 간과할 수는 없다는 데에 많은 사람이 동의하고 있는 것을 보면, 경험과 관련하여 객관적인 조건들을 소홀히 다룰 수는 없다고 보아야 한다. 그렇기는 하지만, 객관적인 조건들을 내적인 조건들에 (무조건) 따르도록 만들어야 한다는 아이디어에 근거하여 행동하는 부모나 교사들도 심심찮게 있다. 현재 가정이나 학교에서 벌어지고 있는 일들을 잘 살펴보면, 그런 부모들이나 교사들을 어렵지 않게 발견할 수 있다고 나는 생각한다. 물론 어떤 경우에는 객관적인 조건들이 내적인 조건들에 따라야 한다. 그러나 몇몇 부모나 교사들은 내적인 조건이 일차적이라고 생각할 뿐만 아니라, 설사 내적인 조건들이 일시적으로 존재하다가 사라지는 것이라고 하더라도, 교육의 전반적인 과정을 결정한다고까지 믿고 있다.

갓난아이의 경우를 예로 들어보자. 그 아이가 음식을 섭취하고, 휴식을 취하며, 다양한 활동을 수행할 필요가 있다는 것은 분명 일차적이며 움직일 수 없는 사실이다. 부모는 아이의 그러한 필요에 맞추

어 영양분을 공급해 주어야 하며, 편안히 잠들 수 있도록 배려를 해주
어야 한다. 그러나 이러한 점이 사실이라고 하더라도, 일정한 시간에
아이가 규칙적으로 음식을 먹거나 잠을 자도록 하는 것이 아니라, 아
이가 칭얼거리거나 짜증을 낼 때마다 매번 부모가 음식을 먹이고 잠
을 재워야 한다는 뜻은 아니다. 현명한 엄마는 아이의 필요를 고려하
기는 하지만, 어떠한 객관적인 조건들 밑에서 아이의 필요를 충족시
켜 주어야 하는지를 살피면서, 그 조건들을 적절히 조절하는 자신의
책무를 소홀히 하지는 않는다. 나아가 현명한 엄마는 자신의 이전 경
험은 물론이고 육아(育兒) 전문가의 경험담 등을 참조하면서, 일반적
으로 어떠한 경험이 아이가 정상적으로 발달하도록 하는 데에 있어
가장 큰 기여를 할 수 있는지를 알고자 한다. 그녀는 객관적인 조건들
이 아이의 즉각적인 내적 조건에 일방적으로 따르도록 만들고 있는
것이 아니라, 아이의 즉각적인 내적 상태와 특정한 종류의 상호작용
이 이루어질 수 있도록 객관적인 조건들을 분명하게 조절하고 있는
것이다.

  방금 언급한 '상호작용'이라는 말은 교육적인 기능과 영향력이라
는 면에서 경험을 해석하는 데에 필요한 중요한 원리 가운데 두 번째
원리에 해당하는 것이 무엇인지를 말해준다. 상호작용이라는 말은 경
험의 두 요소, 즉 객관적인 조건과 내적인 조건들 가운데 어느 하나만
을 중시하는 것이 아니라, 양자 모두에 동등한 권리를 부여한다. 정상
적인 경험은 예외 없이 이 두 가지 조건들이 상호작용하는 가운데 생
겨난다. 객관적인 조건들과 내적인 조건들이 합쳐지거나 상호작용함
으로써 우리가 '상황'(situation)이라고 부르는 것이 형성된다. 전통적인

교육의 문제는 아이들의 경험을 통제하는 일과 관련이 있는 외적인
조건을 강조했다는 데에 있는 것이 아니라, 아이들이 어떠한 종류의
경험을 하게 될지를 결정하는 또 다른 요인인 내적인 측면에 거의 주
의를 기울이지 않았다는 데에 있다. 전통적인 교육은 상호작용하는
두 가지 요소 가운데 하나만을 고려했다는 점에서 상호작용의 원리를
위반했다. 그러나 앞에서 이미 거론했던 '이것이냐, 저것이냐'라는 식
의 극단적인 교육철학을 근거로 삼을 생각이 아니라면, 전통적인 교
육이 상호작용의 원리를 위반했다고 해서, 이번에는 새교육이 전통적
인 교육이 소홀히 취급했던 요소만을 강조함으로써 상호작용의 원리
를 위반해도 되는 것은 아니다.

갓난아이의 발달을 위해서는 객관적인 조건을 조절할 필요가 있
다는 점을 보여주는 앞에서의 사례는 다음과 같은 사실을 지적해 주
고 있다. 첫째로 부모는 갓난아이의 음식 섭취나 수면 등과 관련된 경
험이 생겨나는 조건들을 조절해야 하는 책무를 지닌다. 둘째로 부모
는 축적되어 있는 과거의 경험, 즉 유능한 의사나 정상적인 신체적 성
장에 대하여 전문적인 공부를 한 사람의 조언 등에 들어 있는 경험을
활용함으로써 자신의 그러한 책무를 제대로 수행해야 한다. 섭생이나
수면 등과 관련된 객관적인 조건들을 조절하기 위하여 주위에서 제공
되는 그러한 지식 체계를 활용한다고 해서 엄마가 자신의 아이를 양
육할 때 행사하는 자유에 어떠한 제약이 초래되는가? 오히려 부모로
서 자신이 해야 하는 일을 수행하는 것과 관련하여, 의사나 전문가의
조언 등을 활용하도록 함으로써 엄마의 지력(知力)을 확장시켜 주는
일이야말로, 종국에는 그녀가 엄마로서 자신의 자유를 더 폭넓게 행

사하도록 만들어 주는 것은 아닌가? 물론 외부에서 제공되는 조언이
나 안내를 어떠한 경우든지 간에 따라야 하는 고정된 지침이기라도
하듯이 맹목적으로 추종하게 되면, 부모는 물론이고 아이의 자유에
있어서도 제약이 생겨난다. 그리고 심한 경우에 이러한 제약은 부모
나 아이의 자유를 제한하는 데서 그치는 것이 아니라, 당사자로서 주
체적인 판단을 내리는 일과 관련이 있는 지력마저도 동시에 제한하게
된다.

　부모가 객관적인 조건을 조절하는 것은 어떤 면에서 갓난아이의
자유를 제한하는가? 계속해서 놀고 싶어 하는데도 불구하고 부모가
아이를 침대에 눕힐 때, 먹고 싶어 하지만 음식을 주지 않을 때, 부모
의 관심을 끌려고 울어대지만 안아 올려서 달래주지 않을 때, 아이의
즉각적인 움직임과 성향에 어느 정도의 제한이 가해진다는 것은 분명
하다. 뜨거운 불 속으로 막 넘어질 것 같은 아이를 부모나 유모가 낚
아채서 불로부터 멀어지게 하는 경우에도 제약이 가해진다. 자유에
대해서는 나중에 더 많은 이야기를 할 것이다. 여기서는 비교적 일시
적인 사건들을 근거로 삼아 자유에 대하여 사고하고 판단할 것인지,
아니면 계속적으로 성장하는 경험 속에서 자유의 의미를 구할 것인지
를 분명히 하는 것만으로도 충분하다.

　개인이 세계 속에서 살고 있다는 말의 의미를 좀 더 구체적으로
풀이하면, 개인은 일련의 상황 속에서 살고 있다는 뜻이 된다. 그리고
개인이 이러한 상황들 속에서 살고 있다고 말할 때, '속'이라는 말의
의미는 동전이 호주머니 속에 있다거나 페인트가 페인트 통 속에 있
다고 말할 때의 '속'의 의미와는 다르다.15 한번 더 이야기하자면, 개

인이 세계 속에, 또는 상황 속에 살고 있다고 할 때, '속'은 개인과 사물들 사이에, 그리고 개인과 다른 사람들 사이에 상호작용이 이루어지고 있다는 것을 의미한다. 상황이라는 개념과 상호작용이라는 개념은 서로 떼어놓을 수 없다. 경험은 언제나 한 개인과 그 시점에서 그의 환경을 형성하고 있는 것 사이에서 교섭(交涉)이 이루어짐으로써, 즉 개인과 환경이 서로 무엇인가를 주고받음으로써 경험으로 성립된다. 개인과 무엇인가를 주고받는 환경은 그 개인이 어떠한 화제나 사건에 관하여 이야기를 나누고 있는 사람들로 구성되기도 하며, 그들이 나누고 있는 이야기의 주제 자체가 상황의 한 부분이 되기도 한다. 또는 개인이 갖고 노는 장난감이 환경이 되기도 하며, 그가 읽고 있는 책이 환경이 될 수도 있고[책을 읽을 때 그 개인의 환경적인 조건이 되는 것은 그가 읽고 있는 책의 성격에 따라 영국이 될 수도 있으며, 고대 그리스가 될 수도 있고, 아니면 가상적인 국가가 될 수도 있다], 그가 수행하고 있는 실험의 재료들이 환경일 수도 있다. 바꾸어 말하면, 개인의 필요나 욕구, 목적이나 능력 등과 상호작용하여 그 개인이 하게 되는 경험에 영향을 미치는 외적이거나 객관적인 조건에 해당하는 것이라면 무엇이든 환경이 될 수 있다. 심지어 어떤 사람이 공중에 성(城)을 쌓는 일과 같은 몽상에 빠져 있다고 할지라도, 그때 그는 상상 속에서 그가 고안해 낸 사물들과 상호작용하고 있는 것이다.

경험의 두 원리인 계속성의 원리와 상호작용의 원리는 서로 분리

---

15 개인은 그가 살고 있는 세계 속에서 그 세계와 관계를 맺으며 상호작용하지만, 호주머니 속의 동전이나 페인트 통 속의 페인트가 호주머니나 페인트 통과 상호작용하는 것은 아니다.

될 수 없는 관계에 있다. 이 두 원리는 상호 견제하면서 동시에 하나
로 묶여 있다. 말하자면 이들은 경험의 종적인 측면과 횡적인 측면에
해당한다.[16] 다양한 상황들이 서로 꼬리를 물고 일어난다. 그러나 계
속성의 원리로 인하여 이전의 상황으로부터 이후의 상황으로 무엇인
가가 전해진다. 한 개인이 하나의 상황에서 다른 상황으로 넘어갈 때,
그의 세계와 환경은 확장되기도 하고 축소되기도 한다. 그러나 그는
자신이 이전과는 전혀 다른 세계에 살고 있는 것이 아니라, 이전과 동
일한 하나의 세계를 다만 이전과는 다른 부분에서, 또는 이전과는 다
른 측면에서 살고 있음을 발견하게 된다. 그가 하나의 상황 속에서 배
운 지식이나 기술은 그 상황에 뒤따르는 다른 상황을 효과적으로 이
해하고 다루는 데에 활용되는 도구가 된다. 이러한 과정은 한 개인의
삶이 지속되고 그의 배움이 계속되는 한, 끊임없이 이루어진다. 그렇
지 않다면, 하나의 경험을 형성하는 데에 참여하는 개별적인 요소들
이 분열되기 때문에 경험의 진로는 무질서한 것이 되고 만다. 분열된
세계, 그것을 형성하는 여러 부분과 측면이 하나로 결합되어 있지 않
은 세계, 이러한 세계는 곧바로 분열된 인성(人性)의 징표가 되며, 동
시에 인성의 분열을 초래하는 원인이 된다. 그러한 분열이 일정한 수
준에 도달하는 지경이 되면, 우리는 그 사람을 미친 사람이라 부른다.
반면에 충분히 통합되어 있는 인성은 계속적으로 이어지는 경험들이

---

16 이전의 경험이 이후의 경험으로 이어지는 경험의 계속성은 경험의 종적인 차원을
　　형성한다. 반면에 어떠한 경험을 한 결과로 주위의 환경이 재구성되고, 그렇게 재
　　구성된 환경과 교섭을 하게 되는 경험의 상호작용은 경험의 횡적인 차원을 형성한
　　다. 이러한 경험의 수직적이며 수평적인 지평의 확대로 인하여 경험은 부단히 새
　　롭게 재구성되는 가운데 성장한다.

서로 단절되지 않고 하나로 통합을 이루는 경우에만 출현한다. 통합된 인성은 세계를 형성하는 대상과 사물들이 서로 관련을 맺음으로써 하나의 통합적인 세계를 구성하는 경우에만 가능하다.

계속성의 원리와 상호작용의 원리가 능동적으로 결합하게 되면, 그것은 어떠한 경험이 과연 교육적으로 중요하고 가치가 있는 것인지를 평가하는 데에 사용할 수 있는 척도가 된다. 따라서 교사는 상호작용이 일어나는 상황에 즉각적이고 직접적인 관심을 기울여야 한다. 상호작용이 이루어지는 상황 속에 하나의 요소로 참여하게 되는 개인은 상호작용이 이루어지는 특정한 시점에 존재하고 있는 개인 그대로일 뿐이다. (그를 어떻게 할 도리는 없다). 반면 다른 하나의 요소인 객관적인 조건은, 개인이라는 요소의 경우와는 달리, 어느 정도 교사가 조절할 수 있는 가능성이 있다. 이미 이야기한 것처럼 객관적인 조건이라는 말이 지칭하는 것은 상당히 넓은 범위의 것을 포괄하고 있다. 그것은 교사가 수행한 것과 교사가 그것을 수행하는 방식, 예를 들면 교사가 한 말은 물론이고, 교사가 그러한 말을 할 때 목소리에 배어 있는 어조(語調) 등도 포함한다. 그것은 여러 가지 장치, 서적, 설비, 장난감, 놀이 등을 포함한다. 또한 그것은 한 개인과 상호작용하고 있는 자료들, 그리고 무엇보다도 중요한 것으로, 한 개인이 참여하고 있는 상황에 스며들어 있는 모든 사회적인 기구와 조직과 제도 등을 포함한다.

앞에서 나는 객관적인 조건은 교사가 그것을 조절할 수 있는 힘의 범위 내에 있다고 말한 바 있다. 교사는 다른 사람의 경험에 직접 영향을 줄 수 있을 뿐만 아니라, 그럼으로써 그 사람이 받게 될 교육에도 영향을 줄 수 있는 위치에 있다. 따라서 교사는 교육받는 사람의 현재의 역량 및 필요와 상호작용할 수 있는 환경이 어떤 것인지를 잘 결정하여 교육받는 사람에게 가치 있는 경험이 생겨날 수 있도록 하는 의무를 지닌다. 이것이 바로 교사가 객관적인 조건을 조절할 수 있다는 말의 의미이다. 전통적인 교육이 안고 있던 문제는 교사들이 환경을 제공하는 책무를 떠맡지 않았다는 데에 있는 것이 아니다. 문제는 교사들이 그러한 책무를 떠맡기는 하였지만, 경험을 창출하는 데에 개입하는 다른 요인, 즉 교육받는 사람의 능력과 목적을 고려하지 않았다는 데에 있다. 어떠한 조건들은, 그것이 실제로 각 개인에게 특정한 종류의 특질을 지닌 반응을 유발하는가의 여부와는 무관하게, 본래적으로 누구에게나 바람직한 것으로 간주되었다. 이처럼 환경과 개인, 또는 객관적인 조건과 개인의 내적인 조건이 서로에게 적절한 것이 되도록 조절하려는 노력이 부족했기 때문에 가르치고 배우는 과정은 우연히 이루어지는 것이 되고 말았다. 다행히도 제공된 조건이 그에게 적합한 것이었던 사람은 그럭저럭 배울 수가 있었다. 그렇지 못한 사람들은 자신들에게 맞지도 않는 것을 배우고자 부질없이 용을 쓸 뿐이었다. 이러한 사실을 고려할 때, 교사가 객관적인 조건을 선정하는 책무를 지닌다는 말은 그에게 도움을 받아 배우는 사람들의 필요와 역량을 이해하는 책무를 함께 지닌다는 뜻이 된다. 그것이 한때 어떤 사람들에게 효과가 있는 것으로 입증되었다는 사실만 가지고는 특정한 교육 자료와 교육 방법을 모든 사람들을 위한 것으로 선정해도 괜찮다는 충분한 근거로 삼을 수 없다. 선정된 교육 자료와 교육 방법이 지금 문제가 되고 있는 사람과 실제로 상호작용해서 그가 교

육적으로 가치 있는 경험을 하도록 도울 것이라고 생각할 수 있는 이유가 반드시 있어야 한다.17

아이들에게 비프스테이크를 먹이지 않는 것은 그것이 아이들에게 맞지 않기 때문이지, 비프스테이크가 영양분이 없기 때문은 아니다. 우리가 초등학교 1학년이나 6학년 아이들에게 삼각함수를 가르치지 않는 것은 그것이 아이들에게 맞지 않기 때문이지, 삼각함수 자체를 무시해서가 아니다. 교과 그 자체만 가지고는 그것이 교육적이라거나 성장에 도움이 된다거나 하는 평가를 할 수 없다. 배움의 당사자가 도달해 있는 성장의 단계와는 무관하게, 어떠한 교과가 본래부터 그 속에 교육적 가치를 지니고 있다고 말할 수는 없다. 교과나 교육 방법은 개인의 필요 및 역량에 적합한 것이라야 한다. 전자를 후자에 맞도록 조절하는 데에 실패하게 되면, 특정한 교과와 교육 방법이 본래부터 누구에게나 교양적 가치를 지닌다거나 정신적인 도야(陶冶)에 유익하다고 보는 잘못된 생각에 빠지고 만다. 교육적 가치라는 것은 추상적

---

17 교과나 교육 방법의 가치는 배우는 사람의 현재 역량과는 무관하게, 또는 그러한 것을 고려할 필요가 없이, 그 자체로 본래적인 가치를 지닌다는 식의 논의가 교육학에 널리 퍼져 있다. 예를 들면, 교과가 지니는 내재적인 가치를 선험적(先驗的)으로 정당화한 것으로 평가받고 있는 피터스(R. S. Peters)가 그러한 논의를 대표한다고 볼 수 있다. 그러나 듀이에 따르면, 어떠한 교과나 교육 방법이 그 자체로 가치를 지닐 수는 없다. 그것은 배우는 사람과의 관계 속에서, 배우는 사람과 상호작용할 수 있는 것인지를 토대로 평가되어야 한다. 중요한 것은 교과나 교육 방법 그 자체가 아니라, 경험의 성장이다. 그리고 듀이가 보기에는 경험의 성장이 곧 교육에 해당하며, 이것이 일차적인 것이다. 교과나 교육 방법은 이러한 교육이 실지로 성립되는지의 여부를 통하여 가치를 부여받아야 하는 이차적인 것에 불과하다. 이러한 듀이의 생각은 교육의 가치와 교과의 가치를 구분하고, 이들 간의 관계를 재정립하는 데에 있어 우리가 부단히 참조해야 하는 중요한 아이디어를 담고 있다.

인 형태로 존재하는 것이 아니다. 전통적인 교육은 어떤 교과나 교육
방법, 또는 특정한 사실이나 진리를 아는 것은 누구에게나 본래부터
그 자체로 교육적 가치를 지닌다고 생각하였다. 이러한 잘못된 생각
으로 말미암아 전통적인 교육은 많은 경우에, 비유를 들어 말하면, 교
육 자료를 누구나 쉽게 소화할 수 있도록 만들었다고는 하지만, 어느
누구의 소화 능력도 고려하지 않음으로써, 실상은 아무도 쉽게 소화
할 수 없는 음식물 같은 것으로 만들어버리고 말았다. 이처럼 교육적
가치를 생각하였기 때문에, 전통적인 교육은 학생들이 배워야 할 자
료의 양과 곤란도(困難度)를 점차적으로 그 양을 늘려나가는 방식으로,
월별로 연도별로 조정하기만 하면 충분하다고 보았다. 또는 학생들이
외부에서 처방된 분량대로 자료를 섭취하기만 하면, 모든 것이 다 잘
될 것으로 생각하였다. 만약 학생들이 그것을 제대로 섭취하지 못한
다면, 또는 신체적으로 게으름을 피우거나 정신적인 나태함에 빠져서
마음을 잡지 못하고 들떠 있거나 하여 교과에 대한 정서적인 반감을
형성하거나 하면, 잘못은 학생 자신에게 있는 것으로 간주되었다. 혹
시 문제가 교과나 교과를 전달하는 방식에 있는 것은 아닌가 하는 의
문은 제기될 여지조차 없었다. 상호작용의 원리로부터 분명히 알 수
있는 것처럼, 배워야 할 자료를 개인의 필요 및 역량에 맞도록 조절하
는 데에 실패하면, 개인이 배워야 할 자료에 맞도록 (자신의 필요와 역량
을 조절하여) 적응해야 하는데 그렇게 하지 못하는 경우만큼이나 비교
육적인 경험이 초래될 수 있다.

　　배워야 할 자료를 개인이 지니고 있는 현재의 필요나 역량에 맞
도록 조절해야 한다는 상호작용의 원리가 중요하기는 하지만, 경험에

는 상호작용의 원리만 있는 것이 아니라 계속성의 원리도 존재한다. 그리고 계속성의 원리를 교육에 적용하는 경우, 그것은 모든 단계의 교육의 과정에서 미래를 고려해야만 된다는 점을 의미한다. 그런데 전통적인 교육은 계속성의 원리에 담겨 있는 이러한 아이디어를 너무도 쉽게 오해할 뿐만 아니라, 심하게 왜곡하기까지 한다. 전통적인 교육은 나중에 학생들이 필요로 하게 되는 것, 즉 대학에서 공부하게 되는 경우나 성인으로서 삶을 영위하게 되는 경우에 대비하여, 학생들이 갖추고 있을 필요가 있는 특정한 기술이나 교과를 습득하거나 배워야 한다고 생각한다. 왜냐하면, 물을 필요도 없는 것이기는 하지만, 학생들이 미래의 필요와 상황에 대해 제대로 준비하려면 이러한 방식을 통하지 않을 수 없기 때문이라는 것이다. 그러나 여기서 이야기하는 것과 같은 준비, 즉 특정한 기술이나 교과를 배움으로써 미래를 준비한다는 전통적인 교육의 가정은 참으로 믿기 어려운 것이다. 어떠한 점에서 보면, 모든 경험은 이후에 좀 더 깊이 있고 포괄적인 특질을 지닌 경험을 할 수 있도록 경험을 하는 사람을 준비시켜야만 한다. 성장이라든지, 계속성이라든지, 경험의 재구성이라든지 하는 말이 의미하는 바가 바로 이것이다. 그러나 미래의 어느 때인가에 유용하게 활용될 것이기 때문에 미리 특정한 분량의 산수, 지리, 역사 등을 가르치고 배워야 하며, 그렇게만 하면 미래에 대한 준비가 저절로 이루어진다고 보는 것은 잘못된 생각이다. 학생들에게 읽기나 셈하기와 관련된 기능을 습득시키기만 하면, 이는 거의 곧바로 교실과는 전혀 다른 사회적 삶의 상황에서도 그러한 기능을 올바르고 효과적으로 활용하도록 학생들을 준비시키는 셈이 된다고 보는 것 역시 잘못된 생각이다.

　거의 모든 사람이 자신의 학창 시절을 되돌아보면서 학교에 다니는 동안 그가 축적해왔던 지식이 지금 어디로 가버렸는지, 그가 학교에 다니면서 습득한 전문적인 기능들이 그것 그대로는 그에게 커다란 도움이 되지 못하기 때문에 그것들을 다른 형태로 다시 배우지 않으면 안 되는 이유가 무엇인지 의아하게 생각하고 있다. 스스로를 성장시키기 위하여, 또는 자신을 지금보다 좀 더 지적인 존재로 만들기 위하여 그가 학교에서 배웠던 것들의 상당 부분을 (사회인이 되어) 다시 고쳐 배울 필요가 없는 사람이야말로 진실로 행운아이다. 학생들이 교과를 배웠다고 생각하지만, 실제로 그들은 교과를 제대로 배운 것이 아니라는 식으로 대답하면서 이러한 문제들을 적당히 얼버무려 버릴 수는 없다. 왜냐하면 그들은 최소한 관련 교과들에 대한 시험에 통과할 만큼은 충분히 배웠기 때문이다. 문제는 그 교과를 다른 것들과는 아무런 관련도 없는 것처럼 분리된 교과로 배웠다는 사실, 비유를 들어 말하면, 물 한 방울도 스며들 수 없도록 방수(防水) 처리된 방(房)처럼 다른 교과들과는 완전히 단절된 상태로 배웠다는 사실에 있다. 따라서 '학생들이 배운 그 교과의 지식이 어떻게 되었는가, 어디로 사라져버렸는가?'라는 질문에 대한 올바른 대답은 '다른 것과는 완전히 단절된 상태로 원래 그 지식을 넣어 두었던 특별한 방에 여전히 남아 있다'는 것이 된다. 만약 그 지식이 습득될 때와 완전히 똑같은 조건이 다시 생겨나면, 그것 역시 다시 재생되어 이용 가능한 지식이 될 것이다. 그러나 학생들은 문제의 그 지식을 다른 경험들과는 단절되어 있는 고립된 상태의 지식으로 배웠다. 그렇기 때문에 어느 것 하나

도 고립되지 않은 채로 모든 것이 관련을 맺고 있는 실제의 삶의 조건
속에서 학생들은 그 지식을 사용할 수 없게 된다. 학생들이 학교에서
어떤 지식을 배울 때, 그 지식이 (피상적으로 습득되는 것이 아니라 그야말
로) 학생들의 내면에 철저히 뿌리를 내리는 것처럼 보이는 경우가 왕
왕 있다. 그러나 (겉보기에만 그럴 뿐) 실상 그것은 단절된 지식에 불과
하다. 이처럼 단절된 지식을 배우게 함으로써 모든 것들이 관련을 맺
고 있는 실제 삶의 장면에 맞도록 학생들을 진정으로 준비시킬 수 있
다고 생각하는 것은 경험의 법칙에 위배된다.

　　전통적인 교육이 학생들을 준비시키는 데에 실패함으로써 생기는
폐해(弊害)는 학생들에게 의미 없는 단절된 지식을 제공한다고 하는
데서 그치는 것이 아니다. 교육과 관련하여 갖기 쉬운 그릇된 생각들
가운데서도 가장 잘못된 것은 누군가가 특정한 내용을 배운다고 할
때, 결국 그가 배우게 되는 것은 그 특정한 내용에 국한될 뿐이며, 이
것 이외에 다른 것을 배우지는 않는다는 생각이다. 그러나 학생들은
그들에게 지속적으로 영향을 미치는 태도들, 예를 들어 무엇인가를
선호하거나 혐오하는 것과 같은 태도를 부수적으로 배워서 지니게 된
다. 그리고 이렇게 부수적으로 배우는 것들이 정작 학생들이 배울 것
으로 기대되는 철자법이나 지리, 또는 역사 과목의 특정한 내용보다
도 훨씬 중요한 것인 경우가 많다. 왜냐하면 이러한 태도들이 장차 학
생들이 성인이 되었을 때, 기본적으로 더욱 중요한 것이기 때문이다.
부수적으로 형성될 수 있는 태도들 가운데 가장 중요한 것은 계속 배
우고자 하는 욕구와 관련된 태도이다. 만약 계속 배우려는 추진력이
강화되는 것이 아니라 약화된다면, 단순히 준비가 제대로 이루어지지

않는다는 것 이상의 훨씬 더 심각한 문제가 발생한다. 배우고자 하는 욕구나 추진력 등이 약화되지만 않았다면, 학생들은 삶을 영위하는 가운데 직면하게 되는 상황들을 극복할 수 있는 타고난 능력을 유지할 수 있었을 텐데, 이러한 능력마저도 학생들은 실질적으로 상실하게 되는 것이다. 우리는 정규의 학교교육을 받지 않았다는 사실이 오히려 그들, 즉 학교교육을 거의 받지 않은 사람들에게 긍정적인 자산(資産)으로 작용하는 경우를 종종 목격한다. 그들은 최소한 타고난 상식과 판단력을 잃지 않고 유지하고 있으며, 실제의 삶의 여건 속에서 이를 구사함으로써 그들이 수행하는 경험으로부터 무엇인가를 배우는 능력을 소중한 선물로 여전히 간직하고 있는 것이다. 만약 학교교육을 받는 과정에서 학생이 자기 자신의 영혼을 잃게 된다면, 즉 사물들의 소중함과 그러한 사물들에 결부되어 있는 가치들을 음미하는 능력을 상실하게 된다면, 더 나아가 자신이 배운 것을 적용하고자 하는 욕구, 그리고 무엇보다도 장차 생겨날 그의 미래의 경험으로부터 의미를 끌어내는 능력을 상실하게 된다면, 지리나 역사과목에서 미리 처방되어 있는 양(量)만큼의 정보를 얻는다거나 읽고 쓰는 능력을 얻는다거나 하는 일이 무슨 소용이 있는가?

그렇다면 교육적인 관점에서 볼 때, 준비가 갖는 진정한 의미는 무엇인가? 첫째로 준비란, 어린 사람이든 나이 든 사람이든 간에, 그가 어떤 경험을 할 때, 그 경험으로부터 자신에게 의미가 있는 모든 것을 남김없이 끌어내어 습득하는 것을 뜻한다. 미래를 위한 준비가 현재를 통제하는 목적과 같은 것으로 변하여 작용하게 되면, 현재가 지니고 있는 잠재력은 가상적인 미래로 인하여 희생되고 만다. 이러한 일이 발생하게 되면, 미래를 위한 실질적인 준비는 방향성을 상실하고 엉뚱한 것으로 변질된다. 단순히 미래를 준비하기 위해서 현재를 이용한다는 생각은 그 자체가 자기 모순적이다. 그러한 생각은 누군가가 자신의 미래를 준비한다고 할 때, 그러한 준비를 할 수 있게 하는 기반인 현재에 대한 고려를 빠뜨리고 있거나, 그러한 고려가 들어설 여지를 아예 차단해 버린다. 우리는 언제나 현재의 시점에서 삶을 영위하기 마련이다. 그리고 현재의 경험 각각으로부터 경험을 하는 그때마다 충분한 의미를 끌어냄으로써 미래에도 동일한 것을 할 수 있도록 스스로를 준비시킨다. 장기적으로 보면, 이것만이 우리가 무엇에 대한 준비를 할 수 있는 유일한 방식이다.

이 말은 결국 현재의 경험들 각각을 가치 있고 의미 있는 것으로 만들어 주는 조건들에 세심한 주의를 기울이며 각별히 마음을 써야 한다는 것을 뜻한다. 그러나 그렇다고 해서 이 말로부터 '학생들이 유쾌하게 즐길 수 있는 것이라면, 무엇이 현재의 경험이 되든지 간에, 아무런 상관이 없다'는 식의 추론을 끌어내서는 안 된다. 이러한 추론은 지금 우리가 내리고자 하는 결론과는 완전히 반대되는 것이다. 여기서 하나의 극단을 배격하는 가운데 그것과는 정반대의 다른 극단으로 쉽게 나아가 버리는 문제의 또 다른 사례를 볼 수 있다. 전통적인 학교가 멀리 떨어져 있는 다소간 불확실한 미래를 위해서 현재를 희생하는 경향이 있었다는 점을 들어, 어린아이가 어떠한 종류의 경험을 하게 되든지 간에 교사는 그에 대해서 거의 책임이 없다고 믿는 경향이 생겨났지만, 그래서는 안 된다. 현재와 미래의 관계를 따지는 일은 '이것이냐, 저것이냐'라는 양자택일의 사태, 즉 '전통적인 교육의

경우처럼 미래를 위하여 현재를 희생할 것이냐, 아니면 이에 반대해
서 무엇이 되었든 현재의 경험을 즐거운 것으로 만들면 충분하다고
생각할 것이냐'라는 선택지 가운데 하나를 택해야 하는 사태가 아니
다. 현재는 어떤 식으로든 미래에 영향을 준다. 성숙한 사람이란 현재
와 미래의 관계에 대하여 (경청할 만한) 어떤 생각을 지니고 있는 사람
이다. 따라서 현재의 경험이 미래에 유익한 영향을 주는 그러한 종류
의 경험이 되도록 조건을 형성해야 하는 책무는 당연히 성숙한 사람
들의 몫이다. 성장이나 성숙으로서의 교육은 언제나 현재의 경험으로
부터 출발하는 현재적인 과정이어야 한다.

    나는 생생한 삶의 경험이라는 관점에서 교육을 이해하면, 교육의 계획이나 기획은 당연히 지성(知性)에 관한 이론, 또는 그러한 표현을 써도 좋다면, 경험 철학이라고 할 만한 것을 형성하고 이에 근거해서 이루어져야 한다고 이야기해왔다. 만약 이렇게 하지 않으면 교육은, 마치 낙엽이 그때그때 불어오는 바람에 날려 이리저리 뒹굴듯이, 우연히 생겨난 지적인 유행에 좌우되고 말 것이다. 나는 경험의 형성에 있어서 기본이 되는 두 가지 원리, 즉 상호작용의 원리와 계속성의 원리에 주의를 환기시키면서 그러한 이론이 필요하다는 점을 설명하고자 노력해왔다. 따라서 만약 누가 나에게 '다소 추상적인 철학을 설명하는 데에 왜 그렇게 많은 시간을 허비했는가?'라고 묻는다면, 다음과 같이 대답할 것이다. '생생한 삶의 경험 속에 교육이 존재한다는 아이디어에 기초하여 학교를 발전시키려는 실제적인 노력은, 만약 경험이란 무엇이며, 비교육적인 경험과 반교육적인 경험으로부터 교육적인 경험을 구분해 주는 것은 무엇인가에 대한 어떤 착상에 근거하여 진

행되지 않는다면, 일관성을 상실하고 혼란에 빠지기 때문이다'. 지금
부터 나는 교육과 관련된 실제적인 문제들을 다룰 것이며, 지금까지
해왔던 것과는 달리, 좀 더 구체적인 세부 주제들과 자료들을 제시하면
서 논의를 진행할 생각이다.

경험의 가치를 평가하는 준거인 계속성과 상호작용이라는 두 가
지 원리는 서로 밀접한 관련을 맺고 있어서 제일 먼저 다루어야 할 특
별한 교육적 문제가 무엇인지를 정확히 말하기가 쉽지 않다. 교과 혹
은 학과의 문제, 그리고 가르치고 배우는 방법의 문제 등으로 간편하
게 구분한다고 할지라도, 우리가 논의해야 할 주제들을 선정하고 조
직하는 일이 용이할 것 같지는 않다. 따라서 우리가 어떤 주제부터 시
작할 것인지, 그리고 주제들을 어떤 순서로 다루어야 할 것인지는 다
소 임의적으로 결정될 수밖에 없다. 그렇기는 하지만, 나는 개인의 자
유와 사회적 통제라는 오래된 문제부터 시작해서 이 문제로부터 자연
스럽게 파생되는 문제들로 나아가는 방식으로 논의를 전개하고자 한다.

교육의 문제를 고찰하는 데에 있어, 잠깐 동안 학교를 무시하고
다른 인간적인 상황을 염두에 두면서 논의를 시작하는 것이 여러모로
유리할 때가 많다. 내가 보기에 보통의 선량한 시민이라고 하더라도
사실은 상당한 정도의 사회적 통제를 받기 마련이며, 통제가 가해진
다고 하더라도 상당 부분 그것은 개인의 자유를 침해하지는 않는 것
으로 인식되고 있다. 이러한 사실은 어느 누구도 부정하지 않을 것이
다. 국가나 정부의 통제는 순전히 악(惡)일 뿐이라고 생각하는 철학을
지닌 이론적 무정부주의자조차도, 정치적인 국가를 폐지한다고 해서
당장 모든 통제가 사라지는 것은 아니며, 국가를 대신하여 다른 형태

의 사회적 통제가 생겨날 것이라고 믿고 있다. 정확히 말하면, 그가
정부의 규제에 반대하는 것은 그것이 어떠한 형태의 것이든 일체의
통제를 없애야 한다고 믿기 때문이 아니라, 국가가 폐지되면 그가 보
기에 좀 더 정상적인 다른 통제의 양식이 생겨날 것이라고 믿기 때문
이다.

　여기서는 이러한 극단적인 입장을 받아들이기보다는 매일매일의
삶 속에서 작동하고 있는 사회적 통제의 몇몇 사례들에 주목하면서
그 밑바닥에 놓여 있는 원리가 무엇인지 탐색해보는 방식을 취해보도
록 하자. 먼저 어린아이들에 대한 논의부터 시작해보자. 아이들은 쉬
는 시간이나 방과 후에 술래잡기나 자치기 등부터 야구나 축구에 이
르는 다양한 놀이를 한다. 놀이는 규칙을 지니고 있으며, 이러한 규칙
이 놀이를 하는 아이들의 행동을 규제한다. 놀이는 아무렇게나 진행
되는 것이 아니며, 그때그때 즉흥적으로 생각해낸 행동들로 이루어지
는 것도 아니다. 규칙이 없다면 놀이도 존재할 수 없다. 만약 놀이와
관련된 분쟁이 생겨난다면, 심판에게 문의하여 이를 해결하며, 협의나
중재 등과 같은 수단을 써서 분쟁을 해소하기도 한다. 만약 이러한 해
결의 방식이 없다면 놀이는 깨져버리며, 더 이상 지속되지 못하고 끝
나게 된다.

　내가 지금 주의를 환기시키고자 하는 놀이의 상황 속에는 통제와
관련된 상당히 명백한 특징들이 존재한다. 첫째로 규칙은 놀이의 한
부분이다. 그것은 놀이의 바깥에 있는 것이 아니다. 규칙이 없으면 놀
이도 존재하지 않는다. 규칙이 서로 다르면, 그것은 더 이상 같은 놀
이가 아니라 다른 종류의 놀이이다. 놀이가 억지스럽지 않고 순조롭

게 이루어지는 이상, 놀이를 하는 사람들은 바깥에서 누가 명령하거
나 시키는 대로 따르고 있다고는 느끼지 않는다. 그들은 그저 (자연스
럽게) 놀이를 하고 있다고 느낄 뿐이다. 둘째로 놀이를 하는 개인은 때
때로 판정이 공정하지 않다고 느끼며, 이로 인하여 화를 내기도 한다.
그러나 그는 규칙 그 자체에 반대하고 있는 것이 아니라, 규칙 위반을
지적하고 있는 것이며, 규칙을 일방적으로 불공정하게 적용하는 행위
에 대하여 반대하고 있는 것이다. 셋째로 규칙과 그 규칙에 따라 놀이
를 수행하는 행위는 상당한 정도로 표준화되어 있다. 위치를 정하고
수행해야 하는 동작을 정하는 일뿐만 아니라, 놀이하는 사람의 수를
세고 편을 정하는 일 등과 관련된 공인된 방식이 존재한다. 즉, 규칙
은 그 놀이가 수행되어 온 전통과 선례에 의하여 형성된 공신력을 갖
고 있다. 놀이를 하는 사람들은 아마도 그 놀이를 잘하는 사람들이 어
떻게 놀이를 하는지 지켜본 적이 있을 것이며, 그 사람들과 필적할 만
한 수준에 오르기 위하여 그들이 놀이하는 방식을 열심히 따라 한 적
도 있을 것이다. 놀이에는 관습적인 요소가 상당히 강하게 작용하며,
놀이를 하는 사람이 그 관습을 어기는 경우는 드물다. 아이들은 오직
그들이 모델로 삼고 있는 어른들이 규칙에 변경을 가하는 경우에만
자신들의 놀이 규칙을 바꿀 뿐이다. 어른들이 가하는 규칙의 변경은
최소한 놀이를 좀 더 세련되게 만드는 데나, 구경하는 사람들에게 놀
이가 좀 더 재미가 있는 것이 되도록 하는 데 도움이 되는 조처로 간
주된다.

　　지금 내가 여기서 이끌어 내려는 일반적인 결론은 '개인의 행위
를 통제하는 일은 개인들 각각이 관여(關與)되어 있는 전체적인 상황,

즉 그들 각자가 함께 참여하는 가운데 그들 스스로 상호작용하면서 협동적인 관계를 맺고 있는 전체적인 상황에 의하여 이루어진다'는 것이다. 왜냐하면 시합의 성격을 띠는 경쟁적인 놀이의 경우에도, 거기에는 공동의 경험에 참여하고 그 경험을 공유하는 특정한 활동이 존재하기 때문이다. 바꾸어 말하면, 놀이에 참여하는 사람들은 그들이 한 개인에 의하여 좌지우지되고 있다거나, 놀이 바깥에 있는 어떤 우월한 존재의 의지(意志)에 복종하고 있다고는 생각하지 않는다. 대개의 경우, 심판이나 상대편 사람들이 공정하게 놀이를 운영하거나 수행하고 있지 않다고 주장할 만한 근거, 즉 어떤 사람이 다른 사람에게 자신의 개인적인 생각을 억지로 강요하고 있다고 인정할 만한 근거가 있을 때만 격렬한 논쟁이 생겨나기 마련이다.

이러한 사례가 개인의 자유를 침해하지 않으면서도 개인을 사회적으로 통제하는 일과 관련된 일반적인 원리를 보여준다고 주장하는 것은 한 가지 경우를 지나치게 확대 해석해서 논의를 전개하는 것처럼 보일 수도 있다. 그러나 아무리 많은 사례를 동원해서 문제를 규명해 나간다고 하더라도, 나는 여기서 다룬 특정한 사례가 사회적 통제와 관련된 일반적인 원리를 보여준다는 결론은 정당화될 수 있으리라고 생각한다. 놀이란 대개 경쟁적인 데 반해 사회적 통제와 관련지어 생각해야 할 사례들 가운데는 경쟁적이기보다는 협동적인 것들도 있기 때문에, 놀이를 분석함으로써 내가 도출해낸 결론은 일반적인 것이 아니라고 반론을 제기할 수도 있다. 그러나 만약 집단의 모든 성원이 각자의 역할을 수행하는 가운데 협동적인 활동을 전개하는 사례, 예를 들면 상호 신뢰가 흐르는 원만한 가정생활의 경우를 든다고 하

더라도, 내가 말하고자 하는 요지는 손상되는 것이 아니라 오히려 더
분명해질 것이다. 그러한 모든 경우에 있어서 질서를 가져오는 것은
어느 한 사람의 의지나 욕구가 아니라, 집단 전체에 흐르고 있는 정신
이다. 통제는 사회적인 것이다. 개인은 사회와 대립한다고 생각하기
쉽지만, 모든 개인은 공동체의 성원이다. 어느 누구도 공동체를 떠나
그 바깥에서 살아갈 수는 없다.

  그러나 이렇게 말한다고 해서, 내가 어떠한 경우가 되었든지 간
에, 권위나 직접적인 통제가 있어서는 안 된다고 이야기하고 있는 것
은 아니다. 내가 방금 한 말을, 예를 들면, 부모라고 할지라도 자신의
아이에게 권위를 행사하거나, 아주 직접적인 통제를 가해서는 안 된
다는 뜻으로 해석하는 것은 오해이다. 오히려 내가 말하고자 하는 바
는, 첫째로, 직접적인 통제를 가해야 하는 경우란 구성원 모두가 참여
하고 있는 상황에 의하여 통제가 이루어지는 경우와 비교하면, 그 사
례의 수(數)가 미미하다는 것이다. 그리고 이것보다 훨씬 더 중요한
것으로, 여기서 이야기하고 있는 그 권위라는 것이 질서가 잘 잡혀 있
는 가정이나 다른 사회 집단 내에서 행사될 때, 그것은 단순히 개인적
인 의지의 발현은 아니라는 점이다. 예를 들면, 부모나 교사는 집단
전체의 이익을 대표하거나 그러한 이익을 조정하는 자로서 권위를 행
사하기 마련이다. 앞에서 이야기한 첫 번째 요지와 관련지어 말하면,
잘 조직된 학교 내에서 특정한 개인들을 통제하는 일은 개인들이 수
행하고 있는 활동들과 그 활동들이 전개되고 있는 상황을 통해서 주
로 이루어진다. 교사는 그가 개인적으로 권위를 행사해야만 하는 경
우를 최소한으로 억제한다. 둘째로 (그럼에도 불구하고 교사나 부모가) 엄

격하게 말하고 행동할 필요가 있을 때, 그것은 개인적인 힘을 행사하기 위해서가 아니라, 집단의 이익을 위해서 그렇게 하는 것이다. 자의적인 행위와 정당하고 공정한 행위 사이에 존재하는 차이를 바로 여기서 찾을 수 있다.

　이 점과 관련해서 좀 더 설명을 덧붙이자면, 자의적인 행위와 정당하고 공정한 행위 사이의 차이를 몸으로 느끼고 알아차리기 위해서 교사나 어린아이가 그 차이가 무엇인지를 말로 분명하게 규정하거나 세세하게 파악하고 있을 필요까지는 없다. 비록 아이들이 그 차이를 분명하게 말하거나 지적인 원리에 비추어 설명할 수는 없다고 하더라도, '개인적인 힘을 행사하거나 남에게 지시하고자 하는 욕구 때문에 하는 행위'와 '모든 사람에게 이익이 되도록 공정하게 이루어지는 행위' 사이의 차이를 느끼지 못하는 아이들은 별로 없다. 오히려 내가 보기에는 대체로 아이들이 성인들보다 이러한 차이의 조짐이나 징후에 더 민감하다고 말해도 무방할 정도이다. 아이들은 다른 아이들과 서로 어울려 노는 가운데 그 차이를 배운다. 아이들은 누군가가 지시를 하려 들면 이를 불쾌하게 여긴다. 그러나 어떤 아이의 제안에 따르거나 그 아이를 리더(leader)로 삼는 것이 그들이 지금 하고 있는 일을 더 재미있게 하거나 좋게 한다면, 아이들은 기꺼이 그 아이를 리더로 받아들이고 그의 제안에 따른다. 그러다가도 아이들이 더 이상 그 아이를 리더로 인정하지 않고, 그 아이의 제안에 따르려고도 하지 않는 경우가 종종 발생한다. 그러한 경우에 '왜 그러니, 무슨 일이 있었니?' 하고 물으면, 아이들은 '그 녀석이 너무 으스대고 두목 행세를 하려고 해서 그런다'고 답한다.

나는 마치 그림을 그리듯 전통적인 학교의 모습을 사실적으로 정확하게 서술하고 이에 근거하여 문제점을 지적하는 것이 아니라, 일종의 풍자화(諷刺畵)를 그리듯 전통적인 학교를 익살맞게 묘사하는 가운데 문제점을 지적하는 편법을 사용하고 싶지는 않다. 그렇기는 하지만, 전통적인 학교에서는 교사의 개인적인 명령이 너무나도 자주 지나칠 정도의 역할을 수행하고 있다. 그리고 순전히 성인의 의지에 복종하도록 하는 가운데 학교의 질서가 유지되고 있다. 왜 이런 일이 벌어질까? 내가 생각하기에는 상황 자체가 교사로 하여금 그럴 수밖에 없도록 만들고 있다. 이것 이외에 다른 이유는 없는 것 같다. 전통적인 학교는 교사나 학생들이 공동의 활동에 참여하는 가운데 자연스럽게 형성된 집단이나 공동체가 아니다. 따라서 통제를 위한 정상적이고도 적절한 조건이 전통적인 학교에는 결여되어 있다. 이처럼 적절한 통제의 조건이 결여되어 있기 때문에, 이른바 분위기를 잡기 위하여 교사가 직접적으로 개입해 왔으며, 또 상당한 정도로는 그럴 수밖에 없었다. 질서가 교사와 학생들이 함께 수행하고 있는 공동의 활동을 통하여 자연스럽게 형성되지 못하고 (처음부터) 교사의 손에 좌우되는 것이 되어 버렸기 때문에, (그 이후에도 계속) 교사는 인위적으로 질서를 유지해야만 했다.

이상과 같은 점을 고려하면, 다음과 같은 결론을 내릴 수 있다. 새로운 학교에서는 모든 개인이 참여하는 사회적인 활동으로 공동의 일이나 작업이 수행되어야 한다. 그리고 그 활동에 참여하는 모든 개인은 똑같이 활동에 기여할 수 있는 기회를 갖고 있어야 하며, 활동의 성패에 공동의 책임을 져야 한다. 사회적 통제는 일차적으로 그러한

일이나 작업 속에서 이루어진다. 대부분의 아이는 사회적인 천성을
타고난다. 아이들이 어른들보다도 더 사회적으로 고립된 상황을 못
견딘다. 진정한 공동체적 삶은 자연적으로 타고난 이러한 사회성을
토대로 하여 가능하다. 그러나 공동체적 삶은 순전히 자동으로 생겨
나는 것도 아니고, 저절로 굳건하게 형성되는 것도 아니다. 공동체적
삶을 영위하려면, 사전에 그것에 대하여 사고하고 계획을 세울 필요
가 있다. 교사는 학생 개개인에 대한 지식과 교과에 대한 지식을 지니
고 있을 책무가 있다. 교사가 그러한 지식을 지니고 있어야 그는 학생
들이 수행할 수 있는 활동들을 선별하여 그러한 활동들로 이루어지는
사회 집단이나 공동체를 조직할 수 있다. 그리고 이러한 경우에만 모
든 학생은 공동체적인 집단 속에서 무엇인가 나름대로 기여할 수 있
는 기회를 얻게 되고, 그들 모두가 참여하는 공동의 활동을 통하여 중
요한 사회적 통제의 기제(機制)를 익히게 된다.

　　나는 모든 아이가 집단 활동에 기꺼이 동참할 것이라거나, 강한
추진력을 지닌 정상적인 아이라면 누구나 집단 활동의 모든 세세한
부분들에까지 적극적으로 참여할 것이라고 기대할 정도로 아이들에
대해서 지나치게 낭만적인 생각을 하고 있지는 않다. 학교에 오기 이
전에 이미 학교 밖의 해로운 환경의 희생자가 되어 버린 아이들도 있
을 수 있으며, 지나치게 수동적이거나 너무 순해 빠져서 집단 활동에
참여하여 나름대로 기여를 하는 데에 실패하는 아이들도 있을 수 있
다. 또한 이전의 경험으로 인하여 오만불손해지거나 다루기 힘들어진
아이들도 있고, 경우에 따라서는 아마도 노골적으로 반항을 하는 아
이들도 있을 수 있다. 그러나 분명히 말하는데 그러한 사례들에 근거

해서 사회적 통제의 일반적인 원리를 마련할 수는 없다. 또한 그러한 사례들을 다루기 위한 일반적인 규칙을 따로 정할 수도 없다. 교사는 사례별로 하나하나 그것을 다루어야 한다. 물론 그 사례들을 일반적인 유형으로 분류할 수는 있지만, 어느 사례도 다른 사례들과 완전히 동일한 것은 없다. 교사는 아이들이 그러한 반항적인 태도를 지니게 된 원인이 무엇인지를 밝히기 위하여 최선을 다해야 한다. 교육의 과정이 계속 원활히 이루어지도록 하는 일이 중요하다면, 교사는 단지 누구의 의지가 더 강한지를 시험해 보기라도 하려는 듯이, 자신의 의지와 아이들의 의지를 맞붙게 할 수는 없다. 그러나 그렇다고 해서 공동의 활동에 참여하지도 않고 교사의 안내에 따르지도 않는 아이들이 다른 아이들의 교육적인 활동을 계속 방해하도록 방치해 둘 수도 없다. 경우에 따라서는 그러한 아이들을 제외시켜 버리는 것이 유일한 조치가 될 수도 있겠지만, 그것이 해결책은 되지 못한다. 골치를 썩이는 아이들을 제외시켜 버리는 조치는 소란을 피우거나 반항적인 행동 등을 일삼아서 다른 사람의 관심을 끌려는 욕구나 자신을 과시하려는 욕구와 같은 바람직하지 못한 반사회적 태도를 초래한 원인에 해당하는 것들을 오히려 강화시켜 줄 수도 있기 때문이다.

부모들이 최후의 수단으로 자신의 아이들을 진보적인 학교에 보내는 경향이 있기 때문에 지금 현재 진보적인 학교는 그들이 감당할 수 있는 것보다도 더 많은 수의 문제아들, 즉 고집이 세고 반항적이며 교육적인 활동에 좀처럼 참여하려 들지 않는 아이들을 수용하고 있는 것이 사실이다. 그러나 예외적인 사례가 규칙을 증명하거나 규칙이 어떠한 것이어야 하는지에 대한 실마리를 제공하는 경우는 거의 없다. 따라서 나는 진보적인 학교가 예외적인 사례에 해당하는 아이들을 많이 수용하고 있다고 하더라도, 그러한 사례들을 지나치게 중시할 생각은 없다. 나는 진보적인 학교에서 통제와 관련하여 어떠한 결함이 발견된다고 하더라도, 그것이 예외적인 사례들로 인하여 생겨난다고는 보지 않는다. 오히려 그것은 상당 부분 아이들 각자가 무슨 활동을 수행해야 하며, 그러한 활동을 어떻게 수행해야 하는지에 대하여 스스로 통제력을 행사할 수 있는 상황을 제공하는 그러한 종류의 일[즉, 아이들이 관여하고 있는 모든 종류의 활동들]을 사전에 체계적으로 준비해 주지 못하는 데서 생겨나는 듯하다. 이러한 결함은 사전에 충분히 심사숙고하여 계획을 수립하는 과정이 부실하게 이루어졌기 때문에 발생한다. 사전 준비가 부실하게 이루어지는 원인은 다양하다. 그러한 원인 가운데 여기서 특별히 거론할 만큼 중요한 것이 있다. 그것은 사전 계획이 불필요할 뿐만 아니라 사전에 계획을 수립하는 일 자체가 수업을 받는 아이들이 지니고 있을 정당한 자유와 본질상 양립할 수 없다는 생각이다.

　물론 교사가 아이들을 위해 세운 예비적인 계획이 조금도 융통성이 없고 경직된 것이어서 결과적으로 성인이 아이들에게 일방적으로 부과한 계획과 전혀 다를 바가 없는 것이 되어 버리는 경우가 충분히 있을 수 있다. 그러한 경우에 교사가 자신이 세운 경직된 계획을 시행하면서 적절한 요령과 기교를 가미하고, 마치 개인의 자유를 존중하고 있는 것처럼 꾸민다고 해서, 그 계획이 갑자기 아이들을 위한 진정한 예비적 계획으로 변모되는 것은 아니다. 그것은 여전히 외부에서 부과된 계획과 조금도 다를 바가 없다. 그러나 아이들을 사회적으로 통제하는 일과 관련하여 앞에서 제시한 원리를 준수할 경우에 그 원리로부터 이러한 경직된 계획이 자연히 따라 나온다고 생각해서는 안 된다. 교사는 아이들 모두가 공동의 프로젝트에 참여하고 있다는 사실만 가지고도, 외적인 조건들을 조정하고 체계화하여 개인적인 충동에 통제력을 행사할 수 있는 공동체의 활동과 조직을 마련할 수 있어야 한다. 만약 교사가 그러한 일을 하지 못한다고 하면, 교사가 아이들보다 월등하게 성숙한 존재라거나, 교사가 세계와 교과, 그리고 개인에 대하여 엄청난 지식을 소유하고 있다거나 하는 사실이 무슨 의미가 있는지를 나로서는 알기 어렵다. 지금까지 학교에서 교사들이 수행해 왔던 사전 계획이라는 것은 너무나도 판에 박힌 듯이 기계적인 절차에 따라 이루어져 왔기 때문에 교사가 개인적인 생각을 자유롭게 펼쳐 볼 여지도, 또 독특한 자신만의 경험을 토대로 계획 수립에 기여해 볼 여지도 거의 없었던 것이 사실이다. 그러나 사실이 그렇다고 해서, 계획은 그것이 어떠한 것이든지 간에 무익하기 때문에 배격되어야 한다고 결론을 내려서는 안 된다. 오히려 이러한 사실로 인하여 교사는 훨씬 더 지적이며, 따라서 수립하기가 더 어려운 계획을 세워야 한다는 의무를 짊어지게 되는 것이다. 교사는 자신이 다루는 학생들의 역량과 특수한 필요가 무엇인지를 조사해야 하며, 동시에 학생들의 필요를 충족시키고 그들의 역량을 발전시킬 수 있는 경험이 생겨나는 데에 필요한 교과나 내용이 제공되도록 적절한 환경을 조성해야만 한다. 계획은 각각의 경험이 자유롭게 이루어져 개성이 있는 독특한 것으로 성립하도록 충분히 융통성이 있는 것이면서도, 경험이 지니는 힘이 계속적으로 발전할 수 있는 방향을 안내할 만큼 충분히 확고한 것이라야 한다.

지금이 교사의 직분과 역할에 대하여 무엇인가를 말하기에 적절한 시점인 듯하다. 경험이 상호작용을 통하여 발달한다는 원리는 교육이 본질상 사회적인 과정이라는 사실을 의미한다. 교육의 이러한 사회적 특성의 구현 여부는 개인들이 얼마만큼 공동의 사회적 집단을 형성하는가에 달려 있다. 즉, 개인들이 공동의 사회적 집단을 형성하는 만큼 사회적인 과정으로서의 교육이 구현되는 것이다. 교사를 그 집단의 성원에서 제외하는 것은 불합리한 조치이다. 집단의 가장 성숙한 성원인 교사는 그 집단이 하나의 공동체로 살아가는 데 필요한 상호작용과 의사소통의 행위를 책임져야 하는 특별한 책무를 지닌다. 아이들은 개별적인 존재로서 그들의 자유를 존중받아야 하지만, 아이들보다 성숙한 존재인 교사는 그러한 자유를 지니지 않는다고 보는 것은 너무나도 불합리해서 논박할 가치도 없는 생각이다. 교사 자신도 학생들과 마찬가지로 한 사람의 성원으로 공동체에 참여하고 있다. 그럼에도 불구하고, 그 공동체의 활동 방향을 모색하는 일과 관련하여 교사가 적극적이고 주도적인 역할을 하지 못하도록 막는 것은 하나의 극단을 피하려다가 그것과는 정반대의 다른 극단에 빠져버리는 또 하나의 잘못을 범하게 된다. 지금까지는 학생들이 사회 집단을 형성하는 것이 아니라 그들만의 동급생 집단을 이루어 왔기 때문에, 교사는 모두가 참여하는 상호 교류의 과정을 이끄는 역할은 고사하고, 많은 경우에 어쩔 수 없이 외부에서 학생들에게 영향을 미치는 일을 할 수밖에 없었다. 그러나 교육은 경험에 기초하는 것이고, 교육적인 경험은 사회적인 과정을 통하여 이루어진다고 보게 되면, 상황은

완전히 달라진다. 교사는 학생 집단 밖에서 학생들을 통제하는 감독
자나 명령권자라는 종전의 지위는 상실하게 되지만, 대신에 집단의
활동을 이끄는 지도자라는 새로운 지위를 얻게 된다.

　　사회적인 통제가 정상적으로 이루어지는 사례를 보여주는 것으로
놀이에 관해서 이야기하는 가운데 놀이에는 표준화된 관습적인 요소
가 존재한다는 사실을 언급했던 적이 있다.[18] 학교에서의 삶 속에서
이러한 요소에 상응하는 것을 찾는다면, 그것은 예의범절이 문제로
등장하는 사태, 특히 공손함과 정중함을 고상하게 표현하는 일과 관
련된 예의범절이 요구되는 사태 속에서 발견된다. 인류의 역사상 상
이한 시기에 지구상의 상이한 지역에서 존재했던 관습들에 대하여 알
면 알수록 우리는 시대와 장소에 따라 얼마나 다양한 예의범절이 존
재했는지를 배우게 된다. 이러한 사실은 예의범절과 관련된 관습적인
요소들이 수없이 존재한다는 점을 보여준다. 그러나 예의범절의 내용
적인 측면이 상이하다고 하더라도, 예의범절에 관한 규정, 예를 들어
다른 사람을 맞이하면서 인사하는 적절한 방식과 관련된 예의범절의
규정을 지니고 있지 않은 집단은 어떠한 시기, 어떠한 지역에서도 찾
아볼 수 없다. 그러나 어떠한 형식의 관습이 존재한다는 것 자체가 관
습은 아니다. 관습이 취하는 특정한 형식은 불변적이거나 절대적인
것은 아니다. 관습은 신체를 감싸는 의복(衣服)처럼 모든 사회적 관계
에 따라다니면서 그것을 둘러싸고 있다. 이러한 뜻에서의 관습은 최
소한 사회적 관계에서 파생될 수 있는 마찰을 방지하거나 줄여주는
윤활유 같은 구실을 한다.

---

18 4장의 다섯 번째 문단(57~58쪽)에서 언급되고 있다.

물론 관습의 사회적인 형식들이, 흔히 말하듯이, 공허한 형식이나 형식 그 자체를 위한 형식으로 변질될 수도 있다. 그럼으로써 그것들은 그 이면에 아무런 의미도 지니지 못한 채, 단순한 겉치레로 흐를 수도 있다. 그러나 공허하고 의례적인 사회적 교섭의 형식들을 피하는 것이 곧 모든 형식적인 요소들을 배격하는 것을 의미하지는 않는다. 이는 오히려 사회적인 상황에 본질상 더 적절한 교섭의 형식을 개발할 필요가 있다는 점을 일깨워준다. 진보적인 몇몇 학교들을 방문한 사람들은 그 학교의 학생들에게 예의범절이 결여되어 있다는 사실을 발견하고는 충격을 받는다. 그러나 상황을 좀 더 잘 알아 본 사람들은 학생들이 예의범절을 결여하고 있는 것처럼 보이는 이유가 어느 정도로는 자신들이 수행하고 있는 것을 계속해 나가는 데에 학생들이 열렬한 관심을 지니고 있기 때문이라는 사실을 알게 된다. 학생들이 자신들의 일에 그토록 열중해 있는 나머지 그들은, 가령 서로 부딪치거나 방문객들과 부딪치고도, 미안하다는 말 한마디 없이 자신들의 일을 계속해 나가기에 바쁜 것이다. 어떤 사람은 이러한 경우를 긍정적으로 평가하면서, 학교 공부에 대한 지적이거나 정서적인 관심은 결여하고 있으면서도 단순히 외적인 격식만을 차리는 것보다는 낫다고 말할지도 모른다. 그러나 이 역시도 교육이 실패한 사례임에는 분명하다. 학생들은 삶에 있어서 가장 중요한 교훈 가운데 하나인 상호 간의 조절과 적응이라는 교훈을 배우지 못하고 있는 것이다. 이 경우에는 교육이 어느 한 방향으로만 진행되고 있다. 그리고 이로 인하여 학생들은 다른 사람들과 마음을 터놓고 가깝게 지내면서 의사소통하는 가운데 장차 무엇인가를 배우게 될 가능성이 있음에도 불구하고,

자신도 모르는 사이에 그러한 배움의 기회를 가로막는 태도와 습관에
물들어 가고 있는 것이다.

　이미 여러 번 언급했었던 내용을 또다시 반복한다는 부담이 있기는 하지만, 여기서 나는 사회적 통제와 관련된 문제의 다른 측면, 즉 자유의 본질에 대해서 좀 더 이야기하고자 한다. 언제 어디서나 중요한 자유가 하나 있다면, 그것은 지성의 자유, 즉 내재적인 가치를 지니는 목적을 실현하기 위하여 수행되는 관찰과 판단의 자유를 말한다.[19] 내가 생각하기에 자유에 대하여 흔히 범하는 가장 일반적인 잘못은 자유를 행동의 자유, 혹은 활동의 외적이거나 신체적인 측면과

---

19 가치를 분류하는 방식에는 여러 가지가 있지만, 교육학에서 가치를 논의하는 경우, 내재적 가치(內在的 價値, intrinsic value)와 외재적 가치(外在的 價値, extrinsic value)라는 분류 방식이 자주 사용된다. 어떠한 대상이나 활동 등이 내재적 가치를 지닌다는 것은 말 그대로 그 대상이나 활동의 가치가 그 속에 내장되어 있다는 의미이며, 그 대상이나 활동 자체가 바로 그 대상을 추구하거나 활동을 수행하는 목적이라는 뜻을 지닌다. 반면에 어떠한 대상이나 활동이 외재적 가치를 지닌다는 것은 그 대상이나 활동 자체가 목적이 아니라 그것을 수단으로 삼아 실현하려는 별도의 목적이 있으며, 그 목적이 가치를 지닌다는 의미이다. 이 경우 목적을 실현하기 위하여 동원되는 특정한 대상이나 활동은 내재적 가치가 아니라, 수단적 가치를 지닐 뿐이다. 수단적 가치는 외재적 가치를 지칭하는 다른 이름이다.

관련된 자유와 동일하다고 보는 것이다. 그러나 사실 활동의 외적이
거나 신체적인 측면은 활동의 내적인 측면, 즉 사고나 욕구, 그리고
목적에 있어서의 자유와 분리될 수 없다. 책상을 줄을 맞추어 고정시
킨다거나 군대처럼 학생들이 정해진 특정한 신호에 따라서만 움직이
도록 허용한다거나 하는 것은 전통적인 학교에서는 흔하게 발견되는
현상이다. 그런데 전통적인 교실 장면에서 이처럼 고정된 틀에 맞추
어 학생들의 외적인 활동을 제한한 것은 동시에 그들의 지적이거나
도덕적인 자유마저도 심각하게 제약하는 결과를 가져왔다. 지성은 자
유를 원천으로 하여 개발된다. 그리고 자유라는 지성의 원천이 보장
되어야만 학생들은 정상적이며 진정한 성장을 계속해 나갈 수 있다.
따라서 학생들 개개인이 자유라는 지성의 원천 속에서 성장하도록 하
려면, 죄수(罪囚)에게나 가해질 법한 구속과 억압은 사라져야만 한다.

　　그러나 외적인 행동의 자유, 또는 신체적인 자유를 양적으로 확
대하는 일은 그 자체가 목적이 아니라 수단일 뿐이라는 사실에 유념
해야 한다. 교육의 문제는 이러한 측면의 자유를 확보했다고 해서 해
결되는 것은 아니다. 이렇게 생각할 때, 교육에 관한 한, 모든 것은 양
적으로 증대된 행동의 자유를 가지고 무엇을 하느냐에 전적으로 달려
있는 셈이다. 그러한 자유를 통하여 실현할 수 있는 목적은 무엇인가?
그렇게 증대된 신체적 자유로부터 어떠한 결과가 파생되는가? 먼저
외적인 자유의 증대가 잠재적으로 가져올 수 있는 이익이 무엇인지부
터 논의해보자. 첫째로 외적인 자유가 없다면, 교사가 자신이 관심을
두고 있는 학생들 개개인에 대한 정보를 얻는다는 것은 현실적으로
불가능하다. 침묵과 순종이 강요되는 분위기 속에서는 학생들이 그들

의 진정한 성품을 드러낼 수가 없다. 강요된 침묵과 순종은 학생들에게 획일성을 인위적으로 강제한다. 강요된 침묵과 순종은 학생들에게 있는 그대로의 자신은 숨기고, 대신에 억지로 꾸민 겉모습을 드러내는 것이 중요하다는 생각을 심어준다. 강요된 침묵과 순종은 학생들에게, 내심이야 어떻든지 간에, 그들이 주의를 집중하고, 예절 바르게 행동하며, 복종하고 있다는 것을 밖으로 드러내어 보이는 일이 더 중요하다는 생각을 하도록 만든다. 학생들에게 침묵과 순종을 강요하는 이러한 체제가 만연되어 있는 학교에 대해서 알고 있는 사람이라면, 누구나 그러한 겉모습 뒤에는 그 겉모습과는 전혀 다른 생각과 상상과 욕구, 그리고 은밀한 활동 등이 어떠한 제재도 받지 않은 채 전개되고 있다는 점을 잘 알고 있다. 그러한 것들은 어떠한 문제 행동이 발각될 때까지는 교사에게 적발되지 않은 채로 은폐되어 있다. 이처럼 상당히 인위적으로 연출된 상황을 학교 밖의 정상적인 인간관계, 예를 들어 원만하게 영위되는 가정 등과 비교해 보면, 교사는 그러한 상황이 학생 개개인을 파악하고 이해하려는 그의 노력에 얼마나 치명적인 장애를 초래하는지를 당장에 실감하게 된다. 그러나 교사가 이러한 통찰을 지니지 못하면, 그가 수업에 사용하는 자료나 방법 등이 학생 개개인에게 감명을 줌으로써 실제로 학생들의 마음과 인성의 발달을 이끌게 될 가능성이란 극히 우연적인 것에 그치고 만다. 이러한 경우에는 악순환이 거듭된다. 교사가 수업의 자료와 방법을 기계적이라 할 만큼 획일화시키면, 이로 인하여 학생들은 경직된 사고와 행동에 천편일률적으로 사로잡히게 된다. 그리고 이러한 학생들의 반응은 다시 교사에게 전해져서 교사가 학생들의 배움을 획일화시키고 암기에 매달리도록 만드는 일이 계속된다. 물론 이러한 강요된 획일성의 뒤편에서 학생들이 지니고 있는 다양한 개인적 성향들은 제멋대로, 경우에 따라서는 다소간 금지된 방식으로 표출된다.

　　외적인 자유의 증대가 가져오는 또 다른 중요한 이익은 바로 배움이라는 과정적 활동의 본질 속에서 발견된다. 이전 시대의 전통적인 교육 방법이 학생들의 수동성과 수용성을 중시했다는 점은 이미 지적한 바가 있다. 신체적인 활동이 억제됨으로써 수동성이나 수용성이라는 특성들이 엄청나게 강조된다. 표준화된 학교 속에서 이러한 특성을 피할 수 있는 유일한 길은 제멋대로 행동하거나 아니면 반항적으로 행동하는 것이다. 실험실이나 작업실에서 완벽한 정숙이란 있을 수 없다. 학교 역시 하나의 사회임에도 불구하고, 전통적인 학교는 사회가 지녀야 하는 특성을 갖고 있지 않다. 이러한 점은 전통적인 학교가 침묵을 가장 중요한 덕목 가운데 하나로 취급했다는 사실을 통해서도 알 수 있다. 물론 강렬한 지적 활동이면서도 외현적인 신체적 활동을 수반하지 않는 것이 있을 수도 있다. 그러나 그러한 지적 활동을 수행할 수 있는 역량은 당장에 생겨나는 것이 아니라, 오랜 기간 지적 활동을 전개하는 가운데 비교적 나중에 습득되는 것이다. 아이들이라 할지라도 잠시 자신의 활동을 되돌아보면서 조용히 사고할 수 있는 시간을 가져야만 한다. 그러나 얼마 동안 외현적인 활동을 먼저 수행해 보고 난 뒤에 그러한 시간이 주어질 때만, 그리고 두뇌 이외에 손이라든지 신체의 다른 부분들을 사용하여 활동을 전개해 보고 그 과정에서 알게 된 것을 조직하는 데에 그 시간이 활용될 때만, 아이들이 활동을 멈추고 조용히 사고하는 그 시간은 비로소 진정한 '반성적 사고'가 이루어지는 시간이 된다.[20] 활동의 자유는 신체적이거나 정신적인 건강을 정상적으로 유지하는 데에 필요한 수단으로서도 중요하다. 우리는 건강한 신체와 건전한 마음 사이에는 어떠한 관계가 있음을 분명히 인식했던 그리스인들의 사례로부터 아직도 무엇인가를 배워야만 한다. 그러나 지금까지 언급한 모든 것들을 감안할 때, 외적인 행동의 자유 그 자체가 목적은 아니다. 그것은 목적을 선정하기 위하여 심사숙고하며, 목적을 실현하기 위한 판단력과 여러 가지 능력들을 발휘한다고 할 때, 그러한 판단력과 능력들을 발휘할 수 있는 자유에 대하여 수단적인 위치에 있다. 외적인 자유가 얼마나 필요할지는 개인마다 다르다. 외적인 자유가 전혀 없다면, 비록 성숙한 사람이라 할지라도 새로운 자료와 접촉함으로써 자신의 지력을 발휘할 수 있는 기회를 얻을 수 없다. 그렇기는 하지만, 대개의 경우 외적인 자유의 필요는 개인이 성숙해 감에 따라 자연적으로 감소하는 경향이 있다. 성장의 수단으로서 이러한 종류의 자유로운 활동의 양과 질은 발달의 모든 단계에서 교사들이 깊이 생각해야만 하는 문제이다.

　　그러나 외적인 행동의 자유를 그 자체 목적으로 취급하는 것보다 더 커다란 잘못은 있을 수 없다. 이러한 잘못을 범하면, 질서의 가장 커다란 원천인 공동의 협동적 활동이 깨져버릴 우려가 있다. 그러나 외적인 행동의 자유를 목적으로 취급하는 잘못이 이러한 문제만 가져

---

20 반성적 사고(reflective thinking)는 듀이의 교육이론에서 중요한 위치를 차지한다. 그 것은 과학적 방법을 통해서 문제를 해결하는 활동이자 인간의 지성적인 사고와 활동의 총체로서 지력(知力, intelligence)에 해당한다. 또한 반성적 사고는 듀이가 생각하는 진정한 배움의 활동으로서 교육을 통해 학생들에게 길러주어야 하는 교육의 목적 자체이기도 하다.

오는 것은 아니다. 다른 한편으로 그것은 적극적인 자유와 소극적인 자유를 혼동하는 잘못을 가져온다. 외적인 행동의 제약으로부터의 자유, 그것은 소극적인 측면에서의 자유에 불과하다. 소극적인 자유는 무엇인가를 행하는 능력인 적극적인 자유에 대하여 수단이 되는 경우에만 소중한 것이 될 수 있다. 적극적인 자유는 목적을 형성하는 능력, 현명한 판단을 하는 능력, 욕구에 따라 행동했을 때 생겨나는 결과를 토대로 욕구 자체를 재평가하는 능력, 선택한 목적이 구현되도록 수단을 선택하여 적절히 배열하는 능력 등을 의미한다. 이것은 결코 소극적인 자유와 혼동될 수 없다.

어느 경우든지 간에 자연적인 충동이나 욕구가 성장의 출발점이 된다. 그러나 충동이나 욕구가 처음 표출될 때, 그것이 띠고 있는 형태를 그대로 수용하는 것이 아니라, 어떠한 방식으로 재구성하고 세련되게 만들지 않으면, 지적인 성장이라는 것은 있을 수가 없다. 이렇게 하려면, 처음 표출될 당시의 있는 그대로의 충동은 억제하지 않을 수 없다. 외적으로 부과된 억제에 대하여 대안이 되는 것은 개인의 주체적인 반성과 판단을 통한 억제이다. '멈추고 생각하라'는 오래된 말은 건전한 심리학이라고 부를 만한 통찰을 담고 있다. 왜냐하면 사고는 충동의 즉각적인 표출을 막아주며, 이에 힘입어 우리는 충동이 다른 가능한 행동 경향들과 관련을 맺도록 하여 좀 더 포괄적이고 일관성이 있는 활동 계획을 형성할 수 있기 때문이다. 충동과 관련을 맺을 수 있는 행동 경향 가운데 어떤 것은 우리로 하여금 객관적인 조건을 관찰하기 위하여 눈이나 귀, 또는 손을 사용하도록 만든다. 반면 다른 행동 경향은 우리가 과거에 있었던 일을 회상하도록 만들기도 한다.

이렇게 보면 사고란 즉각적인 활동을 연기하는 대신에 새롭게 관찰한 것과 기억을 통해 회상한 것을 결합하여 충동을 내적으로 통제하는 일을 한다. 관찰한 것과 기억한 것을 결합하는 일이 바로 반성적인 사고의 핵심이다. 지금까지 이야기한 내용은 '자제력'(self-control)이라는 우리가 귀가 따갑도록 듣고 있는 말이 무슨 의미인지 설명해 준다. 교육의 이상적인 목표는 자제력을 길러주는 일이다. 그러나 단순히 외적인 통제를 제거한다고 해서 자제력이 생겨난다는 보장은 없다. 그렇게 생각하다가는, 마치 뜨거운 냄비를 피하려다가 불 속으로 떨어지는 것처럼, 사태를 더욱 심각하게 만들기가 쉽다. 바꾸어 말하면, 외적인 통제를 피하려다가 그것보다 더 위험한 다른 외적인 통제에 빠지게 될 우려가 있는 것이다. 지력에 의하여 안내되지 않은 충동과 욕구는 우연적인 사건에 의하여 통제를 받게 된다. 다른 사람의 통제로부터 벗어나기는 하였지만, 이로 인하여 일시적인 기분이나 순간적인 변덕이 지시하는 대로 행동하게 되는 것, 즉 지적인 판단의 개입이 없이 생겨난 충동에 따라 행동하게 되는 것은 득(得)보다는 실(失)이 많을 수가 있다. 이처럼 일시적인 기분이나 변덕, 또는 충동에 따라 행동하는 사람은 기껏해야 자유라는 환상을 갖게 될 뿐, 진정으로 자유를 얻지는 못한다. 솔직히 말하면, 그는 자신이 어찌할 수 없는 힘의 지배를 받으며 살고 있는 것이다.

지금까지의 논의에 비추어 볼 때, 자유란 다른 것이 아니라, 목적
을 형성하고, 그렇게 형성된 목적을 실행에 옮기는 힘을 의미한다고
생각해도 무방하다. 그리고 그러한 뜻에서의 자유는 다시 자제력과
동일한 것으로 이해할 수 있다.[21] 왜냐하면 목적을 형성하고 그 목적
을 실현하기 위한 수단들을 조직하는 일은 지력의 작용에 의한 것이
기 때문이다. 플라톤은 노예를 다른 사람의 목적을 실현하는 사람이

---

[21] 자유와 자제력이 동일하다는 듀이의 말을 제대로 이해하기 위해서는 그가 말하는
자유와 자제력, 그리고 지력의 관계를 분석해 볼 필요가 있다. 자제력을 교육의 이
상적인 목표라고 언급하고 있는 5장의 마지막 문단, 그리고 자제력과 지력의 관계
를 이야기하고 있는 이 문단을 종합해 볼 때, 자유와 지력, 그리고 자제력의 관계
는 다음과 같다. 먼저 듀이가 말하는 자유는 무엇인가를 추구하는 힘으로서 그것
은 목적을 형성하고 이를 실현하기 위한 활동들을 강구하는 지력의 작용을 필요로
한다. 그리고 자제력은 충동에 따라서 행동하기보다는 이전의 경험과 새로운 상황
을 결합하여 반성적인 사고를 전개함으로써 실현 가능한 목적을 형성하고 이를 달
성하기 위한 활동들을 계획하는 능력을 말한다. 바로 이 점에서 자유와 자제력은
모두 지력의 작용을 그 내용으로 삼고 있는 동일한 실체에 해당하며, 자유와 자제
력은 이 동일한 실체를 다른 이름으로 표현한 것이다.

라고 정의한 바가 있다. 이러한 정의에 따르면, 바로 앞에서 거론한 바와 같이, 자기 자신의 맹목적인 욕구에 사로잡혀 있는 사람 역시 플라톤이 말한 것과 같은 의미에서의 노예라 할 수 있다. 그렇다면 배움을 통해 실현하려는 목적이 무엇인지를 설정할 때는 배움의 당사자인 학생 본인이 이 일에 능동적으로 참여해서 교사와 협력하도록 하는 것이 당연하다. 이 당연한 일을 소홀히 한 것이야말로 전통적인 교육이 범한 가장 커다란 잘못이다. 다시 한번 이야기하면, 진보적인 교육철학의 요점은 학생들이 무엇인가를 배우는 동안에 어떤 활동들을 수행해야 하는지를 결정하는 목적을 설정할 때는 바로 배우는 당사자인 학생들의 참여가 중요하다고 보고 이를 강조하는 데에 있다. 그러나 목적이나 목표가 무슨 의미를 지니는지는 설명이 필요 없을 정도로 자명한 것은 아니다. 목적이 교육적으로 중요하다는 점이 강조되면 될수록 목적이란 무엇이며, 그것이 경험 속에서 어떻게 형성되어 어떠한 기능을 수행하게 되는지를 이해하는 일이 더욱 중요한 문제로 부각된다.

　　참된 목적은 언제나 충동으로부터 생겨나기 마련이며, 충동에 따라 즉각적으로 행동하는 일이 억제될 때, 충동은 욕구로 변화된다. 그렇기는 하지만, 충동이나 욕구 그 자체가 목적은 될 수 없다. 목적은 '가시적인 결과'를 의미한다.22 바꾸어 말하면, 목적은 충동에 힘입어

---

22 가시적인 결과란 'end-view'의 번역어이다. end-view란 어떤 활동을 수행하면서 활동의 당사자가 예견할 수 있는 그 활동의 결과를 뜻한다. 『민주주의와 교육』에서는 'end-in-view'라는 말로도 표기된다. 결국 듀이가 보기에 목적은 예견되는 활동의 결과를 의미하며, 예견되지 않는 결과는 목적이 될 수 없다. 물론 이 경우에 결과가 예견된다는 것은 결과를 정확히 예상한다는 의미는 아니다. 그것은

행위를 했을 때, 어떠한 결과가 생겨날지를 예견함으로써 형성된다. 이처럼 결과를 예견하는 일은 다음과 같은 이유에서 지력의 작동을 수반한다. 첫째로 결과를 예견하기 위해서는 객관적인 조건과 상황을 관찰할 필요가 있다. 왜냐하면 충동이나 욕구는 다른 것과의 관련이 없이 독자적으로 결과를 산출하는 것이 아니라, 주변의 환경적인 조건들과 상호작용하거나 협응(協應)함으로써 결과를 산출하기 때문이다. 걷는 것과 같은 비교적 단순한 활동을 수행하려는 충동이라고 하더라도, 그것은 우리가 딛고 서 있는 땅과 적극적으로 연결될 때만 실행될 수 있다. 정상적인 경우라면, 우리가 땅에 많은 주의를 기울여야 할 필요는 없다. 그러나 길이 나 있지 않은 가파르고 험한 산을 오르는 경우처럼 위험한 상황이라면, 우리는 상당히 조심스럽게 우리가 처해 있는 조건을 정확히 관찰해야만 한다. 이렇게 보면, 관찰을 수행

잠정적인 것이며, 활동의 과정 속에서 수정될 수 있는 가변적인 것이다. 목적을 가시적인 결과로 보는 듀이의 견해 속에는 교육학적으로 중요한 한 가지 아이디어가 들어 있다. 그가 보기에 전통적인 교육은 학생이 도저히 그 결과를 예견할 수 없는 목적들을 설정해왔다. 이로 인하여 학생은 그 목적을 실현하기 위하여 어떠한 활동들을 수행해야 하는지 판단하고 사고할 기회를 지닐 수가 없었다. 학생은 단지 외부에서 주어지는 지시에 따라 행동할 수밖에 없었던 것이다. 이는 듀이가 중시하는 지력의 성장에 커다란 장애가 된다. 바로 이 점에서 학생이 수행하는 활동을 통하여 도달할 수 있는 목적이 당사자인 학생 자신에게 가시적인 것이라야 한다. 그리고 목적이 가시적이기 위해서는 학생이 수행하는 활동이 현재 학생의 역량에 비추어 지나치게 높은 수준의 것이어서는 안 된다. 그것은 학생의 역량에 부합하는 수준의 것이어야 하며, 그래야만 학생은 듀이가 말하는 흥미를 지니고, 주체적으로 활동에 임할 수 있다. 물론 한 단계의 가시적인 결과, 즉 목적이 실현되면, 다음 단계의 가시적인 목적이 새롭게 설정되어야 하며, 이는 끊임없이 지속된다. 이처럼 점진적으로 가시적인 목적을 설정하여 성장해 나가도록 하는 것이 바로 듀이가 주장하는 진보적인 교육의 핵심적인 내용이다.

하는 것은 충동을 목적으로 전환하는 데에 필요한 한 가지 조건이 된
다. 철도 건널목에 세워져 있는 표지판에 '철길을 건너기 전에 멈추어
서서, 기차가 오나 잘 살펴보고, 기차 소리가 나는지 들어보시오'라고
적혀 있듯이, 목적을 설정하려면, 우리는 멈추어 서서 객관적인 조건
들을 잘 관찰해야 한다.

그러나 관찰만으로는 충분하지가 않다. 우리는 우리가 보고 듣고
만져 본 것들이 무엇을 '의미'하는지 이해해야만 한다. 이때 의미란 우
리 눈앞에 있는 것들에 어떠한 행위를 가했을 때 생겨나는 결과들로
구성된다. 어린아이가 밝게 빛나는 불꽃을 보고 그것에 매료된 나머
지, 손을 뻗쳐서 불꽃을 만지려 드는 경우가 있을 수 있다. 이때 불꽃
의 의미는 그것이 밝게 빛난다는 데에 있는 것이 아니라, 불꽃을 만짐
으로써 생겨나게 될 결과에 해당하는 것, 즉 손에 화상(火傷)을 입히는
힘을 갖고 있다는 데에 있다. 이전에 경험을 해 본 적이 있는 경우에
만 우리는 결과가 어떠할지를 예견할 수 있다. 이전에 경험을 많이 해
보았기 때문에 우리가 이미 친숙하게 여길 정도로 잘 알고 있는 경우
에는 그러한 경험이 어떠한 것이었는지를 회상하기 위하여 멈추어 설
필요가 없다. 열과 연소에 대한 이전의 경험들이 어떠한 것이었는지
를 분명하게 떠올리지 않아도, 그것은 우리에게 친숙한 것이기 때문
에, 불꽃은 빛과 열을 의미하는 것으로 다가선다. 그러나 우리에게 낯
선 경험의 경우에는 마음속에서 과거의 경험들을 조사해 보지 않으면
안 된다. 과거의 경험들을 반성해 보면서 그것들과 현재 경험들 사이
에 어떠한 유사성이 있는지를 살펴보고, 현재 상황에서 기대할 수 있
는 것이 무엇인지에 대하여 판단을 내리지 않으면, 관찰된 현재의 조

건들이 어떠한 결과를 가져오게 될지 우리는 알 수가 없다.

이렇게 보면, 목적을 형성한다는 것은 상당히 복잡한 지적 작업이다. 목적을 형성하는 일은, 첫째로, 주위의 조건들을 관찰하는 일을 포함한다. 둘째로 그것은 과거 유사한 상황에서 어떠한 일이 일어났는지에 대한 지식, 부분적으로는 회상을 통하여 얻을 수도 있고, 또 부분적으로는 우리보다 폭넓은 경험을 한 사람으로부터 전해 듣는 정보나 조언이나 경고를 통하여 얻을 수도 있는 그러한 지식을 필요로한다. 셋째로 그것은 우리가 관찰을 통하여 얻은 것들과 과거의 경험을 회상하여 얻은 것들을 결합하여 그것들이 무엇을 의미하는지를 밝히는 판단의 능력을 요청한다. 목적은 우리에게 주어진 조건들이 어떠한 것들인가를 관찰하고, 이러한 조건 아래에서 특정한 방식으로 행위를 할 때 생겨날 수 있는 결과들을 예견한 뒤, 원래의 충동이나 욕구를 이 예견에 기초하여 행위를 수행하기 위한 계획과 방법으로 번역함으로써 형성된다. 이러한 점에서 목적은, 비록 충동이나 욕구로부터 생겨나는 것이기는 하지만, 원래의 충동이나 욕구와는 다르다. "소망하는 대로 모든 일이 이루어진다면, 이루지 못할 일이 무엇이 있겠는가!"23라는 이야기도 있듯이, 우리가 어떠한 충동이나 욕구를 지

---

23 원문에 이 구절은 "소망이 말이라면 거지라도 능히 탈 수 있다"(If wishes were horses, beggars would ride)라는 속담으로 표현되어 있다. 이는 '마음먹은 대로 모든 것이 실현된다면, 예를 들어 말을 타고 싶다는 소망을 지닌다고 해서 그 소망대로 탈 수 있는 말이 생겨난다면, 말을 소유할 엄두도 낼 수 없는 빈털터리라도 말을 탈 수가 있다'는 말로 직역할 수 있다. 물론 듀이는 여기서 우리가 충동이나 욕구의 형태로 소망하는 것이라고 해서, 주변적인 조건이나 상황에 대한 고려가 없이, 그것을 곧이곧대로 추구할 수는 없다는 점을 강조하기 위하여 이 속담을 인용하고 있다.

니고 있다고 해서, 그것이 그대로 우리가 추구하고 또 실현할 수 있는 목적이 되는 것은 아니다. 물론 어떠한 것에 대한 욕구가 매우 강렬할 수도 있다. 그리고 그것이 너무도 강렬한 나머지, 그 욕구에 따라 행동했을 때 생겨나게 될 결과를 고려한다거나 평가하는 일은 엄두도 내지 못한 채, 욕구에 따라 행동할 수도 있다. (그러나) 그러한 경우가 교육을 위한 모델이 되지는 못한다. 교육에 있어서 중요한 문제는 관찰과 판단이 이루어지기 전까지는 욕구에 따라 즉각적으로 행동하는 것을 연기하는 일이다. 만약 내가 틀린 것이 아니라면, 이 점은 바로 진보적인 학교가 수행해야 하는 일과 명백히 관련이 있다. 지적인 활동 대신에 단지 (신체적이거나 외적인) 활동을 목적으로 삼아 이를 지나치게 강조하는 것은 자유를 충동이나 욕구에 따라 즉각적으로 행동하는 일과 동일시하는 잘못을 낳게 된다. 자유를 충동이나 욕구에 따라 즉각적으로 행동하는 것과 동일시하는 일은 충동과 목적을 혼동하는 데서 빚어지는 잘못이다. 방금 이야기한 것이기는 하지만, 충동에 따라 행동함으로써 어떠한 결과가 생겨날지를 예견할 수 있을 때까지는 외현적인 행동을 삼가야 하며, 그렇지 못하면 목적을 형성할 수가 없다. 그리고 목적을 형성하기 위하여 결과를 예견하려면, 조건들을 관찰하고 정보를 수집하며 이를 판단하는 일을 먼저 해야 한다. 그렇지 않을 때, 결과를 예견한다는 것은 불가능하다. 물론, 예견이 설사 정확한 예언의 형태를 취한다고 하더라도, 예견만으로 충분한 것은 아니다. 결과가 어떠할지를 지적으로 예측하거나 파악하는 일이 향후 활동의 추진력으로 작용하려면, 그것은 욕구나 충동과 관련을 맺어야만 한다. 지적인 예견과 욕구가 관련을 맺음으로써 욕구는 맹목적인 힘의 상태에서 벗어나 방향성을 지니게 되며, 결과에 대한 예견은 욕구로부터 추진력이나 동력을 얻게 된다. 그럴 경우에 결과에 대한 예견은 장차 수행될 활동을 이끄는 계획이 된다. 어떤 사람이, 예를 들어 건물을 신축한다거나 해서, 새로운 집을 장만하려는 욕구를 지니고 있다고 가정해 보자. 그의 욕구가 아무리 강하다고 하더라도 당장에 그것을 실행할 수는 없다. 그 사람은 자신이 어떠한 종류의 집을 원하는지, 예를 들어 방은 몇 개라야 하고, 각 방은 어떠한 형태로 배치되어야 하는지 등과 관련된 아이디어를 먼저 구체화해야 한다. 그는 설계도를 그리고, 청사진을 세워야 하며, 시방서를 작성해야 한다. 그러나 이 모든 일은, 만약 그가 필요한 재원을 확보해 놓고 있지 않다면, 심심할 때 재미 삼아 그냥 한번 해보는 몽상에 불과한 것이 될 수도 있다. 그는 자신이 현재 갖고 있는 자금과 대출을 받을 수 있는 융자금 등을 합하면, 그 규모가 계획을 실현하는 데에 충분한 것인지 따져보아야만 한다. 더 나아가 그는 자신이 계획한 집을 짓는 데에 적당한 대지를 물색하고, 그 가격을 알아보아야 하며, 그곳이 자신의 직장과 얼마나 떨어져 있는지, 주위의 이웃들은 마음에 드는지, 학교는 가까이 있는지 등등을 조사해야만 한다. 집을 짓는 일과 관련하여 고려해야만 하는 모든 것들, 즉 그의 지불 능력이라든지, 가족의 크기와 필요라든지, 집을 지을 수 있는 위치라든지 하는 것들은 객관적인 사실들이다. 이러한 것들은 원래의 욕구에 속하는 것들은 아니다. 그러나 자신이 품게 된 욕구를 목적으로 전환하고, 또 그 목적이 자신이 수행해야 하는 활동의 계획이 되도록 하려면, 그는 객관적인 사실들을 조사하고 그에 관한 판단을 내려야만 한다.

병적(病的)이라고 할 만큼 어떠한 것에 대해서도 하등의 관심이나 흥미를 보이지 않는 사람이라면 모르되, 그렇지 않은 이상, 우리 모두는 무엇인가에 대한 욕구를 지니기 마련이다. 그리고 이러한 욕구야말로 우리를 행동으로 이끄는 궁극적인 원천이다. 사업가는 자신의 사업에서 성공을 거두기를 희망하고, 장군은 전투에서 승리하기를 갈망하며, 부모는 자신의 가족을 위해 안락한 가정을 꾸미고 자신의 아이들을 훌륭하게 교육시키기를 희망한다. 이처럼 무엇인가를 이루고자 하는 욕구는 한도 끝도 없다. 우리가 지니는 욕구가 얼마나 강렬한가가 우리가 기울이게 될 노력의 강도를 결정한다. 그러나 욕망은 그것을 실현하는 데에 필요한 수단들로 번역되지 않으면, 사상누각(沙上樓閣)이라 할 만큼 공허한 것이다. '얼마나 조속히 욕구를 실현할 수 있으며, 욕구를 실현하기 위하여 어떠한 수단을 동원하여야 하는가'라는 문제로부터 우리가 계획하고 상상해야 하는 목표가 생겨난다. 그리고 수단은 객관적인 것인 만큼, 만약 진정한 목적을 형성하고자 한다면, 그러한 수단들에 대하여 공부하고 이를 이해하지 않으면 안 된다.

전통적인 교육은 개인의 충동이나 욕구가 활동을 낳는 원동력으로서 중요하다는 사실을 소홀히 하는 경향이 있었다. 그러나 전통적인 교육이 그랬다고 해서, (그에 대한 반작용으로 이번에는) 진보적인 교육이 충동이나 욕구를 목적과 동일시해야 될 이유는 없다. 목적을 형성하려면 주의 깊게 행하고 정보를 폭넓게 수집하는 가운데 판단을 행할 필요가 있다는 사실을 소홀히 취급해야 될 이유도 없다. 오히려 학생들이 목적을 형성하는 일을 자신들의 일로 받아들이면서 서로 협력하여 필요한 것들을 관찰하고 조사하며 판단하는 과정에 참여할 수

있게끔 해야 한다. 교육의 맥락에서 보면, 욕구나 충동의 발생이 최종
적인 결과는 아니다. 그것은 오히려 활동을 수행하기 위한 계획과 방
법을 수립하고 마련하는 일을 시작하라는 요구이며, 이 일에 착수하
도록 만드는 계기이다. 다시 한번 말하지만, 그러한 계획을 수립하려
면, 객관적인 조건들을 잘 파악하고, 관련된 모든 정보를 수집해야만
한다.

　　충동이나 욕구가 계획과 방법을 수립하는 데에 제대로 활용되고
있는지를 살피는 일은 교사의 책무이다. 자유란 목적이 실현되도록
지적인 관찰과 판단을 행하는 과정에 스며들어 있다. 그리고 학생이
지력을 행사하는 일과 관련하여 교사가 제공하는 안내는 자유를 제약
하는 것이 아니라, 자유를 누리는 데에 도움이 된다. 간혹 교사는 집
단의 성원들에게 그들이 무엇을 해야 하는지를 제안하는 일조차 꺼리
는 경향이 있다. 나는 아이들이 갖가지 사물들과 자료들에 둘러싸여
있고, 교사는 혹 아이들의 자유를 침해하는 것이 아닌가 싶어, 그러한
자료들을 가지고 무엇을 해야 하는지조차도 제안하지 않은 채, 아이
들을 내버려두는 경우가 있다고 들은 적이 있다. 그렇다면 자료들을
왜 제공하는가? 자료들을 제공한다는 것 자체가 이미 이러저러한 제
안을 하고 있는 셈이 아닌가? 그러나 이보다 더 중요한 것은 학생들이
행위를 수행할 때 따라야 하는 제안은, 어떠한 경우든지 간에, 그럴
만한 자격이 있는 누군가로부터 제공되어야만 한다는 점이다. 좀 더
경험이 많고 폭넓은 시야를 지닌 사람의 제안이 이러저러한 출처에서
우연히 나온 제안보다도 타당하지 못한 경우란 있을 수 없다. 그러한
경우는 그것이 어떠한 것인지를 도저히 상상할 수도 없을 만큼 있을

수 없는 상황이다.

　물론 교사가 자신의 직분을 남용한다거나, 학생들의 목적이 아니라 교사인 자신의 목적에 부합하는 방향으로 어린 학생들의 활동을 억지로 몰아간다거나 하는 일이 있을 수도 있다. 그러나 그렇다고 해서 성인이 완전히 손을 놓고 뒷전으로 물러서는 것이 이러한 위험을 피하는 방법은 아니다. 위험을 피하려면, 무엇보다도 먼저 교사가 수업을 받고 있는 학생들의 역량과 필요와 과거의 경험 등을 지적으로 파악할 수 있어야 한다. 하나의 제안에다가 다양한 제안들을 덧붙이면서 이를 전체적인 계획이나 프로젝트로 조직해서 발전시키는 데에 학생들 각자가 기여할 수 있게끔 하는 것도 위험을 피하는 방법이 될 수 있다. 달리 말하면, 계획은 일방적인 명령이 아니라, 협동적인 작업의 산물이다. 교사의 제안은 고정된 철물을 찍어내는 금형이나 거푸집이 아니라, 배움의 과정에 참여하는 모든 학생의 경험으로부터 유용한 점들을 받아들여 하나의 계획으로 발전시켜 나가는 과정의 출발점이다. 교사의 제안을 출발점으로 삼아 발전된 계획을 짜는 일은 교사와 학생들이 서로 무엇인가를 주고받는 과정을 통하여 이루어진다. 이때 교사는 학생들로부터 무엇인가를 받아들여야 할 뿐만 아니라, 학생들에게 무엇인가를 주는 데에도 거리낌이 있어서는 안 된다. 여기서 말하고자 하는 요점은 결국 목적은 사회적인 지력의 과정을 통하여 성장하고 나름의 면모를 갖추게 된다는 것이다.

경험에는 여러 가지 객관적인 조건들이 따르기 마련이며, 그것들은 이후의 경험이 풍성하게 성장하도록 기여하기도 하고 저해하기도 하는 기능을 지니고 있다는 점에 관해서는 지나가면서 여러 차례 언급한 바가 있다. 이러한 객관적인 조건들은 은연중에, 그것이 관찰에 의한 것이든, 기억에 의한 것이든, 다른 사람으로부터 얻은 정보에 의한 것이든, 아니면 상상을 통하여 얻은 것이든 간에, 배우고 공부해야 하는 교과의 내용, 또는 좀 더 일반적인 용어로 이야기하면, 교육과정(敎育課程)을 구성하는 재료들과 동일한 것인 양 취급되어 왔다. 그러나 교과의 내용 그 자체에 관해서는 지금까지 명시적으로 논의한 바가 없었다. 이제부터는 바로 이 주제에 관해 이야기해보자. 교육을 경험이라는 관점에서 이해하고자 할 때, 한 가지 분명한 사실이 부각된다. 산수든, 역사든, 지리든, 아니면 자연과학의 한 분야든 간에, 모든 교과목은 원래 일상적인 삶의 경험 범위 내에 들어 있는 재료들로부터 도출된 것이고, 또 그래야만 한다는 점이다. (그런데도) 전통적인 교육은 학생들의 경험 범위 밖에 놓여 있는 사실과 진리들을 가지고 시작한다. 그래서 그 사실과 진리들이 학생들의 경험 속에 들어오도록 만드는 방법들과 수단들을 별도로 모색해야 하는 문제를 떠안고 있다. 이 점에서 보면, 새교육은 전통적인 교육의 절차들과 뚜렷하게 대조된다. 새교육의 방법이 초등학교 저학년들을 대상으로 한 초등교육에서 커다란 성공을 거둔 중요한 원인 가운데 하나가 바로 전통적인 교육의 방법과는 뚜렷하게 대조되는 원리를 준수해왔다는 데에 있다는 점은 의심할 여지가 없다.

　　그러나 경험 속에서 배움을 위한 자료를 찾은 것은 이제 막 한 걸음을 내디딘 것에 불과하다. 다음에 해야 할 일은 학생들이 이미 경험한 내용을 좀 더 포괄적이고 풍성하며 보다 조직된 형태가 되도록 진보적으로 발전시키는 일이다. 바꾸어 말하면, 교과의 내용을 그 분야의 전문가나 성인들에게 제시할 때 그 교과의 내용이 취하는 형태가 있는데, 학생들의 경험이 바로 그 형태에 점진적으로 접근해 가도록 진보적으로 발전시키는 일이 다음에 할 일이다. 경험을 진보적으로 발전시키는 일이나 조직된 형태가 되도록 변화시키는 일은 교육과 경험 사이의 유기적인 관련을 해치지 않고도 가능하다. 이것이 가능하다는 사실은, 학교의 바깥에서 형식적인 교육과는 별도로, 이미 경험의 진보적인 발전과 변화가 이루어지고 있다는 점을 통해서도 충분히 확인할 수 있다. 예를 들면, 갓난아이는 공간적으로나 시간적으로 상당히 한정되어 있는 사물들로 이루어진 환경에서부터 출발한다. 그러한 환경은 학교교육을 통하여 도움을 받지 않아도 경험 자체에 내재하는 추진력에 의하여 부단히 확장된다. 갓난아이가 물건을 잡으려고 손을 뻗치고, 기고, 걷고, 말하는 것 등을 배워나감에 따라 아이의 경험에 내재해 있는 교과의 내용은 범위가 넓어지고 깊이를 더해간다. 갓난아이는 새로운 능력을 요청하는 색다른 사물들이나 사건들과 접촉하게 된다. 그리고 새로운 능력을 구사하여 사물들과 사건들을 다루는 가운데 아이의 경험 내용은 세련되게 다듬어지고 범위가 확장된다. 아이가 삶을 영위하는 공간과 시간이 확대되는 것이다. 바꾸어 말하면, 아이가 접하고 있는 환경이나 경험하는 세계가 끊임없이 넓어진다. 이를 환경이나 세계가 밀도(密度)를 더해간다고 표현할 수도 있다. 아이들이 점차로 성장하여 학교교육을 받는 단계에 이르게 되면, 그들은 교사에게 맡겨진다. 그리고 교사는 아이들이 학교에 들어오기 이전 몇 년 동안에 자연(自然)이 (자연스럽게) 성취한 것을 앞으로는 의식적이고 의도적으로 달성해야 한다. 물론 그렇게 하려면, 그는 적절한 방법을 찾아야만 한다.

지금까지 상세히 논의해 왔던 두 가지 조건들 가운데 첫 번째 조건에 대해서는 이를 새삼스럽게 다시 강조할 필요가 거의 없을 것이다. 학생들이 이미 소유하고 있는 경험에서부터 출발하여 수업을 진행해야만 한다는 것은 새교육을 시행하는 학교가 준수해야 하는 중요한 지침이다. 왜냐하면 아이들의 성장과 함께 발달해 온 경험과 역량은 이후의 모든 배움을 위한 출발점을 제공하기 때문이다. 그러나 두 번째 조건, 즉 경험의 성장과 함께 아이의 경험에 내재해 있는 교과의 내용을 점진적으로 발달시켜서 좀 더 확장되고 체계적으로 조직된 교과의 내용으로 나아가도록 해야 한다는 조건이 첫 번째 조건만큼 주목을 받고 있는지는 분명하지 않다.[24] 그렇기는 하지만, 교육적 경험의 계속성이라는 원리에 따르면, 두 번째 조건과 관련된 교육적인 문제를 해결하기 위해서는 첫 번째 조건과 관련된 문제에 대해서 하는 것과 똑같은 정도의 관심을 기울이면서 깊이 있게 생각해야 한다. 물론 두 번째 문제가 첫 번째 문제보다도 더 어려운 것이라는 점에는 의심의 여지가 없다. 취학 전의 아동이나 유치원에 다니는 아이, 또는 초등학교의 저학년 학생을 맡고 있는 교사는 그 아이들의 과거 경험이 어떠한 범위에 걸쳐 있는지를 결정한다거나, 그 경험과 생생하게 관련을 맺고 있는 활동들을 찾는다거나 하는 데에 커다란 어려움을 겪지는 않을 것이다. 그러나 이보다도 더 나이가 많은 학생들을 다루는 교사는 학생들의 과거 경험의 범위를 파악하는 일, 그리고 그 경험과 관련된 활동을 찾는 일, 이 양자에 있어서 좀 더 많은 어려움을 겪게 된다. 좀 더 나이가 많은 학생들의 경우에는 개개인의 경험이 어떠한 배경 속에서 이루어졌는지를 파악한다는 것이 어린아이들을 대상으로 할 때보다도 더 어렵다. 또한 이러한 학생들의 경험 속에 이미

---

24 듀이는 학생의 경험 속에서 교과가 세 개의 단계를 거치면서 성장한다고 본다. 첫 번째는 무엇인가를 할 줄 아는 것, 즉 걷고 말하고 쓰고 계산하고 자전거를 타는 것 등과 같은 '직접적인 활동의 수행 능력'으로 존재하는 교과이다. 두 번째는 직접적인 활동의 수행 능력과 관련을 맺으면서 이를 발전시키는 데에 도움이 되는 다른 사람들의 경험을 수용하여 알게 되는 것, 이른바 '정보'라는 형태로 존재하는 교과이다. 마지막은 전문가나 성인들의 지식, 즉 '합리적이고 논리적으로 조직되어 있는 지식 체계'이다. 듀이는 교육의 문제가 교과의 발달 단계를 고려하지 않고 아이들에게 마지막 단계의 교과를 직접 전달하려는 데서 비롯된다고 본다. 반면 여기서 듀이가 제안하는 교과 내용의 진보적 조직이란 교과의 발달 단계를 존중하면서 아이들의 직접적인 경험에 내재해 있는 교과의 내용, 즉 무엇인가를 할 줄 아는 것이 점차적으로 논리적이고 합리적인 지식 체계로서의 교과 내용으로 발전되도록 하는 것을 의미한다. 교과가 세 개의 단계를 거치며 발달한다는 듀이의 아이디어는 『민주주의와 교육』의 14장부터 17장에 걸쳐 상세히 소개되어 있다.

포함되어 있는 교과의 내용이 좀 더 폭넓고 좀 더 체계적으로 조직된 교과의 내용으로 나아갈 수 있도록 어떻게 지도할 것인가 하는 문제도 어린아이들을 대상으로 할 때보다는 더 어렵기 마련이다.

학생들이 이미 잘할 수 있는 것을 좀 더 능숙하고 쉽게 할 수 있도록 도와주기만 하면, 하나의 경험을 그것과는 다른 경험으로 나아가도록 인도한다는 원리가 충족된다고 생각하는 것은 잘못이다. 마찬가지로 학생들에게 새로운 경험을 제공하기만 하면, 하나의 경험을 그것과는 다른 경험으로 인도한다는 원리가 충족된다고 보는 것 역시 그릇된 생각이다. 새로운 사물들이나 사건들이 이전의 경험 속에 들어 있는 사물들이나 사건들과 반드시 지적인 관련을 맺도록 만들 필요가 있다. 이렇게 해야만 사실들 및 관념들을 분명하게 인식하는 데에 있어 진전이 생길 수 있다. 따라서 교사는 이전의 것과는 다른 관찰의 방식과 판단의 능력을 자극함으로써 이후의 경험이 좀 더 포괄적인 것이 될 수 있게 해주는 새로운 문제들을 학생들의 기존 경험으로부터 끌어낼 수 있어야 한다. 이 책무를 수행함에 있어서 교사는 학생들이 이미 지니고 있는 것을 고정된 소유물로 간주해서는 안 된다. 그는 학생들에게 신선한 도전 정신을 불러일으키는 새로운 영역을 열어줌으로써 학생들이 현재 그들이 지니고 있는 관찰능력과 이전의 기억을 관련지어 지적으로 활용하도록 이끌어야 한다. '성장에 있어서 기존의 경험과 새로운 경험 사이의 관련을 구축하는 일', 이것이 언제나 교사가 명심해야 할 표어가 되어야만 한다.

어떠한 전문직 종사자들보다도 교사는 멀리 내다볼 수 있는 혜안(慧眼)을 지니는 데에 관심을 기울여야 한다. 의사는 그가 환자의 건강을 회복시켜 주었을 때, 자신의 소임을 다했다고 느낄 것이다. 물론 의사는 앞으로도 유사한 질환에 시달리지 않으려면 어떻게 살아야 하는지를 환자에게 조언해야 할 의무가 있다. 그러나 결국 환자가 어떻게 살아야 하는가는 환자 자신의 문제이지 의사가 책임질 일은 아니다. 그리고 지금 여기서 더 중요한 것은 의사가 환자의 향후 삶에 대하여 지시하고 조언하는 일을 하고 있는 이상, 그가 교육자의 소임을 수행하고 있는 것으로 볼 수도 있다는 점이다. 변호사는 자신의 의뢰인이 소송에서 이기도록 하거나, 그의 의뢰인이 골치 아픈 사건에 연루되었을 때, 여기서 빠져나오도록 돕는 일을 한다. 그러나 만약 그가 자신이 의뢰를 받은 사건의 단순한 해결이 아니라, 의뢰인에게 앞으로 송사(訟事)에 휘말리지 않으려면 어떻게 행동하고 대처해야 하는지 등등을 조언하는 일까지를 수행한다면, 그 역시도 일종의 교육자가 된다. 미래에 다루게 되는 것들이나 이루어야 하는 것들은 현재 다루고 있는 것들과 무관한 것이 아니라 관련을 맺기 마련이다. 따라서 현재를 통하여 학생들의 미래 성장을 도모한다는 직분의 성격상, 교사는 '그것이 장차 학생들에게 무엇을 실현시켜 줄 수 있고, 또 무엇을 실현시켜 줄 수 없는가?'라는 관점에서, 현재 자신이 수행하고 있는 일을 조망하지 않으면 안 된다.

여기서 다시 한번 진보적인 교육을 수행하는 교사가 직면하게 되는 문제는 전통적인 학교에서 교사가 떠안고 있던 문제보다도 더 어려운 것임이 드러난다. 물론 전통적인 학교의 교사도 실제로는 앞을 내다보아야 했다. 그러나 자신의 타고난 개성과 열정을 총동원하여 전통적인 학교를 둘러싸고 있는 한계를 뛰어넘을 생각이 아니라면,

전통적인 학교의 교사는 학생들과 관련해서 언제 다음번 시험을 보아야 하고, 언제 학생들을 다음 학년으로 진급시켜야 할지를 생각하는 정도로도 만족할 수 있었다. 그는 학교 체제가 요구하는 범위 내에서 관례처럼 존재하고 있는 요인들에 비추어 미래를 바라볼 뿐이었다. 그러나 교육과 실제의 경험을 하나로 관련지으려는 교사는 이보다 더 심각하고 어려운 임무를 짊어져야 한다. 그는 학생들이 이미 지니고 있는 경험에 들어 있는 것이면서도 동시에 학생들을 새로운 영역으로 인도할 수 있는 잠재력을 지니고 있는 것이 무엇인지를 파악해야만 한다. 또한 그는 이렇게 파악한 것을 준거로 삼아 학생들의 현재 경험에 영향을 줄 수 있는 조건들을 선별하고 적절히 조직할 수 있어야만 한다.

전통적인 학교의 교과목들은 아이들이 장차 어른이 되었을 때, 무엇이 그들에게 유용할지에 대한 성인들의 판단을 토대로 해서 선정되고 조직된 내용으로 구성되어 있었다. 따라서 어떤 내용을 배워야 하는가는 배우는 당사자인 아이들의 현재의 삶의 경험과는 무관하게 그 경험의 바깥에서 결정되기 마련이었다. 그 결과 교과의 내용은 과거에 사람들이 가르치고 배우던 내용으로 채워질 수밖에 없었다. 왜냐하면 이전에 사람들에게 유용했다는 것이 이미 입증된 내용이야말로 현재의 학생들에게도 장차 유용한 것이 되리라고 생각했기 때문이다. 이러한 전통적인 교육에 반기를 들고 그것과는 정반대의 극단으로 나아간 나머지, 어쩌면 그러한 상황에서는 당연한 것이었을지도 모르지만, 한 가지 불행한 사태가 초래되었다. 학생들의 현재 경험으로부터 그들이 배워야 하는 자료들을 이끌어내야 하며, 그럼으로써

학생들이 현재와 과거의 문제들을 극복하도록 도와야만 한다는 아이
디어는 올바른 것이다. 그런데 이 아이디어가 진보적인 학교는 상당
한 정도로 과거를 무시해도 좋다는 아이디어로 종종 변질되어 버렸
다. 만약 현재가 과거와 단절될 수 있는 것이라면, 이러한 결론이 옳
은 것일 수도 있다. 그러나 과거에 이룩한 성취야말로 현재를 이해하
는 데에 사용할 수 있는 거의 유일한 수단을 제공한다. 개인이 그가
처해 있는 현재의 조건들을 이해하기 위해서는 기억을 통하여 자기
자신의 과거에 의존하지 않으면 안 된다. 마찬가지로 현재의 사회적
삶에서 생겨나는 논란거리와 문제들은 과거와 너무나도 밀접하며 직
접적인 관련을 맺고 있어서 과거를 공부하는 가운데 그러한 문제들의
뿌리가 어디에 있는 것인지를 파악하지 못하면, 학생들은 문제들은
물론이고 그 문제들을 다루는 최선의 방법이 어떤 것인지도 이해할
수 없게 된다. 바꾸어 말하면, '배움을 통해 실현해야 할 목표는 미래
에 있다고 하더라도, 배워야 할 직접적인 자료는 현재의 경험 속에 들
어 있다'는 건전한 원리는 현재의 경험이 이른바 과거를 향하여 뻗어
나가는 만큼만 실현될 수 있는 것이다. 현재의 경험은 과거를 포함할
정도로 범위를 넓혀 가는 경우에만 미래로도 확장될 수 있다.

　　시간이 허락한다면, 현재의 세대가 장차 직면하게 될 정치적이거
나 경제적인 문제들을 논의하는 가운데 이러한 일반적인 진술이 어떤
의미를 갖는지에 대해서 좀 더 구체적이고 분명하게 설명할 수도 있
을 것이다. 그것들이 어떻게 생겨났는가를 모르면, 현재의 세대가 장
차 직면하게 될 정치적이거나 경제적인 문제들의 성격을 제대로 이해
할 수가 없다. 지금 우리가 직면하고 있는 것과 같은 사회적인 병리

현상은 물론이고, 온갖 혼란을 초래하고 있는 현재의 제도나 관습은 하룻밤 사이에 생겨난 것이 아니다. 그것들은 나름대로 오랜 역사가 있다. 만약 현재 분명히 드러난 것만 가지고 제도나 관습에서 야기되는 문제들을 다루려고 하면, 문제의 뿌리는 건드리지도 못하고 단지 피상적인 조치만을 취하게 될 우려가 있다. 그렇게 되면 결국에는 지금 우리가 당면하고 있는 문제들이 더욱 복잡하고 어려운 것이 되어버려서 해결의 전망이 불투명해지고 말 것이다. 현재를 과거와는 단절된 것으로 간주하고, 그러한 현재에 대한 지식만을 토대로 해서 정책을 형성하는 것은, 우리가 신중하게 상황을 이해하지 못한 채 경솔하고 부주의하게 행동하는 개인을 비난하는 것과 마찬가지로, 책망을 받아 마땅하다. 과거를 마치 그 자체로 목적인 것처럼 다루고 있는 학교 체제에서 벗어나려면, 과거를 전적으로 무시해서는 안 되며, 과거에 대한 지식을 현재를 이해하는 데에 필요한 수단으로 활용할 수 있어야 한다. 문제를 이러한 방식으로 해소하지 않으면, 앞으로도 두 진영 간의 대립은 계속될 것이다. 지금까지 그래왔던 것처럼, 한쪽 진영에는 문화적인 유산을 전수하는 일이 교육의 유일한 책무는 아니라고 하더라도, 중요한 책무에 해당한다고 주장하는 보수적인 입장의 사람들이 자리를 잡는다. 다른 쪽 진영에는 과거를 무시해야 하며, 현재와 미래만을 다루어야 한다고 주장하는 사람들이 자리를 잡는다. 그리고 이 두 진영은 교육의 이론과 실제를 놓고 현재와 같은 충돌과 갈등을 계속 빚게 될 것이다.

지적인 교과의 내용을 선정하고 조직하는 문제가 지금까지도 진보적인 학교의 가장 취약한 점이 되고 있는 것은, 현재와 같은 상황을

고려하면, 어쩔 수 없는 것이 아닌가 하는 생각이 든다. 진보적인 학
교가 전통적인 교육의 전매특허라고 할 수 있는 판에 박은 듯한 진부
한 교과로부터 벗어나려고 한 것은 올바르고도 적절한 조치였다. 그
러나 그 바람에 어쩔 수 없이 전통적인 학교와는 다른 방식으로 교과
의 내용들을 선정하고 조직한다는 어려운 문제를 떠안게 되었다. 문
제를 더 어렵게 만드는 것은 경험이 이루어지는 영역이 광대할 뿐만
아니라, 경험의 내용 역시 시간과 공간에 따라 다양하다는 점이다. 모
든 진보적인 학교에서 통용될 수 있는 단일한 교육과정을 마련한다는
것은 불가능하다. 교육이 삶의 경험과 관련을 맺도록 한다는 기본적
인 원리를 위배하지 않는 이상, 그러한 단일한 교육과정을 만들 수는
없다. 더구나 진보적인 학교는 최근에 생겨났다. 진보적인 학교가 설
립되어 발전하기 시작한 것은 불과 1세대 정도의 기간에 불과하다. 따
라서 교과 내용의 선정 및 조직과 관련하여 상당한 정도로 불확실하
고도 불분명한 점들이 생겨나리라는 것은 사전에 충분히 예견할 수
있었던 일이다. 그것을 진보적인 학교에 대한 근본적인 비판이나 불
만의 근거로 삼아서는 안 된다.

그러나 현재 이루어지고 있는 진보적인 교육 운동이, 만약 진정
한 배움과 공부가 가능하도록 교과 내용을 선정하고 조직하는 일이야
말로 근본적인 문제에 해당한다는 점을 깨닫지 못한다면, 이는 진보
적인 교육에 대한 정당한 비판의 근거가 된다. 특수한 경우들에 맞추
어 그때그때 융통성 있게 대처해 나가는 것은 가르치고 배우는 활동
이 틀에 박힌 것이 되거나 생기 없는 것이 되지 않도록 방지해 준다.
그러나 그렇다고 해서 가르치고 배워야 할 기초적인 자료들을 아무렇

게나 선정해서 조잡한 것으로 만들 수는 없다. 예상하지 못했고 또 예상할 수도 없는 경우들이, 지적인 자유가 존재하는 곳이라면, 어디서든 생겨나기 마련이다. 그러한 경우들을 활용할 수 있어야 한다. 활동이 특정한 방향으로 지속적으로 전개되어 나가는 과정에서 예상치 않게 생겨나는 것들이 배움을 위한 중요한 자료들을 제공해 준다고 믿는 것만으로는 충분하지 않다. 실제로 그러한 경우들을 배움을 위한 자료로 활용할 수 있어야 한다. 단순히 믿는 것과 실제로 하는 것 사이에는 어마어마한 차이가 있다.

주어진 경험이 이전에는 접해 본 적이 없는 낯선 세계로 우리를 인도하지 못하면, (우리를 성장으로 안내하는 진정한) 문제가 우리 앞에 나타날 가능성은 요원해진다. 문제는 사고를 불러일으키는 자극에 해당한다. 현재의 경험 속에서 발견되는 경험의 요건들이 문제를 낳는 원천으로 활용되어야만 한다는 것은 경험에 토대를 두고 있는 교육과 전통적인 교육을 구분하는 특징이다. 왜냐하면 전통적인 교육의 경우에는 문제가 외부에서 주어지기 때문이다. 그런데 성장이 이루어지느냐 그렇지 않느냐는 지력을 통하여 극복될 수 있는 난점들이 존재하느냐에 달려 있다. 거듭 말하지만, 다음과 같은 두 가지 사항에 대하여 똑같이 유념하는 것은 교사가 짊어져야 하는 책무에 속한다. 첫째는 학생들이 현재 가지고 있는 경험을 낳은 요건들로부터 문제가 생겨나고, 그 문제가 학생들이 갖고 있는 역량의 범위 내에 있는 것인가 하는 점이다. 둘째는 문제가 학생들로 하여금 적극적으로 정보를 수집하고 새로운 아이디어를 내놓도록 만드는 힘을 지니고 있는가 하는 점이다. 그렇게 습득된 새로운 사실과 아이디어들은 이후의 경험 속

에서 새로운 문제들이 생성되도록 만드는 토대가 된다. 그러한 과정
은 계속적인 나선(螺旋)을 그리며 이루어진다. 현재와 과거를 연결하
는 것이 불가피하다는 원리는 적용의 범위가 역사과목에만 국한되는
것은 아니다. 자연과학을 예로 들어보자. 현대인들이 지금과 같은 형
태의 사회적인 삶을 향유할 수 있는 것은 상당 부분 자연과학을 응용
한 결과이다. 시골에 살고 있든 도시에 살고 있든 간에, 모든 아이와
청소년이 현재와 같은 경험을 하고 있는 것은 전기나 열, 또는 화학적
인 과정을 응용한 설비나 장치들 덕분이다. 아이들이 먹는 음식 가운
데 요리의 재료들을 배합하고 식사를 준비하는 과정에서 화학적이거
나 생리학적인 원리를 활용하지 않은 것은 찾아볼 수가 없다. 아이가
인공적인 조명을 통하여 글을 읽는 경우이든, 아니면 자동차나 기차
를 타고 이동하는 경우이든, 그 모든 경우에 있어서 그는 자연과학이
낳은 설비의 가동이나 기계의 작동 등에 접하지 않을 수 없다.

　　학생들을 과학교과에 입문시키고 과학교과에 들어 있는 사실들과
법칙들을 배우게 하려면, 매일매일의 삶 속에서 찾아볼 수 있는 과학
의 응용물들에 먼저 친숙해지도록 해야 한다는 것은 올바른 교육의
원리이다. 이러한 방법을 따르는 것은 과학 그 자체를 이해하도록 만
드는 지름길일 뿐만 아니라, 학생들이 성장해 나가는 가운데 현대 사
회의 경제적이거나 산업적인 문제들을 이해하도록 만드는 가장 확실
한 길이기도 하다. 왜냐하면 매일매일의 삶 속에서 접하는 과학적인
기구나 설비들은 상당 부분 상품과 용역을 생산하고 분배하기 위해
과학을 응용하는 과정에서 생겨난 것들이기 때문이다. 더욱이 상품과
용역의 생산과 분배가 이루어지는 과정이야말로 사람과 사람, 그리고

사회 집단과 집단 상호 간에 현재 존재하는 관계들을 결정하는 가장
중요한 요인이기 때문이다. 이렇게 생각할 때, 실험실이나 연구기관에
서 탐구되는 것과 유사한 과정은 청소년들이 매일매일의 삶을 통해서
경험할 수 있는 것이 아니며, 바로 이 점에서 경험에 토대를 두고 있
는 교육이 다룰 수 있는 범위를 벗어난다고 주장하는 것은 터무니없
다.25 (물론) 미성숙한 학생들이 성숙한 전문가들이 연구하는 방식으로
과학적인 사실들과 원리들을 공부할 수 없다는 것은 말할 필요도 없
는 사실이다. 그러나 이러한 사실이 학생들의 현재 경험을 활용하여
그것으로부터 과학적인 사실들과 법칙들을 이끌어 냄으로써 학생들이
점진적으로 과학적인 질서를 경험하도록 인도한다는 책무로부터 교사
들을 해방시켜주는 것은 아니다. 이는 오히려 그러한 일을 교사가 다
루어야 하는 중요한 문제들 가운데 하나로 만든다.

_____

25 듀이의 교육이론에 대한 비판 가운데 가장 강력한 것은 그가 말하는 것처럼 삶 속
에서 이루어지는 경험에 근거하여 교육을 하면, 교육을 통하여 전수되어야 하는
것 가운데 가장 중요한 것인 인류의 지적인 유산들이 교과의 내용으로 들어오지
못한다는 주장이다. 이 점에서 듀이는 교육의 관심을 인류의 위대한 성취물들로부
터 일상적인 삶에 대한 것으로 바꾸어 놓은 장본인이며, 결국 교육이 당연히 취해
야 하는 모습을 부정한 교육의 배반자로 평가되기도 한다(이에 대해서는 이홍우. 『교
육의 개념』. 서울: 문음사. 1991을 참조하라). 그러나 이는 듀이가 항상 경계하고 있는
것처럼 '이것이냐, 저것이냐'라는 이분법적인 사고에 근거하여 듀이를 보기 때문에
생겨난 오해이다. 듀이가 인류의 지적인 성취를 부정하는 것은 아니며, 그의 관심
은 오히려 학생들이 그것을 제대로 이해하도록 하려면 어떠한 조치를 취해야 하는
가에 집중되고 있다. 교과를 추상적인 언어로 가르치려고 들지 말고, 학생들의 경
험으로부터 출발하여 점진적으로 교과의 지식에 도달하도록 만들어야 한다는 것이
이 책에서 듀이가 주장하고 있는 핵심적인 내용이다. 그리고 이는 듀이 교육이론
전체에 담겨 있는 요점이기도 하다. 이와 관련된 듀이의 주장을 체계적으로 이해
하지 않고, 그를 천박한 실용주의자 정도로 대접하는 것은 듀이 개인의 불행에서
머물지 않고 교육을 위해서도 대단히 불행한 사태이다.

  과학은 상품과 용역의 생산 및 분배의 과정에 널리 응용되고 있을 뿐만 아니라, 사람들 상호 간에 유지되고 있는 사회적인 관계에도 폭넓게 적용되고 있다. (이처럼 매일매일의 삶 속에서 과학이 응용되는 모습에 친숙한) 학생들의 현재 경험이 지금처럼 깊이에 있어서 세밀할 뿐만 아니라, 넓이에 있어서도 광범위한 것이 될 수 있는 이유도 바로 여기에 있다. 만약 우리의 이러한 생각이 맞는다면, 다음과 같은 결론이 따라 나온다. 학생들을 현재의 경험으로부터 점진적으로 과학적 사실들과 원리들에 대한 지식으로 인도하면서, 그들이 배우는 사실들과 원리들이 완성된 지식 체계로서 과학에 들어 있는 사실들 및 원리들과 동일한 것이 되도록 교육하는 것 이외에, 학생들로 하여금 현재의 사회를 형성하고 있는 힘들을 이해하도록 만드는 것은 불가능하다. 그렇게 교육하지 않고는 사회적인 힘들에 대하여 정통하기도 어렵고 이를 통제하기도 어렵다. 학생들이 과학교과의 내용을 알 수 있도록 그들을 점진적으로 인도해야만 한다는 원리가 중요한 이유는 그렇게 함으로써 현재의 사회적인 문제들에 대한 통찰을 얻을 수 있다는 데에만 있는 것은 아니다. 과학적인 방법은 더 나은 사회 질서를 실현할 수 있는 조치와 정책에 이르는 길을 보여주기도 한다. 과학은 광범위하게 응용되어 현재 존재하는 것과 같은 사회적인 삶의 여건들의 상당 부분을 만들어 왔다. 그렇지만 그렇다고 해서, 과학이 응용될 가능성이 있는 영역들이 더 이상 남아 있지 않은 것은 아니다. 왜냐하면 지금까지 과학은 다소간 우연적으로 응용되어 왔거나, 아니면 과학 이전 시대의 제도로부터 내려온 유산인 개인적인 이익이나 힘의 추구라는 목적에 영향을 받으면서 응용되어 왔기 때문이다.

인간은 그들 공동의 삶을 지적인 방식으로 영위할 수 없으며, 이는 사실상 불가능하다는 (비관적인) 발언들을 우리는 거의 날마다 여기저기서 듣고 있다. 한편으로는 국내적이거나 국제적인 인간관계가 복잡하기 때문에, 또 한편으로는 인간 자체가 상당 부분 감정과 습관의 피조물이기 때문에, 지성을 통하여 대규모의 사회적인 계획을 수립하고 방향을 모색하는 일은 불가능하다는 것이다. 만약 아이들의 초기 교육에서부터 청소년들의 교육에 이르기까지 과학에서 그 예를 찾아볼 수 있는 지성적인 방법을 교육에서도 가장 중요한 방법으로 삼으려는 의도를 가지고 체계적인 노력을 경주해 왔음에도 불구하고 그렇게 하는 데 실패했다면, 인간이 지적인 방식으로 삶의 문제를 다룰 수 없다는 (비관적인) 주장은 지금보다는 신빙성이 있는 것이 되었을지도 모른다. 그러나 습관의 본질적인 속성 속에는 인간이 지적인 방법 그 자체를 습관으로 형성하지 못하도록 막는 요인은 존재하지 않는다. 또한 감정의 본질적인 속성 속에도 인간이 지적인 방법에 대한 강렬한 정서적 헌신감(獻身感)을 발달시키지 못하도록 막는 요인은 존재하지 않는다.

여기서 과학은 경험 속에 들어 있는 교과의 내용을 선정하여 진보적으로 조직하는 일을 예시하기 위한 사례로 사용되었다. 물론 그러한 조직은 외부에서 부과된 것이 아닐 뿐만 아니라, 경험 그 자체가 성장해 나가는 과정과 일치하는 것이기 때문에 강압적이기보다는 자유로운 것이다. 교육적인 성장이 시작될 당시의 경험 속에서 볼 수 있었던 것보다는 좀 더 폭넓고 정교하며, 좀 더 잘 조직된 물리적이거나 인간적인 환경 세계로 학생들이 나아가도록 현존하는 경험을 수단으로 활용하는 것은 진보적인 교육의 기본원리이다. 학생들의 현재 삶의 경험 속에서 발견되는 교과의 내용을 활용하여 과학으로 나아가는 것이야말로 이러한 원리를 가장 잘 예시해준다. 호그번(Hogben)의 최근 저작인 『백만인을 위한 수학』은, 만약 수학을 문명의 거울이나 문명 진보의 중요한 원동력으로 취급한다면, 수학이 다른 자연과학들만큼이나 인류가 바람직하게 생각하는 목적에 틀림없이 기여할 수 있다는 사실을 보여주고 있다. 어떠한 경우가 되었든지 간에, 기본이 되는 것은 지식의 진보적 조직이라는 이상이다. (그런데) 아마도 우리가 '이 것이냐, 저것이냐'라는 식의 철학이 가장 예민하게 작동하고 있음을 보게 되는 경우가 바로 지식의 조직과 관련된 문제일 것이다. 전통적인 교육이 근거하고 있는 지식의 조직 원리는 살아있는 현재 경험을 거의 완전히 무시하는 것이었다. (이로 인해 많은 사람이 지식의 조직이라는 것 자체에 반감을 갖게 되었다). 그래서인지는 몰라도, 비록 공개적으로 표명하는 경우는 많지 않지만, '살아있는 경험에 토대를 두고 있는 교육은 전통적인 교육과는 반대로 사실들과 아이디어들의 조직 자체를 무시해야 되는 것 아니냐'라는 생각을 지니고 있는 사람들이 많다.

바로 앞에서 나는 지식의 진보적인 조직을 하나의 이상이라고 이야기했다. 그 말은 교사들이 미리 조직되어 있는 지식을 가지고 시작해서, 마치 숟가락으로 떠서 먹이듯이, 학생들에게 일정 분량씩 나누어 줄 수는 없다는 소극적인 의미로 해석될 수도 있다. 그러나 하나의 이상으로서 사실들과 아이디어들을 적극적으로 조직하는 과정은 결코 건너뛸 수 없는 교육의 과정이다. 우리로 하여금 좀 더 많은 사실을 알게 하고, 더 많은 아이디어에 이르게 하며, 이들을 좀 더 질서 있게

조직하도록 이끌지 못하는 경험은 교육적인 것일 수 없다. 조직이라
는 것이 경험과는 조화되기 어려운 이질적인 원리라는 말은 전혀 맞
지 않다. 만약 경험이 조직될 수 없는 것이라면, 경험은 여기저기로
분산되어 혼란스러운 것이 되고 말 것이다. 어린아이의 경험은 (그들
주변의) 사람들과 가정을 중심으로 이루어진다. 정신과 의사들에 따르
면, 가족들과의 관계가 정상적인 상태에서 벗어나 혼란스러운 것이
될 때, 이로 인하여 어린아이들은 나중에 상당한 정도로 정신적이거
나 정서적인 문제를 겪게 된다. 아이들이 나중에 문제를 겪지 않도록
가족들과 가정을 중심으로 잘 조직된 경험을 제공해야 한다는 이러한
사실은 경험이 조직과 상반된 것이 아니라, 오히려 더욱 체계적으로
조직될 필요가 있다는 점을 보여준다. 유치원이나 저학년 아이들을
대상으로 한 초등교육에서 이루어진 커다란 진보의 하나는, 아이들의
삶에 있어서의 무게 중심을 급격히 변화시키던 종전의 전통적인 교육
에서 벗어나, 경험의 조직이 이루어지는 사회적이며 인간적인 구심점
을 보전하기 시작했다는 점이다.26 그러나 교육에 있어서 아직 해결되
지 못한 문제 가운데 하나는, 음악적인 비유를 사용하여 말하면, 음조
(音調)를 적절히 바꾸는 문제이다. 물론 교육의 경우에 음조를 바꾼다
는 것은 경험이 점차적으로 사회적이며 인간적인 구심점에서 벗어나

---

26 전통적인 교육에서는 아이들의 현재의 삶이나 현재의 경험과는 유리되어 있는 경
   험, 즉 추상적인 지식에서부터 시작하기 때문에 아이들의 삶에 있어서 급격한 변
   화, 즉 무게 중심의 변화로 비유되는 그러한 변화를 초래해 왔다는 것이다. 반면에
   듀이가 보기에 진보적인 교육은 아이들의 경험이 이루어지는 기반인 사회적이며
   인간적인 구심점에서부터 출발하여 체계적으로 조직된 지식을 향해 나아가기 때문
   에 급격한 무게 중심의 변화 같은 것은 야기하지 않는다.

좀 더 객관적이며 지적인 조직의 방식으로 나아간다는 것을 의미한다. 그러나 이 경우에 지적인 조직 그 자체가 목적은 아니며, 사회적인 관계나 독특한 인간적 결속 및 유대에 대하여 이해하고 이를 좀 더 지적으로 이끌기 위한 수단이라는 점을 항상 마음에 담아두어야 한다.

교육이 이론적으로나 실제적으로 경험에 토대를 두어야 하는 것이라면, 성인이나 전문가에게 적합한 방식으로 조직된 교과 내용이 어린아이들을 대상으로 하는 교육의 출발점이 될 수 없다는 점은 말할 필요조차 없다. 그렇기는 해도 아이들을 대상으로 하는 교육은 성인이나 전문가에게 적합한 방식으로 조직된 교과 내용을 목표로 삼아 계속적으로 그것을 향해 나아가야만 한다. 지식을 과학적으로 조직하기 위하여 따라야 하는 가장 기본적인 원리가 인과(因果)의 원리라는 점은 언급할 필요조차 없는 사실이다. 과학의 전문가가 이러한 원리를 파악하고 체계화하는 방식은 아이가 자신의 경험을 통하여 그 원리를 이해하는 방식과는 분명히 크게 다르다. 그러나 설사 어린아이라고 할지라도, 아이들은 자신들의 경험을 통하여 원인과 결과의 관계를 파악하고, 그 관계가 보여주는 의미를 이해할 수가 있다. 두 살이나 세 살 된 아이가 불꽃에 너무 가까이 가지 않으면서도, 온기를 느낄 수 있을 만큼은 난로에 충분히 다가서는 법을 배우게 될 때, 그 아이는 인과의 관계를 이해하고 이를 활용하고 있는 것이다. 인과의 관계가 요구하는 바에 따르지 않는 활동은 지적인 활동이 될 수 없다. (물론) 인과의 관계가 요구하는 바에 따르는 정도를 넘어서 그러한 관계를 마음속에 의식적으로 담아두면서 활동할 수 있어야 하며, 그렇게 할 수 있는 만큼, 우리의 활동은 지적인 것이 된다.

초기의 경험, 즉 어린아이들의 경험 속에서 인과의 관계는 성인들의 경험에서처럼 추상적으로 존재하는 것이 아니라, 달성해야 하는 목적과 사용할 수 있는 수단의 관계, 바꾸어 말하면, 수단과 결과의 관계라는 형태로 출현한다. 판단력과 이해가 성장한다는 말은, 무엇보다도, 목적을 형성하고 이를 실현하기 위한 수단들을 선정하여 조직하는 능력이 성장한다는 의미이다. 어린아이들이 지니고 있는 가장 기초적인 경험들은 수단과 결과의 관계를 보여주는 사례들로 채워져 있다. 요리를 한다거나 조명을 밝힌다거나 하는 일들은 이러한 관계가 다양한 사례들에서 작동하고 있음을 보여준다. '아이들이 경험을 통하여 접하고 있는 수단-결과의 관계'와 '과학적인 인과의 관계'를 연결해주는 상황이 존재하지 않는다고 핑계를 대면서, 이것이 현재 교육이 직면하고 있는 문제라고 말들 하지만, 사실은 그렇지가 않다. 오히려 적절한 상황들이 허다하게 존재함에도 불구하고, 이를 활용하여 아이들이 주어진 경험적인 사례들 속에서 인과 관계를 파악하도록 이끌지 못하는 경우가 너무나도 많다는 것이 문제이다. 논리학자는 목적과 관련하여 수단들을 선정하고 조직하는 논리적 조작들을 '분석과 종합'이라는 이름으로 부르고 있다.27

분석과 종합이라는 원리는 학교에서 다양한 활동들을 활용하기 위한 궁극적인 토대가 어떤 것이어야 하는지를 정해준다. 다양한 능동적 활동들이 학교 내에서 이루어져야 한다고 주장하면서도, 정보와

---

27 이 마지막 문장은 글의 흐름을 고려할 때, 이 문단의 마지막 문장이 아니라 바로 아래 문단의 첫 번째 문장에 해당한다. 듀이의 원고를 책자의 형태로 편집할 때, 빚어진 잘못인 듯하다.

아이디어들을 진보적으로 조직할 필요가 있다는 점에 대해서는 비난하고 나서는 것보다 교육적으로 더 터무니없는 일도 드물다. 지적인 활동은 현존하는 다양한 여건들 가운데 수단이 될 만한 것을 선정하는 일[이것이 분석에 해당한다], 그리고 의도하는 목적이나 목표를 달성하기 위하여 수단들을 조직하는 일[이는 종합에 해당한다]을 수반한다는 점에서 맹목적인 활동과는 구분된다. (물론) 학생이 미성숙한 존재일수록 가시적으로 지향하는 목표는 더욱 단순한 것이어야 하며, 그 목표를 달성하기 위하여 사용하는 수단들은 더욱 기본적인 것이어야 한다는 점은 분명하다. 그렇기는 해도, 수단과 결과의 관계를 지각할 수 있도록 활동을 조직해야 한다는 원리는 매우 어린아이들에게조차 적용되는 것이다. 그렇지 못할 때, 활동은 교육적인 것이 못되고 맹목적인 것으로 흐르고 만다. 학생들이 성숙해 갈수록 수단들을 상호 관련지어야 한다는 문제가 좀 더 절박한 것으로 대두된다. 지적인 관찰이 수단과 목적의 관계에서 수단들 상호 간의 관계라는 좀 더 복잡한 문제로 옮겨감에 따라 원인과 결과라는 관념이 더 분명하게 부각되면서 전면에 등장한다. 학교 내에 작업실이나 부엌 등과 같은 시설을 두어야 하는 궁극적인 이유는 어떤 활동이든 좋으니 학생들이 (신체적이거나 외적인) 활동을 할 기회를 얻기만 하면 된다는 데에 있는 것이 결코 아니다. 그 이유는 작업실이나 부엌 같은 시설들이 학생들로 하여금 수단과 목적의 관계에 주목하거나, 사물들이 상호작용하여 명확한 결과를 낳는 방식을 고찰하고, 이에 필요한 기술적인 능력을 습득하도록 기회를 제공한다는 데에 있다. 학교 내에 이러한 시설물을 두는 이유는 과학적인 연구를 수행하기 위하여 실험실을 두어야 하는 이유와 원칙상 동일하다.

경험에서부터 시작해서 그 위에 하나씩 교과의 내용을 지적으로 조직한다는 문제를 제대로 해결하지 못하면, 외부에서 부과된 교과 내용의 조직방식을 주장하면서 (진보적인 교육에) 반발하는 움직임이 분명히 생겨날 것이다. 이러한 반발이 이미 생겨나고 있다는 분명한 징후들이 있다. 전통적인 학교든 새로운 학교든 간에, 학생들에게 비판적인 분별력과 추론의 능력을 길러주는 중요한 과제를 제대로 해내지 못하고 있다는 이야기가 여기저기서 들려오고 있다. 그 이야기에 따르면, 학생들이 제대로 소화하지도 못하는 잡다한 정보만을 축적시키거나, 직업이나 상업적인 세계에서 즉각적으로 활용될 수 있는 기능만을 습득시키려는 시도로 인하여 정작 학교는 사고하는 능력을 조금도 신장시켜 주지 못하고 있다. 이러한 폐단은 과학이 미친 영향으로 인하여 생겨난 것이거나, 아니면 이미 그 가치가 검증된 과거로부터의 문화유산을 무시하고 현재적인 요구만을 지나치게 과장한 데서 생겨난 것이라는 이야기도 들려온다. 과학이나 과학적인 방법은 부차적인 것으로 보아야 한다는 주장도 제기되고 있다. 젊은이들이 그때그때 불어오는 유행의 바람에 흔들리지 않고 그들의 지적이거나 도덕적인 삶을 지탱해주는 굳건한 토대를 갖추도록 하려면, 아리스토텔레스나 토마스 아퀴나스의 논리학이 표명하는 것처럼 궁극적인 제일 원리 같은 것을 강조하는 교과목으로 다시 돌아가야만 한다는 것이다.

만약 모든 교과를 대상으로 해서 그 교과를 다루는 학교의 매일매일의 과업에 과학적인 방법을 일관되게 꾸준히 적용해 왔음에도 불구하고 이런 문제들이 생겨난 것이라고 하면, 나는 방금 앞에서 거론

한 것 같은 정서적인 호소로부터 지금보다는 더 인상적인 감명을 받
았을지도 모른다. 내가 보기에는, 교육이 목적을 상실한 채 표류하지
않으려면, 그 가운데 하나를 선택해야만 하는 대안이 기본적으로 두
가지 존재한다. 먼저 첫 번째 대안은 과학적인 방법이 개발되기 이전
의 시대에 생겨난 지적인 방법과 이상으로 되돌아가도록 교사들을 이
끌려는 시도로 표출된다. 그러한 시도는 정서적이거나 지적인, 또는
경제적인 면 등 여러 측면들이, 마치 일반적인 현상인 것처럼, 안정되
지 못하고 동요할 때에는 일시적으로 성공을 거둘 수 있을지도 모른
다. 모든 것이 불안정한 상황에서는 고정된 권위에 의존하려는 욕구
가 활발하게 작용하기 마련인 것이다. 그러나 현대적인 삶의 모든 조
건이 불안정한 것은 아니기 때문에 나는 이런 식으로 출구를 모색하
려는 것은 어리석다고 믿는다. 또 다른 하나의 대안은 과학적인 방법
을 경험 속에 내재해 있는 잠재력을 지적으로 탐색하고 개발하기 위
한 모범과 이상으로 삼아 체계적으로 활용하는 것이다.

　　적절한 대안을 모색하고자 할 때, 진보적인 학교는 결코 만만치
않은 문제와 다시 만나게 된다. 경험이 지니고 있는 지적인 내용을 발
전시키는 일이나, 사실들과 아이디어들이 부단히 확장되도록 이들을
조직하는 일에 계속적으로 주의를 기울여야 함에도 불구하고 그렇게
하지 못할 때, 지적이거나 도덕적인 권위주의로 회귀하려는 보수적인
경향이 다시 득세할 수도 있다. 지금 여기는 과학적인 방법에 대하여
학술적으로 논의할 만한 시점도 아니고, 그럴 만한 장소도 아니다. 그
러나 과학적인 방법이 지니고 있는 특징들 가운데 몇몇은, 그것이 어
떠한 것이든 간에, 경험에 토대를 둔 교육적인 계획과 매우 밀접하게

관련을 맺고 있어서 우리가 주목하지 않을 수가 없다.

첫째로 과학의 실험적인 방법은 다른 어떠한 방법들보다도 아이디어를 아이디어로서 존중하고 중시한다. 과학적인 활동을 수행함에 있어서 어떠한 주도적인 아이디어를 따르지 않는다면, 과학적인 의미에서의 실험과 같은 것은 존재할 수가 없다. 아이디어가 최종적인 진리가 아니라 가설(假說)로서 사용되기 때문에, 다른 어떤 영역보다도 과학에서는 아이디어를 좀 더 철저히 보호하고 검증해야 한다. 아이디어가 그 자체로 제일의 진리처럼 간주되는 순간, 그것을 조심스럽게 검토해야 할 이유는 모두 사라지고 만다. 아이디어가 고정된 진리로 간주될 때, 우리가 할 수 있는 일이라고는 그것을 수용하는 것뿐이다. 이것 이외에 우리가 할 수 있는 일은 더 이상 없다. 그러나 아이디어를 가설로 받아들일 때, 우리는 그것을 부단히 검증하고 수정해야만 하며, 그렇게 하기 위하여 필요한 만큼 가설을 정확하게 형성해야만 한다.

둘째로 아이디어나 가설은 그것에 따라서 행동을 취했을 때 생겨나는 결과에 의하여 검증된다. 이러한 사실은 행동을 취했을 때 어떠한 결과가 생겨나는지를 주도면밀하면서도 분별력 있게 관찰해야만 한다는 것을 뜻한다. 행동의 결과로 어떠한 사태가 초래되는지를 관찰을 통하여 점검하지 않을 때, 그 행동이 일시적으로는 즐거운 것일 수도 있다. 그러나 그러한 행동은 지적으로는 우리를 어떠한 곳으로도 인도하지 못한다. 관찰을 통하여 점검되지 않은 행동은 그러한 행동이 발생하는 상황에 대하여 어떠한 지식도 제공하지 않으며, 아이디어들을 명료화하고 확장하는 데에 기여하지도 못한다.

셋째로 실험적인 방법에서 명백히 드러나는 지적인 방법은 아이디어의 형성과 이에 따른 행동, 그리고 관찰된 결과라는 사태의 추이를 놓치지 않고 뒤쫓을 것을 요구한다. 사태의 진전 과정을 뒤쫓는다는 것은 현재 전개되고 있는 경험의 중요한 특징을 식별하고 기록하면서 사태의 추이를 반성적으로 검토하고 요약하는 것을 뜻한다. 반성한다는 것은 지금까지 행해 온 것을 되돌아보면서 이후의 경험을 지적으로 다루는 데에 필요한 자원이라 할 수 있는 순수한 의미를 도출해 내는 것을 말한다. 이것이 바로 교과의 내용을 지적으로 조직하는 일의 핵심이며, 도야된 마음이 지니고 있는 정수(精髓)이다.

지금까지 나는 불가피하게 일반적인 언어로 논의를 전개해 왔으며, 그렇지 않은 경우에도 대개 추상적인 언어에 의존해서 논의를 전개해 왔다. 그러나 논의의 취지는 분명하다. 경험이 교육적인 것이 되려면, 그것은 어느 한 수준에서 정체되기보다는 끊임없이 확장되는 교과 내용의 세계, 즉 사실이나 정보나 아이디어로 구성되는 교과의 내용을 향하여 점진적으로 발전해 나갈 수 있어야만 한다. 나의 논의는 바로 이 원리와 유기적으로 관련을 맺고 있다. 경험이 확장된 교과의 내용으로 발전할 수 있어야 한다는 조건은 교사들이 가르치고 배우는 일을 경험의 계속적인 재구성 과정으로 보는 경우에만 충족될 수 있다. 달리 말하면, 이러한 조건은 교사들이 장기적인 전망을 지니고 있으며, 현재의 모든 경험을 이후의 경험이 취하게 될 면모에 영향을 미치는 역동적인 요인으로 간주하는 경우에만 충족될 수 있다. 나는 내가 강조해 온 과학적인 방법의 정체와 관련하여 다소간 오해의 소지가 있을 수 있다는 점을 잘 알고 있다. 그것은 전문가가 실험실에

서 연구를 수행할 때 구사하는 특수한 기법을 의미하는 것으로 오해
될 수 있다. 그러나 내가 강조하고 있는 과학적인 방법은 전문적인 기
법과는 거의 아무런 관계도 없다. 내가 과학적인 방법을 강조한 이유
는 그것이야말로, 우리의 매일매일의 경험이 우리가 살고 있는 세계
에 대해 어떠한 의의를 지니는지를 알기 위해 우리가 사용할 수 있는
단 하나의 믿을 만한 방법이기 때문이다. 과학적인 방법은 경험을 우
리 앞에 놓여있는 미래를 향해 뻗어나가게 하고, 바깥으로는 다른 것
들을 향해 나아가도록 하는 방법과 조건들이 어떤 것이라야 하는지를
보여주는 살아있는 모범적 사례이다. 이 점에서 과학적인 방법의 중
요성은 다시 한번 강조될 필요가 있다. 성숙의 정도가 동일하지 않고
다양한 개인들에게 적합하도록 과학적인 방법을 조절하는 일은 교사
가 해결해야 하는 문제가 된다. 그리고 여기에는 아이디어를 형성하
고, 아이디어에 따라 행동하며, 그 결과를 관찰하고, 나중에 사용될
수 있도록 사실들과 아이디어들을 조직하는 일 등이 문제를 구성하는
항구적인 요소들로 들어 있다. 6살 된 아이가 행하는 아이디어의 형성
이나, 활동의 수행, 관찰의 실시, 조직하기 등은, 성인 과학자들은 말
할 것도 없고, 12살이나 18살 된 아이나 청소년이 행하는 것과도 결코
같지가 않다. 그러나 경험이 교육적인 결과를 낳는 것이라면, 어느 수
준이든지 간에, 거기에는 경험이 확장되면서 발전하는 일이 벌어진다.
결국 경험의 수준이야 어떻든지 간에, 우리는 경험이 제공하는 패턴
에 맞도록 활동하든지, 아니면 살아서 움직이는 경험을 발전시키고
통제하는 데에 있어서 지력이 차지하는 위치를 무시하든지, 이 두 가
지 가운데 하나를 선택해야만 한다.

8장

교육의 수단이자 목적인 경험

지금까지 전개한 논의를 통해 나는 '학생 개인을 위한 것이든 사회를 위한 것이든, 교육이 그 목적을 실현하려면, 경험에 토대를 두어야만 한다'는 원리를 올바른 것으로 당연시해왔다. 물론 이때의 경험은 언제나 특정한 개인이 실지로 생생하게 지니고 있는 살아있는 경험을 말한다. 나는 이러한 원리를 (올바른 것으로 당연시하기는 하지만, 그렇다고 해서 모두가) 수용해야 한다고 주장하지도 않았고, 그 원리를 정당화하기 위하여 노력하지도 않았다. 교육에 있어서 급진주의자들뿐만 아니라 보수주의자들도, 현재의 교육적인 상황은 전체적으로 보면, 상당히 불만스러운 것이라고 생각하고 있다. 두 학파가 교육 사상을 달리하기는 하지만, 양쪽 진영의 주도적인 인물들은 최소한 다음과 같은 점에 있어서는 의견의 일치를 보고 있다. 즉, 교육 체제는 과학 이전 시대의 지적이거나 도덕적인 기준으로 후퇴하든지, 성장의 가능성을 실현하거나 경험을 확장하는 데 있어 과학적인 방법을 좀 더 활용하는 쪽으로 나아가든지, 아무튼 어느 한쪽으로는 옮겨가야만 한다

는 것이다. 나는 단지 교육이 후자를 진로로 택한다고 할 때, 어떤 조
건들을 충족시켜야 하는지를 보여주려고 노력했을 뿐이다.

　　나는 교육을 일상적인 경험에 내재해 있는 가능성을 지적으로 지
도하여 개발하는 일이라고 간주할 경우, 교육이 지닐 수 있는 잠재력
을 확신하고 있다. 그렇기 때문에 여기서 다른 노선을 비판할 필요도
없고, 경험이라는 노선의 선택을 지지하는 논의를 개진할 필요도 없
다고 생각한다. 물론 경험과 실험적 방법이 의미하는 바를 적절히 이
해하지 못할 우려를 완전히 배제할 수는 없다. 그리고 내가 생각하기
에는, 만약 우리가 경험이라는 노선 대신 다른 것을 선택한다면, 그러
한 선택을 초래한 유일한 근거로 예상해 볼 수 있는 것이 바로 경험과
실험적 방법의 의미에 대한 오해이다. 지적인 발달과 지도가 이루어
지는가를 검증받아야 하는 '경험을 통한 훈육'보다도 더 엄격한 훈육
은 이 세상에 존재하지 않는다. 따라서 비록 일시적인 것이라고 하더
라도, 새로운 교육의 표준과 목적과 방법에 반대하는 반발이 생겨난
다고 할 때, 왜 그러한 반발이 생겨나는가와 관련하여 내가 유일하게
찾을 수 있는 이유가 있다면, 그것은 교사들이 표면상으로는 새교육
의 표준, 목적, 방법 등을 채택했다고 하면서도 실제로는 이에 충실하
지 못하기 때문이다. 내가 여러 차례 강조해 왔듯이, 새로운 교육에
이르는 길은 전통적인 낡은 교육에 이르는 길보다 걷기가 용이하기는
커녕, 오히려 더 힘들고 어려운 길이다. 이러한 형편은 새교육이 본격
적인 궤도에 오르기까지는 해소되지 않을 것이며, 새교육이 궤도에
오르려면 그것을 지지하는 사람들이 수년에 걸쳐서 진지한 협동 작업
을 수행할 필요가 있다. 내가 보기에, 새교육의 앞날에 도사리고 있는

가장 커다란 위험은 새교육이야말로 실천하기가 쉽다는 잘못된 통념
(通念)에서 비롯된다. 새교육을 실천하기가 쉽다고 보기 때문에, 비록
즉흥적인 방식은 아니라고 하더라도, 거의 날마다, 또는 매주마다 사
전 준비가 없이도 즉석에서 새교육을 수행할 수 있다는 그릇된 생각
이 따라 나오고 있다. 이러한 이유 때문에 나는 새교육의 원리를 칭송
하는 대신에 새교육이 당연히 이루어야 할 성공적인 발전을 실제로
이루려면, 어떠한 조건들이 반드시 충족되어야 하는지를 보여주는 데
에 논의의 초점을 맞춰온 것이다.

　　나는 앞에서 진보적인 교육이라는 말과 새교육이라는 말을 자주
사용해 왔다. 그러나 이 논의를 끝맺기 이전에 나는 근본적인 문제가
새로운 교육과 낡은 교육, 진보적인 교육과 전통적인 교육이 대립된
다는 데에 있는 것이 아니라, '어떠한 것이든지 간에 그것에 교육이라
는 이름을 붙일 가치가 있으려면, 그것은 어떠한 면모를 지니고 있어
야 하는가'를 밝히는 데에 있다는 나의 확고한 신념을 분명히 하고 싶
다. 내가 바라고 있고, 또 실제로도 그렇게 하고 있다고 믿는 바이기
는 하지만, 나는 어떠한 목적, 어떠한 방법이든지 간에, 단순히 그것
에 진보적이라는 이름을 붙일 수 있다고 해서, 그러한 것들을 무조건
지지하지는 않는다. 근본적인 문제는 '그 앞에 어떤 형용사나 수식어
도 붙지 않는 교육의 고유한 특성이 무엇인가' 하는 점이다. 우리가
소망하고 있고, 또 필요로 하는 것은 순수하고도 꾸밈이 없는 교육이
다. 교육이 명목상으로만 존재하는 하나의 구호에 그치지 않으려면,
다른 것이 아니라 바로 교육이란 무엇이며, 그러한 교육이 실제로 구
현되려면 어떠한 조건들이 충족되어야 하는지를 밝히는 데 우리가 전

념할 수 있어야 한다.[28] 이럴 경우에 우리는 좀 더 확실하고 신속하게 교육의 고유한 특성을 이해하는 데 진전을 이룰 수 있을 것이다. 내가 경험에 대한 올바른 철학이 필요하다고 강조해 온 것도 바로 이러한 이유 때문이다.

---

28 듀이의 이 주장은 교육학자들의 본래적인 소임과 관련하여 깊이 음미할 만한 가치가 있다. 교육 현장의 현실적인 문제들을 개선하는 일이 중요하다는 점을 인정한다고 하더라도, 교육학자가 일차적으로 전념할 필요가 있는 주제는 '교육이란 무엇인가'라는 근본적인 질문이다. 교육의 본질을 이해하는 일은 소홀히 한 채로 교육현장을 개선하는 일에 나서는 것은 교육학자의 올바른 태도가 아니다. 설사 교육학자가 교육 현장을 개선하는 일에 참여한다고 하더라도, 그는 그 이전에 교육이란 무엇인가에 대한 자기 나름의 이론을 구축하고 있어야 하며, 그럴 경우에만 교육 현장에 대한 그의 참여도 정당한 것이 될 수 있다. 교육학자가 무슨 일을 해야하는가에 대한 듀이의 이러한 생각에 비추어 보면, 교육학자들이 그들의 소임을 충실히 수행하고 있다고 말하기는 정말이지 어렵다.

02
아동과 교육과정

이론상의 심대한 차이는 결코 아무런 이유도 없이 생겨나는 것이 아니며, 인위적으로 만들 수 있는 것도 아니다. 어떠한 문제를 둘러싸고 있는 요소들이 서로 충돌하며 갈등을 빚고 있을 때, 그 문제는 진정한 문제가 된다. 이론상의 심대한 차이란 바로 이러한 진정한 문제 속에서 관련된 요소들이 충돌하는 경우에 생겨난다. 그렇기 때문에 어떠한 문제가 중대한 문제라면, 그것은 그 문제와 관련된 조건들이면서도 서로 충돌하고 모순되는 것들을 한동안 수반하기 마련이다. 해결책은 이미 고정되어 있는 용어의 의미에서 벗어나고, 이전의 것과는 다른 관점에서 모순되는 조건들을 새롭게 조망할 수 있어야만 비로소 출현한다. 그러나 이러한 재구성은 험난한 사유의 과정을 통하지 않으면 안 된다. 이미 형성되어 있는 관념들을 포기한다거나 이미 배워 익힌 사실들을 버리고 사고한다는 것은 결코 쉬운 일이 아니다. 그렇게 하기 보다는 공격에 대항하여 기존의 관념들이나 사실들을 지지할 수 있는 무엇인가를 찾으면서 그러한 관념들이나 사실들을 고수하는 것이 더 손쉬운 일이다.

이러한 과정에서 의견을 달리하는 학파나 분파가 생겨난다. 각각의 학파는 자신들에게 흥미가 있는 조건들에 주목하고, 그것들이 문제를 형성하는 요소로서 조정을 필요로 하는 것임에도 불구하고, 마치 완결되고 독립된 진리인 것처럼 취급한다.

교육적인 과정을 형성하는 근본적인 요소들은 무엇인가? 그것은 '아직 충분히 발달하지 못하고 미성숙한 상태에 있는 존재', 그리고 '성인의 성숙한 경험 속에 구현되어 있는 특정한 사회적 목표나 의미, 또는 가치' 등이다. 교육적인 과정이란 이러한 요소들이 적절하게 상호작용하는 과정이다. (그리고 교육적인 과정을 탐구의 대상으로 삼아) 각각의 요소들이 다른 요소들과의 관계 속에서 가장 완벽하고도 자유롭게 상호작용하는 모습을 (포착하여) 개념화하는 것, 이것이 바로 교육이론이 갖추어야 할 본질적인 내용이다.

그러나 (논의의 출발점에 해당하는) 바로 이 대목부터 상당한 정도로 깊이 있는 사고를 하지 않으면 안 된다. (교육이론을 구성하려면) 각각의 조건들이나 요소들이 조화를 이루어 형성하는 좀 더 상위의 실재(實在)로서 교육의 전체적인 면모를 발견하려고 애써야 한다. 그러나 그렇게 한다는 것이 결코 쉽지가 않다. 그래서 조건들이 서로 분리되어 있다고 가정하고 하나의 조건만을 강조하면서 다른 조건들을 무시하거나, 특정한 조건을 다른 조건들과는 조화되기 어려운 적대적인 것으로 취급하면서 배제하는 손쉬운 해결책을 택하는 경우가 많다. 아동의 본성 속에서 무엇인가를 포착하거나, 아니면 성인의 발달된 의식 속에 들어 있는 무엇인가에 주목한 뒤, 다른 것들은 무시하고 이것

만이 모든 문제를 해결하는 열쇠라고 주장하기 쉬운 것이다. 이러한
일이 발생할 경우, (요소들 간의) 상호작용이라고 하는 진정으로 심각한
실제적 문제가 실지로는 존재하지도 않으며, 따라서 해결책을 찾기도
어려운 이론적인 문제에 불과한 것으로 변질되고 만다. 그럴 경우에
우리는 교육적인 현상을 하나의 전체로서 착실하게 조망하지 못하고,
갈등하는 대립항(對立項)들에 직면하게 될 뿐이다. 아동과 교육과정,
개인적인 본성과 사회적인 문화라는 대립항들 속에서 우리는 그러한
사례를 볼 수 있다. 아래에서 제시되는 것과 같은 다양한 교육학적인
견해의 차이 속에도 이러한 대립이 도사리고 있다.

　　아동은 그들이 개인적으로 접촉할 수 있는 세계에 살고 있으며,
이 세계는 성인의 세계에 비하면 여지없이 협소하기 마련이다. 아동
자신의 복지나, 그의 가족 또는 친구들의 복지와 밀접하고도 명백한
형태로 관련을 맺지 못하는 사물들은 아동의 경험 속으로 거의 들어
올 수가 없다. 아동의 세계는 사실들과 법칙들로 구성되는 것이 아니
라, 아동이 개인적으로 흥미와 관심을 지니고 있는 사람들로 구성된
다. 그러한 세계는 외부의 사실과 일치한다는 그런 의미에서의 진리
가 아니라29, 사람들 사이의 애정과 공감을 바탕으로 삼고 있다. 아동
의 세계가 지니는 이러한 특징에 어긋나는 것인 이상, 학교에서 아동

---

29 여기서 언급되는 진리관은 인식과 그 인식이 설명하려는 대상 세계가 서로 일치한
　다는 대응설(對應說)이다. 대응설은 전통 철학의 기본적인 진리관에 해당한다. 그러
　나 듀이의 프래그머티즘은 그러한 대응설을 그릇된 것으로 보고, 지식의 가치를
　그것이 '다른 지식을 낳는 데에 도구로서 기여할 수 있다'는 점에서 찾는다. 이것이
　프래그머티즘의 진리관이다. 이는 '지식은 실생활에 유용하게 활용될 수 있어야만
　가치를 지닌다'는 실용주의의 진리관과는 구분된다.

이 만나게 되는 배움의 과정은 시간상으로는 아동의 현재적 경험을 넘어서 과거로 무한히 뻗어가고, 공간적으로는 아동의 세계를 넘어 외부로 끝없이 확장되는 자료들로 채워지기 마련이다. 아동은 그의 친숙한 물리적 환경에서 벗어날 수 없는 존재이다. 그는 겨우 1제곱 마일 넓이의 지역이 어떤 것인지도 상상할 수 없고, 자기가 살고 있는 마을보다 좀 더 넓은 세계가 어떤 것인지도 제대로 파악할 수 없다. 하물며 그런 아동이 태양계라는 세계를 접하고 이를 이해한다는 것은 거의 불가능에 가깝다. 그럼에도 불구하고, 아동이 짧은 생애를 살아 오면서 습득한 것, 즉 사회가 전통이라는 형태로 아동에게 전해준 것, 그리고 아동이 개인적으로 갖게 된 기억 같은 것 위에 엄청난 세기에 걸쳐 인류가 이룩한 역사적 성취에 해당하는 것을 쌓아 올리도록 요 구하고 있는 것이 현실이다.

다시 한번 말하지만, 아동의 삶은 통합적이고도 전체적이다. (학 교에서) 아동은 하나의 지점에서 다른 지점으로 발걸음을 옮기듯이, (교사의 손에 이끌려) 아무렇지도 않게 하나의 주제에서 다른 주제로 순 식간에 나아간다. 그러나 그 주제들이 아동의 세계와 동떨어진 것이 다 보니, 아동은 이전과는 다른 세계로 옮겨 가지도 못하고, (그러한 이 행의 과정에서 이전과는 다른 사람으로) 변모하지도 못한다. 아동의 삶에는 의식적인 개념적 분리나 구분이 존재하지 않는다. 그를 사로잡고 있 는 것은 아동의 삶에 수반되는 개인적이거나 사회적인 관심의 통합성 에 의하여 미분화된 전체로 결합되어 있다. 아동의 마음속에 가장 먼 저 떠오르는 것이 바로 그의 자아를 형성하며, 상당 기간 그의 전체 세계를 형성한다. 그러한 세계는 유동적이며 변화무쌍하다. 아동의 세계를 형성하는 내용은 놀랄 만큼 신속히 해체되기도 하고 다시 형성 되기도 한다. 그러나 어찌 되었든, 그러한 것이 바로 아동 자신의 세 계이며, 아동의 삶에 통합성과 완결성을 부여한다. 아동이 학교에 다 니면서 배우게 되는 다양한 교과들로 인하여 아동의 미분화된 전체로 서의 세계가 분할되고 잘게 쪼개진다. 지리는 하나의 특정한 관점에 서 일단의 사실들을 선정하고 추상화하며 분석한다. 산수 역시 또 하 나의 칸막이를 만들며, 문법도 다른 것과는 구분되는 하나의 과목을 형성한다. 이러한 구분은 거의 무한히 이루어진다.

　더욱이 학교에서는 다양한 교과목들에 대한 분류가 행해진다. 사 실들은 그것들이 경험 속에서 원래 차지하고 있던 위치로부터 강제로 뜯겨져 나와 어떠한 일반적인 원리에 맞도록 재배열된다. 분류란 아 동의 경험 속에서는 일어나지 않는 사건이다. 사물들이 각기 별개의 것으로 분리된 채로 아동의 경험 속에 들어오는 법은 없다. 애정이라 는 생생한 매듭과 활동이라는 연결 고리가 아동의 다양한 개인적 경 험을 하나로 묶어준다. 성인의 마음은 논리적으로 조직된 사실들이라 는 관념에 상당히 친숙하다. 그렇기 때문에 성인은 직접적으로 경험 되는 (아동기의) 구체적인 사실들이 (성인에게 익숙한) 추상적인 과목이 나 교과로 변모되려면, 얼마나 많은 분리와 재조직의 과정을 거쳐야 만 하는지를 깨닫지 못한다. 아니 정확히 말하면, 깨달을 수조차 없 다. 지적인 전문가들이 보기에 원리는 상호 구분되는 것이고, 또 그러 한 구분이 가능하도록 규정되어야만 하며, 사실들은 그 자체로가 아 니라 이러한 원리들에 비추어 해석되어야만 한다. 사실들은 완전히 추상적이고 이상적인 새로운 중심을 축으로 재조직되어야만 하는 것이다. 이러한 일이 벌어진다는 것은 특수한 지적 관심이 발달한다는 것을 의미한다. 그것은 자기 자신의 경험 속에서 그것들이 차지하던 위치나 의미와는 무관하게, 사실들을 공평하고 객관적으로 바라볼 수 있는 능력이 발달한다는 뜻이다. 또한 그것은 분석하고 종합할 수 있는 역량이 성장한다는 의미이다. 더 나아가 그것은 고도로 성숙한 지적 습관이 형성되고, 과학적 탐구의 구체적인 기법과 장치를 구사하는 능력이 신장됨을 의미한다. 한마디로 말하면, 분류된 교과목은 아동의 경험이 아니라, 오랫동안의 과학적 탐구의 산물에 해당한다.

아동과 교육과정 사이에 존재하는 이러한 명백한 간극과 차이는 거의 무한대로 넓어질 수도 있다. 그러나 여기서 우리가 살펴본 것만으로도 아동과 교육과정 사이에 존재하는 근본적인 차이가 무엇인지는 충분히 알 수 있다. 첫째로 아동의 세계는 협소하고 개인적인 반면에 교과목의 세계는 개인을 넘어서는 것(impersonal)이며, 시간적으로나 공간적으로 무한히 확장된다. 둘째로 아동의 삶은 통일적인 것이며 하나로 집중되는 데에 반해서 교육과정은 전문화되어 있고 다양한 교과목들로 구분되어 있다. 셋째로 아동의 삶은 실제적이고 정서적인 유대로 묶여 있는 반면에 교육과정은 논리적인 분류와 조직이라는 추상적인 원리에 따르고 있다.

이러한 갈등의 요소들로 인하여 교육과 관련된 다양한 분파들이 생겨난다. 한쪽 진영은 아동 자신의 경험 내용과는 대조되는 것으로서 교육과정상의 교과 내용이 지니는 중요성에 초점을 맞춘다. 그들은 마치 다음과 같이 호소하는 듯하다. 삶이 사소하고 왜소하며 조잡한 것이라면, 다양한 교과를 통해서 충만하고 복잡한 의미들로 구성

된 위대하고 더 넓은 세계를 접해야 하지 않는가? 아동의 삶이 이기적
이고 자기중심적이며 충동적인 것이라면, 교과를 통해서 진리와 법칙
과 규칙들로 이루어진 객관적인 세계를 배워야 하지 않는가? 아동의
경험이 순간순간의 변덕과 상황에 좌우되는 혼란스럽고 불명료하며
불확실한 것이라면, 교과를 통하여 항구적이고 일반적인 진리를 토대
로 조직된 세계, 모든 것이 측정될 수 있고, 정의될 수 있는 세계로
발을 들여놓아야 하지 않겠는가? 이로부터 아동의 개인적인 특수성이
나 변덕스러움, 그리고 경험 등은 무시하고 최소화하라는 교훈이 도
출된다. 우리는 그러한 것들로부터 벗어날 필요가 있다. 아동의 경험
등이 부각되지 못하도록 함은 물론이고, 이를 배제해야 한다. 교사로
서 우리의 과업은 이러한 피상적이고 우연적인 사태들을 안정되고 질
서 정연한 실재들로 대치하는 일 바로 그것이다. 그리고 이러한 일은
학과 공부나 교과목 수업을 통하여 이루어진다.

　　각각의 주제를 교과목들로 나누고, 각 교과목을 과(課)들로 세분
하며, 다시 각각의 과들을 특정한 사실들이나 공식들로 쪼갠다. 그리
고 아이들이 이처럼 분리된 세부적 항목들 하나하나를 숙달하면서 단
계적으로 나아가도록 함으로써 종국에는 전체를 이해하게 만든다. 전
체적으로 보면 멀게만 느껴지는 길이지만, 이것이야말로 한 걸음 한
걸음 내디디면서 쉽게 나아갈 수 있는 길이다. 따라서 교과 내용의 논
리적인 구분과 관련이 강조되어야 한다. 교과의 전체 내용을 구성하
는 부분들을 논리적으로 연결하고, 동시에 계열성(系列性)을 갖도록 만
든다. 그리고 교과서에 그렇게 체계화된 내용을 담아 제공함으로써
교실에서도 명확하고 점진적인 방식으로 내용의 제시가 이루어지도록

한다. 이것이 바로 수업이 해결해야 하는 문제이다. 교과의 내용이 목적을 제공하며, 동시에 방법을 결정한다. 아동은 성숙되어야 하는 미숙한 존재일 뿐이다. 아동은 깊이가 더해져야 하는 피상적인 존재이다. 그가 지니고 있는 것은 폭이 더 넓어질 필요가 있는 협소한 경험이다. 무엇인가를 받아들이고 수용해야 하는 것은 아동의 경험이다. 아동의 경험에 그러한 일이 일어나려면, 아동은 유순하고 고분고분해야 한다.

이러한 주장에 대해 다른 진영에서는 그렇지 않다고 반박한다. 아동이 출발점이고 중심이며 도달점이다. 아동의 발달과 성장을 이상으로 삼아야 한다. 이것만이 표준을 제공한다. 모든 교과목은 아동의 성장에 공헌해야 한다. 교과목들은 성장에 필요한 것들을 제공하는 것만큼 가치를 인정받을 수 있는 도구들이다. 성격이나 인격이 교과의 내용보다 중요하다. 지식이나 정보가 아니라 자아의 실현을 목적으로 삼아야 한다. 모든 영역의 지식을 얻었으나 자기 자신의 자아를 잃어버리는 것은, 종교에서 그러한 것처럼, 교육의 경우에도 끔찍한 운명이다. 더욱이 교과의 내용은 외부에서 아동에게 주어질 수 있는 것이 절대 아니다. 배운다는 것은 능동적인 활동이다. 그것은 마음의 바깥으로 나아가는 일을 수반한다. 그것은 내부로부터 생겨나는 유기적인 동화(同化)의 작용을 수반한다. 말 그대로 우리는 아동의 입장을 취해야만 하며, 아동의 입장에서 출발해야만 한다. 배움의 질과 양을 결정하는 것은 교과의 내용이 아니라 아동 자신이다.

의미 있는 방법이 있다면, 그것은 마음이 밖으로 나아가면서 외부의 것을 동화하는 방식에 따르는 방법뿐이다. 교과의 내용은 단지 정신적인 양식이나 자양분이 될 가능성이 있는 자료에 불과하다. (비유를 들어 말하면) 음식물이 스스로를 소화시킬 수 없으며, 저절로 뼈나 근육이나 피가 될 수 없는 것과 마찬가지이다. 학교에서 무기력하고 기계적이며 형식적인 공부가 이루어지고 있는 것은 예외 없이 아동의 삶과 경험이 교육과정에 종속되고 있다는 데에서 그 원인을 찾을 수 있다. 교과목이 지루한 것의 대명사가 되고, 교과를 구성하는 과(課)들이 과제와 동일시되는 것도 여기에 그 원인이 있다.

이러한 두 진영의 근본적인 견해 차이로 인하여 생겨나는 아동과 교육과정 사이의 근본적인 대립은 다른 용어들을 통해서도 동일하게 재연될 수 있다. 훈육은 교육과정을 중시하는 사람들의 슬로건이다. 반면에 흥미는 아동을 그들의 기치로 공공연하게 내세우고 있는 사람들의 슬로건이다. 전자의 관점은 논리적인 것이며, 후자의 관점은 심리적인 것이다. 전자는 교사가 아동에게 적절한 훈련과 학구적인 공부를 시킬 필요가 있다고 강조한다. 반면 후자는 교사가 아동을 공감적으로 이해하고 아동의 자연적인 본능에 대한 지식을 지닐 필요가 있다고 강조한다. 지도와 통제가 한쪽 진영이 내세우는 표어라면, 자유와 주도성은 다른 쪽 진영이 내세우는 표어이다. 한쪽에서는 법규를 주장하는 데에 반해 다른 쪽에서는 자발성을 강조한다. 전통적인 것, 오랜 세월 온갖 노고를 통해 이룩해 온 바를 보존하는 것 등이 한쪽 진영에게는 소중한 일이다. 반면 새로운 것, 변화와 진보 등이 다른 쪽 진영에게는 호감의 대상이다. (이처럼 서로 대립하다 보니) 상대방이야말로 무기력한 것, 판에 박힌 것, 혼돈, 무정부 상태 등을 초래하고 있다는 비난을 주고받게 된다. 경의를 표해야 하는 신성한 권위를 상대방이 무시하고 있다고 한쪽 진영에서 고발한다. 그러면 다른 쪽 진영은 오히려 상대방이야말로 압제적인 전제(專制)를 통하여 개성을 억누르고 있다고 반격한다.

이러한 대립이 논리적으로 어떠한 귀결에 이르게 될지가 명확히 드러날 정도로 (두 진영의 이론적인 논쟁이) 끝까지 진행된 경우는 거의 없다. 우리는 두 진영의 대립이 가져올 극단적인 성격을 지닌 결과 앞에서 늘 뒷걸음치며 상식적인 판단을 내려왔다. 대립이 가져올 수 있는 논리적인 귀결은 이론가들에게 맡긴 채, 일관성이 없는 타협 속에서 왔다 갔다 하면서 상식적으로 판단하는 데 만족해온 것이다. (앞으로는) 이론과 실제적인 상식이 좀 더 밀접히 관련을 맺도록 할 필요가 있다는 점을 분명히 하면서 우리의 원래 주제로 되돌아가 보자. 교육적인 과정은 상호작용과 조절이 이루어지는 과정이다. 이러한 교육적인 과정이 이루어지려면, 반드시 상호 관련을 맺어야만 하는 조건들이 있다. 우리는 지금 그러한 조건들을 회피하지 않고 정면으로 다루고 있다.

도대체 무엇이 문제인가? 그것은 '아동의 경험'과 '교육과정을 구성하는 다양한 교과의 형식들' 사이에는 단순한 정도의 차이가 아니라 종류의 차이가 존재하며, 이로 인하여 그들 사이에는 질적인 간극이 가로 놓여있다고 보는 편견을 제거하는 일이다. 이는 아동의 편에서 생각하면, 형식화된 공부를 통하여 접하게 되는 것과 동일한 종류의 사실들과 진리들이 아동의 경험 속에도 이미 요소로서 포함되어 있는지를 확인하는 문제가 된다. 그 가운데서도 좀 더 중요한 것은 학교에서 다루는 교과의 수준까지 아동의 경험을 발달시키고 조직하는 데 필요한 태도와 동기와 흥미가 아동의 경험 속에도 포함되어 있는지 확인하는 문제이다. 교과목을 기준으로 생각하면, 아동의 삶 속에서 작동하고 있는 힘들이 성장한 결과로 교과목들이 탄생한다고 해석할 수 있는가 하는 문제, 그리고 아동의 현재 경험과 그 경험이 좀 더 풍성하게 성장한 상태(인 교과목의 내용) 사이에 개재하는 단계들은 무엇인지를 찾는 문제가 된다.

교과를 이미 완성되어 고정된 형태로 아동의 경험 밖에 존재한다고 보는 생각을 버려야 한다. 또한 아동의 경험을 이미 확정된 것으로 보는 생각을 버리고, 이를 유동적이고 맹아적(萌芽的)이며 생기가 넘치는 것으로 보아야 한다. 그럴 경우에 우리는 아동과 교육과정이 동일한 연장선상에 존재하는 두 개의 극점에 불과하다는 사실을 깨달을 수 있다. 두 점이 하나의 직선을 형성하는 것과 마찬가지로, 아동의 현재 관점과 교과목이 다루는 사실 및 진리가 수업의 활동을 구성한다. 그것은 아동의 현재 경험에서부터 시작하여 우리가 교과목이라 부르는 조직화된 진리의 체계가 대표하는 경험을 향하여 나아가는 계속적인 재구성의 과정이다.30

조금만 생각해 보아도 알 수 있는 것처럼, 산수, 지리, 언어, 식물 등과 같은 다양한 교과들 역시도 그것 자체가 경험에 해당한다. 물론 그것은 개인의 경험이 아니라, 인류가 여러 세대에 걸쳐 축적해 온 경

---

30 이것이 『경험과 교육』에서 듀이가 '교과 내용의 진보적 조직'이라는 이름으로 다루고 있는 문제이며, 동시에 듀이 교육이론의 가장 핵심적인 내용이기도 하다. 「아동과 교육과정(1902)」이라는 이 논문과 『경험과 교육(1938)』 사이에는 36년이라는 시간적 간격이 존재함에도 불구하고, 이 문제는 듀이의 교육학적 사유에 있어서 일관되게 유지되고 있는 중요한 질문이다.

험이다. 다양한 교과들은 여러 세대에 걸친 인류의 노력과 추구와 성공의 결과로 축적된 경험을 담고 있다. 그것들은 경험의 단순한 누적이 아니며, 단편적인 경험들을 잡다하게 쌓아 놓은 것도 아니다. 교과들은 경험을 반성적으로 사유하면서 서로 구분되는 형식들로 세분하고, 그 각각을 체계적으로 조직해 놓은 것이다.

여기서 아동의 현재 경험 속으로 들어오는 사실들과 진리들, 그리고 교과목의 내용으로 포함되는 사실들과 진리들은 각각 단일한 실재의 초기 국면과 최종 국면에 해당한다는 점을 알 수 있다. 따라서 아동의 경험과 교과목을 서로 대립된다고 보는 것은 한 사람이 자신의 삶을 통하여 성장하는 가운데 거치게 되는 유년기와 성년기가 서로 대립된다고 보는 것만큼이나 그릇된 생각이다. 그것은 동일한 과정을 형성하는 두 요소, 즉 과정적인 흐름을 가져오는 움직임과 그러한 흐름이 도달하게 되는 최종적인 결과가 서로 적대적이라고 간주하는 것만큼이나 어리석은 생각이다. 그것은 아동의 타고난 본성과 그러한 본성이 꽃피어 나아가게끔 예정되어 있는 방향이 서로 대립한다고 주장하는 것과도 같다.

만약 사정이 이러하다면, 아동과 교육과정을 관련짓는 문제는 다음과 같은 질문의 형식으로 구체화될 수 있다. 시작의 단계에서 결과에 해당하는 것을 생각해 보는 것, 즉 아동의 경험 속에 그 경험이 성장한 상태에 해당하는 교과의 요소들이 존재하는지를 조사하는 것이 교육적으로 무슨 소용이 있는가? 또 그러한 조사를 통하여 알게 된 것이 우리가 이후의 성장을 예견하면서 그러한 성장이 가능하도록 성장의 초기 단계를 다루는 데에 어떠한 도움을 줄 수 있는가? 우리가 이미 동의한 바 있듯이, 교과목이란 아동의 거칠고 낮은 수준의 즉각적인 경험 속에 들어 있는 것이 장차 발달하여 이르게 될 가능태(可能態)에 해당하는 것을 나타낸다. 그러나 이 말은 결국 교과가 현재의 즉각적인 삶의 일부는 아니라는 뜻이 된다. 그렇다면 왜 그러한 현재의 삶을 중시해야 하는가? 어떻게 하는 것이 현재의 삶을 중시하는 것인가?

이러한 질문을 제기하는 일 자체가 그 속에 이미 대답을 담고 있다. 결과를 예상한다는 것은 정상적이고 건전하게 성장이 이루어졌을 때, 현재 경험이 어떠한 방향을 향해 나아가게 될지를 이해한다는 뜻이다. 단순히 멀리 떨어져 있기만 한 것은 우리에게 별다른 의미를 지니지 못한다. 그렇지만 우리가 먼 지점을 내다볼 수 있다는 것은, 우리가 그것을 우리의 현재 경험이 움직여 나아가야 할 방향을 제시하는 것으로 받아들이는 순간, 대단히 중요한 것이 된다. 이러한 경우에 그것은 우리가 성취해야 하는 먼 미래의 어렴풋한 결과가 아니라, 우리를 그곳으로 인도하면서 우리가 그곳에 도달할 수 있도록 현재의 삶을 다루는 방법이 된다. 바꾸어 말하면, 성인의 마음을 형성하고 있는 체계적이고 명확한 경험은 우리가 직접적으로 대면하는 아동의 삶을 해석하고, 그것이 성인의 경험을 향해 나아가도록 지도하고 안내하는 데 도움이 되며 이 점에서 가치가 있다.

'해석'(解釋)과 '지도'(指導)라는 아이디어에 대해 잠시 생각해보자. 아동의 현재 경험은 결코 자명한 것이 아니며, 최종적인 것도 아니다. 그것은 다른 것을 향하여 이행하는 과정에 있다. 아동의 현재 경험은 그 자체로는 완성된 것이 아니며, 특정한 성장의 경향성을 보여주는 표지나 지표일 뿐이다. 따라서 시선의 초점을 아동이 지금 여기서 보

여주고 있는 것에만 맞추게 되면, 우리는 혼란에 빠지게 되고 방향감
각을 상실하게 된다. 우리는 그것이 무슨 의미를 지니는지 읽어낼 도
리가 없다. 아동을 지적으로나 도덕적으로 너무하다 싶을 만큼 평가
절하하는 것이나, 또 감상적일 만큼 지나치게 이상화하는 것은 모두
동일한 오류를 범하는 데에서 생겨난다. 양자는 성장의 단계나 운동
의 한 국면을 그것만 따로 떼어 내어 고정된 것으로 취급하는 오류를
범하고 있다. 아동을 평가 절하하는 첫 번째 오류는, 아동의 감정과
행동을 그것 자체만 놓고 판단하여 고집이 세고 반항적인 것으로만
볼 뿐, 그 속에 들어 있는 미래의 전망을 보지 못한다. 아동을 이상화
하는 두 번째 오류는 가장 만족스럽고 보기 좋은 아동의 정서나 행동
이라고 하더라도, 이는 하나의 징검다리에 불과할 뿐이라는 점을 간
과한다. 아동의 정서나 행동을 완성된 것으로 취급하는 순간, 그것은
훼손되고 부패하기 시작한다는 사실을 그들은 깨닫지 못한다.

현재 아동에게 두드러지게 나타나는 특성과 사라져 가는 특성,
그리고 아동이 보여주는 강점과 약점 등을 그것이 위치하고 있는 좀
더 커다란 성장의 과정에 비추어 해석하고 평가할 수 있도록 우리를
돕는 무엇인가가 필요하다. 이러한 방식을 통해서만 우리는 차이를
식별할 수 있다. 우리가 아동의 현재 성향이나 목적, 또는 경험을 그
것들이 위치하고 있는 맥락에서 분리시키거나, 경험의 발달 과정에서
그러한 것들이 수행하는 역할 등과는 무관하게 취급한다면, 모든 것
은 다른 것과 대동소이한 것이 된다. 즉, 이러한 것들 모두가 똑같이
좋은 것이거나 아니면 똑같이 나쁜 것이 되고 만다. 그러나 삶의 진행
과정에서 상이한 요소들은 각기 다른 가치들을 지니기 마련이다. 아

동의 행동들 가운데 어떠한 것들은 차츰 소멸되어 가고 있는 성향을 나타내기도 한다. 그러한 것들은 역할을 다해 버린 기관(器官)이 수행하던 기능의 유물로서 더 이상 활발하게 사용되지는 못하는 것들이다. 그러한 특질들에 적극적인 주의를 기울이는 것은 발달을 낮은 수준에 묶어두는 결과를 가져온다. 그것은 과거에 이루어졌던 성장의 흔적에 불과한 것을 체계적으로 옹호하는 일이 될 뿐이다. 반면에 어떤 활동들은 지금 절정에 달하고 있는 힘과 흥미의 표지에 해당하기도 한다. 그러한 것들에는 '쇠가 달구어졌을 때, 두드려야 한다'는 격언이 적용된다. 절정에 달한 힘이나 흥미 등과 관련해서는 '아마도 지금이 아니면 두 번 다시 기회는 없다'는 말이 성립될 것이다. 그러한 힘과 흥미를 선별하여 활용하고 강조하면, 그것들은 아동의 전체 생애에 있어 두 번 다시는 없을 전환점을 형성하게 될지도 모른다. 만약 그러한 힘과 흥미를 무시해 버리면, 기회는 사라지고 다시는 오지 않을 수도 있다. 반면 지금 현재 절정에 달한 힘이나 흥미와는 달리 어떤 활동들과 정서들은 예언적인 힘을 지니는 것일 수도 있다. 그러한 것들은 먼 미래에 가서야 활짝 빛을 발하게 될 무엇인가가 희미하게 빛나고 있는 여명(黎明)과도 같다. 이러한 활동들이나 정서들과 관련해서는 지금 당장 해야 될 일이 거의 없다. 그렇기는 하지만 분명한 방향이 출현할 미래를 기다리면서 (그때까지는) 이러한 활동들과 정서들이 앞으로 나아갈 수 있도록 충분한 기회를 제공해야 한다.

전체적으로 볼 때, 전통적인 교육은 미성숙한 아동과 성숙한 성인을 비교하는 것은 온당치 않다고 볼뿐만 아니라, 아동은 가급적 빨리 자신의 미성숙한 상태에서 벗어나야 한다고 생각한다. 따라서 전통적인 교육이 보기에 새교육은 아동의 현재의 힘과 흥미를 그 자체로 대단히 중요한 것으로 간주하는 위험에 빠질 우려가 있다. 그러나 이러한 생각이야말로 오히려 전통적인 교육의 취약점을 노출한다. 진실을 이야기하자면, 아동이 수행하는 배움의 활동과 아동이 이루는 성취는 유동적일 뿐만 아니라 대단히 가변적이다. 그러한 것들은 매일매일, 심지어 매순간마다 변하기 마련이다.

만약 아동에 관한 연구가 일반인들의 마음속에 특정한 연령의 아동은 현재의 상태를 훼손함이 없이 장려되어야 할 긍정적인 목적과 흥미를 이미 갖추고 있다는 인상을 심어준다면, 그것은 득보다는 실이 될 가능성이 크다. 사실 흥미란 가능한 경험에 대한 태도를 지칭할 뿐이며, 그것 자체가 우리가 성취해야 할 최종적인 목적일 수는 없다. 흥미는 그것이 최종적인 성취물이기 때문에 가치를 지니는 것이 아니라, 무엇인가에 도달하기 위한 수단을 제공하기 때문에 가치를 지닌다. 특정한 연령에서 발견되는 아동의 목적이나 흥미를 실체가 분명하고 그 자체로 만족스러운 것으로 받아들이면, 필연적으로 아동을 방종이나 버릇없는 상태에 빠뜨리는 결과를 낳는다. 아이의 것이 되었든, 성인의 것이 되었든 간에, 힘이나 능력을 현재 주어진 것만으로도 만족할 만한 수준이라고 생각하게 되면, 그것은 제멋대로 흘러가게 된다. 힘이나 능력은 우리가 좀 더 높은 수준으로 나아갈 수 있도록 필요한 추진력을 제공한다는 데에 진정한 의의가 있다. 그것은 우리가 사용해야 할 무엇인 것이다. 아동이 지니고 있는 현재의 흥미에 호소하기만 하는 것은 아동을 무의미하게 자극할 뿐이다. 즉, 아동이 분명히 성취해야 할 바를 향해 나아가도록 흥미를 지도하지도 않은 채, 단지 아동의 흥미를 계속적으로 자극하는 데에만 힘을 낭비하는 것이다. 이처럼 어딘가에 이르지도 못하는 활동에 착수토록 하고 이를 계속 수행하도록 만드는 것은, 모든 실제적인 목적을 고려한다고 하더라도, 올바른 조치일 수가 없다. 아동의 현재의 흥미에만 호소하는 것은 좀 더 완벽한 사고나 의지를 소유하고 있는 자의 흥미에 따르도록 아동의 주도성(主導性)을 계속적으로 억누르는 것만큼이나 좋지 않다. (비유를 들어 말하면) 이는 아동의 입맛을 계속적으로 자극하기는 하지만, 결코 먹지는 못하게 하는 것과도 같다. 아동은 정서적인 측면에서는 언제나 미각을 자극받지만, 음식물을 소화하고 이를 운동 에너지로 전환하는 가운데 생겨나는 유기체적인 만족은 결코 얻지 못하는 것이다.

이러한 점들을 감안할 때, 과학이나 역사, 또는 예술 등과 같은 교과들은 우리가 아동의 실제적인 면모에 접할 수 있도록 도움을 준다고 볼 수 있다. 그것들이 일종의 발아(發芽)된 씨앗이나 막 개화되기 시작한 봉오리에 해당하며, 언젠가는 과실을 맺게 될 것이라는 점을 제외하면, 우리는 아동이 지니고 있는 성향이나 그가 수행하는 활동의 의미가 무엇인지를 모르고 있다. 아동의 천성 가운데 눈으로 볼 수 있는 것 전부를 합친다고 하더라도, 그것은 너무나 미미한 것에 불과하다. 따라서 그것으로부터 아동의 본성이 지니는 의미와 관련된 문제를 푸는 데에 실마리가 될 만한 해답을 구하기는 어렵다. 그러나 다양한 교과들의 도움을 받으면 사정이 달라진다. 자신의 주의를 사로잡고 있는 어떤 우연적인 변화를 설명하려고 드는 아동의 단순한 욕구 속에 어떤 과학적 호기심과 지식의 씨앗이 숨어있는지를 우리는 자연과학을 통해 적절히 해석할 수 있다. 또한 무엇인가를 그리고 색칠을 하는 아동의 내부에 들어 있는 (예술적인) 충동이 가치가 있는 것인지를 우리는 라파엘이나 코로³¹의 예술에 힘입어 판단할 수도 있다.

　아동의 흥미나 충동을 해석하는 데에 교과의 내용을 활용할 수 있다는 점에 대해서는 지금까지 한 이야기만으로도 충분하다. 교과의 내용을 활용해서 아동의 흥미나 충동을 해석할 수 있다는 논리를 확장하면, 아동의 흥미와 충동을 지도하고 안내하는 데에도 교과의 내용을 활용할 수 있다는 점이 금방 드러난다. 아동과 관련된 사실, 즉 아동의 흥미나 충동을 해석한다는 것은 그것을 활발하게 운동하는 과정 속에서 이해한다는 의미이며, 성장과의 관련 속에서 파악한다는 뜻이다. 그러나 아동의 흥미나 충동을 정상적인 성장의 한 부분으로 본다는 것은 그것을 안내하는 데에 필요한 토대를 확보한다는 의미도 지니고 있다. 안내(guidance)는 외부에서 부과되는 것이 아니다. 안내는 삶이 최적의 성취를 이룰 수 있도록 삶의 과정을 자유롭게 하는 일이다. 아동의 현재 경험이 성숙한 경험으로부터 멀리 떨어져 있다는 이유를 들어 그것을 무시하는 경향이나, 아동의 천진난만한 가변적 특성과 활동을 감상적인 시각에서 이상화시키는 경향에 관해서 이야기했던 내용을, 여기서 다소 표현을 달리하는 가운데, 다시 거론할 수도 있다. 외부에서 아동에게 압력을 가하는 것과 아동을 무턱대고 풀어놓는 것 사이에 존재하는 다른 대안을 발견하지 못하는 사람들이 있다. 대안을 발견하지 못하기 때문에 그들은 양자 가운데 어느 하나

---

31 장 바티스트 카미유 코로(Jean–Baptiste Camille Corot, 1796~1875)는 프랑스의 풍경화가이자 인물화가로서 인상주의의 토대가 되는 낭만주의 화풍을 개척하였다.

만을 선택하고 만다. 그러나 어느 것을 선택한다고 하더라도 양자는
동일한 근본적 오류를 범하고 있다. 양자는 발달이라는 것이 하나의
명확한 과정이며, 적절하고 정상적인 조건들이 제공되는 경우에만 실
현될 수 있는 나름대로의 법칙을 지니고 있다는 점을 이해하지 못하
고 있다. 계산하고 측정하며 사물들을 규칙적으로 배열하는 활동을
통해서 아동이 보여주는 아직은 거칠고 수준 낮은 충동을 제대로 해
석하는 데에는 수학에 대한 식견이 요청된다. 인류의 역사를 살펴보
면, 수학적인 공식이나 수학적인 관계에 대한 지식은 원래 그러한 거
칠고 수준 낮은 활동들을 출발점으로 해서 생겨난 것임을 알 수 있다.
출발점이 되는 거칠고 수준 낮은 활동과 그러한 활동으로부터 나온
지식 체계 사이에 개재하는 발달의 전체적인 역사를 이해하는 일은,
쉽게 생각하면, 아동이 지금 여기서 거칠 필요가 있는 단계들이 무엇
이며, 아동의 맹목적인 충동이 명료해지고 힘을 얻으려면 어떠한 용
도로 사용되어야 하는지를 파악하는 일이다.

　　여기서 다시 한번 전통적인 낡은 교육은 아동의 현재 경험 속에
내재하는 역동적인 특질과 성장하는 힘을 무시한 채, 외부에서 주어
진 방향을 따라 나아가도록 아동을 강제하는 일이 바로 지도나 통제
의 전부라고 생각할 우려가 있다. 반면에 새교육은 발달이라는 관념
을 지나치게 형식적이고 공허한 방식으로 받아들일 위험이 있다. 그
바람에 아동은 이러저러한 사실이나 진리를 오로지 자기 자신의 힘만
으로 자기 내면에서 찾아 발달시켜야 한다는 요구에 직면한다. 아동
은 사고를 촉발하고 방향을 안내하는 데에 필요한 어떠한 환경적인
조건들도 제공받지 못한 채, 혼자서 사물을 생각해내고 만들어 내라

는 말을 듣게 되는 것이다. 무(無)에서 유(有)가 발전되어 나올 수는 없으며, 거칠고 수준 낮은 것으로부터는 거칠고 수준 낮은 것을 제외한 어느 것도 생겨나지 않는다. 우리가 아동이 성취한 자아를 최종적인 것으로 간주하고, 아동에게 자연의 운행에 대한 새로운 진리를 만들어 내도록 요청할 때, 이러한 현상이 틀림없이 발생한다. 철학자들이 하는 것처럼 아동이 그 자신의 마음으로부터 세계를 형성하여 발전시킬 수 있다고 보는 것은 분명 부질없는 기대이다. 발달이란 마음으로부터 무엇인가를 끌어내는 일을 의미하지 않는다. 발달은 경험이 발달한다는 의미이며, (현재의) 경험이 (그 자리에 멈춰있지 않고) 진정 필요로 되고 있는 그러한 경험을 향해 발달해 나가는 것을 지칭한다. 가치가 있는 것으로 선정된 아동의 힘과 흥미가 실제로 작동할 수 있도록 해주는 교육적인 매개물이 제공되지 않는다면, 이러한 의미에서의 발달은 불가능하다. 아동의 힘과 흥미는 작동해야만 한다. 그리고 그것이 어떻게 작동하는가는 거의 전적으로 그것을 둘러싸고 있는 자극과 그것이 발휘되는 대상인 자료에 달려 있다. 따라서 지도의 문제는 아동의 흥미나 충동 등이 새로운 경험을 얻는 데에 마땅히 활용될 수 있도록 적절한 자극을 선정하는 문제가 된다. 그렇다면 무엇이 바람직한 새로운 경험이며, 그러한 경험을 위해 필요한 자극은 무엇인가? 이 질문에 답하려면, 무엇을 목적으로 삼아 아동이 발달해 가야 하는지를 어느 정도 이해하고 있어야만 한다. 이 말은 아동에게 펼쳐질 미래 성장의 경로가 어떤 것인지를 밝히면서 이에 맞게 지도하려면, 성인의 지식을 활용하지 않으면 안 된다는 뜻이다.

　　(이와 관련해서) 경험의 논리적인 측면과 심리적인 측면을 구분하

고, 양자를 서로 관련짓는 것이 도움이 될 수도 있다. 이때 경험의 논리적인 측면이란 교과의 내용 그 자체를 의미하며, 심리적인 측면은 아동과의 관련 속에서 파악되는 교과의 내용을 뜻한다. 경험을 심리적인 측면에서 진술한다는 것은 경험이 실제로 성장하는 과정을 추적하는 일을 의미한다. 그것은 역사적인 성격을 지니며, 효과적이고 성공적인 것뿐만 아니라 불확실하고 부실한 것을 포함하여 경험이 실제로 거쳐 간 단계들을 기록하는 일이다. 반면에 논리적인 관점은 발달이 긍정적 성취에 해당하는 특정 단계에 이미 도달했다고 가정하고, 그런 단계에 이르기 위해 거치는 과정은 무시하면서 결과만을 존중한다. (바꾸어 말하면) 논리적인 관점은 최초의 순간부터 어떠한 결과가 나오기까지 실제로 경험이 거쳐 온 단계들로부터 최종적으로 성취된 결과를 분리시킨다. 그리고는 마지막의 결과만을 요약하고 조직한다. 우리는 심리적인 것과 논리적인 것 사이에 존재하는 차이를 '탐험가가 낯선 나라에서 길에 표식을 남기고 안간힘을 다해 자신의 길을 찾아 나가는 가운데 그러한 경험을 기록한 여행기'와 '그 나라를 철저히 탐험한 후에 만든 최종적인 지도' 사이에 존재하는 차이와 비교할 수도 있다. 양자는 상호 의존적이다. 만약 탐험가가 우연히 예기치 않았던 길에 들어선다든지, 미로와도 같은 길에서 헤맨다든지 하는 일들을 겪지 않았다면, 실제의 길들과 일치되는 완벽한 지도를 만드는 데에 활용될 수 있는 사실들을 수집하지도 못했을 것이다. 그러나 만약 탐험가의 여행기를 다른 사람들이 수행한 유사한 여행과 비교하고 대조할 기회를 얻지 못한다면, 어느 누구도 탐험가의 여행기로부터 별다른 이익을 얻지는 못할 것이다. 특정한 여행가의 여정 속에서 발생한 단순한 사건들의 기록이 아니라, 개별적인 탐험가의 삶과는 무관하게, 자신이 이미 알고 있는 다른 유사한 사실들과의 관계 속에서 여행기를 통하여 접하는 새로운 지리적 사실들, 시냇물, 산들을 조망할 수 있어야 한다. 그래야만 여행가의 여행기로부터 자신도 새로운 지리적 사실들을 배우고, 시냇물을 건너거나 산에 오르는 것과도 같은 경험들을 할 수 있다. 지도는 개별적인 경험들에 질서를 부여하고, 그러한 경험들이 원래 이루어질 당시의 공간적이거나 시간적인 상황들이나 사건들과는 무관하게, 그 경험들을 다른 경험들과 관련짓는다.

경험을 이렇게 체계적으로 진술하는 것은 도대체 무슨 쓸모가 있는가? 우리가 든 예를 계속 사용해서 말하면, 지도는 도대체 어디에 사용되는 것인가?

무엇이 지도인지를 밝히는 것보다는 무엇이 지도가 아닌지를 먼저 밝히는 것이 좋을 듯하다. 지도는 개인들이 직접 당사자가 되어 경험한 것을 대체하지는 못한다. 지도가 실제의 여정(旅程)을 대신할 수는 없는 것이다. 마찬가지로 학과목이나 교과목들을 논리적으로 형식화한 자료들이 개인적인 경험을 대체하지는 않는다. 낙하하는 물체를 설명하는 수학적인 공식이 낙하하는 물체에 대한 개인적인 접촉이나 즉각적인 경험을 대신할 수는 없다. 그러나 지도, 요약문, 이전의 경험들을 질서 정연하게 정리해 놓은 것 등은 미래의 경험을 안내하는 데에 도움이 된다. 그러한 것들은 쓸모없는 시행착오를 막아주며, 바라는 결과에 가장 신속하고 가장 확실하게 도달할 수 있는 경로를 보여준다. 그럼으로써 이후의 경험이 나아가야 할 방향을 제시하고, 그 경험을 통제하는 데에 기여하며, 노력을 최소화시켜 준다. 모든 새로

2부 아동과 교육과정 141

운 여행자들은 지도를 참조하는 가운데 힘과 시간을 낭비하면서 이리 저리 헤매지 않고, 다른 사람들이 수행한 탐험의 결과로부터 자신들의 여정에 필요한 이익을 얻을 수 있다. 탐험가들이 겪었던 경험에 대한 객관적이고 일반적인 기록물로부터 도움을 받지 못한다면, 새로운 여행자는 분명 이리저리 길을 헤매게 될 것이다. 우리가 학과목이나 교과목이라 부르는 것은 미래를 위하여 가장 잘 활용될 수 있는 형태로 과거의 경험을 통하여 얻은 결과들을 기술하고 있다. 그것은 즉석에서 이윤(利潤)으로 전환될 수 있는 자본(資本)이라고 할 만한 것이다. 그것은 모든 방면에서 마음이 가장 효율적으로 작동할 수 있도록 해준다. 사실들이 원래 발견될 당시의 다양한 사건들하고만 관계를 맺지 않고, 어떠한 공통된 원리를 중심으로 결합되어 있기 때문에 기억의 부담이 경감된다. 학과목이나 교과목은 무엇을 어디서 찾아야 하는지를 우리에게 알려주기 때문에 효율적인 관찰이 이루어지도록 도움을 준다. 그것은 말하자면 '건초더미 속에서 바늘을 찾는 것'과 '잘 정돈된 캐비닛 속에서 특정한 문서를 찾는 것' 사이의 차이와도 같다. 관념들은 우연히 어떤 때는 이렇게 결합했다가 다른 때는 저렇게 결합하는 것이 아니라, 일반적인 방향이나 경로를 따라 자연스럽게 전개된다. 따라서 관념들을 통한 추론은 아무렇게나 이루어지는 것이 아니라, 방향성을 갖고 전개되기 마련이다.

경험을 논리적으로 체계화하는 일에는 끝이 있을 수가 없다. 또한 논리적으로 체계화된 경험은 그 자체로 가치를 지니는 것이 아니다. 그것의 의의는 그것이 무엇을 위한 관점이나, 전망, 또는 방법이 된다는 데에 있다. 그것은 '좀 더 우연적이고 잠정적이며 번거로운 과

거의 경험'과 '좀 더 통제되고 질서 정연한 미래의 경험' 사이에서 양
자를 매개한다. 논리적으로 체계화된 경험은 과거의 경험이 미래의
경험을 위하여 가장 잘 활용될 수 있도록 해준다. 그것은 과거의 경험
이 미래의 경험과의 관계 속에서 가장 의미를 지니며, 가장 풍성한 것
이 되도록 적절한 형태를 부여한다. 경험을 논리적으로 체계화하는
과정에서 도입된 모든 추상화, 일반화, 분류 등은 과거의 경험으로부
터 미래의 경험으로 나아가는 데 중요한 의미를 지닌다.

　따라서 체계화된 결과가 성장의 과정과 대립되는 것은 아니다.
논리적인 것은 심리적인 것과 적대적인 관계에 있지 않다. 오히려 논
리적으로 검토되고 정리된 결과는 성장의 과정 속에서 중요한 위치를
차지한다. 그것은 일종의 전환점을 마련해 준다. 체계화된 결과는 앞
으로의 노력을 조절하는 데에 있어 과거에 기울였던 노력으로부터 어
떻게 도움을 받아야 하는지를 보여준다. 가장 넓은 의미에서 보면, 논
리적인 관점 그 자체가 심리적인 것이라 말할 수도 있다. 왜냐하면 논
리적인 것은 경험의 발달 과정 속의 한 점(點)으로서 의미를 지니며,
경험이 미래를 향해 성장하는 과정 속에서 그 성장이 제대로 이루어
지도록 도움을 줌으로써 정당성을 확보하기 때문이다.

　여기서 교과의 내용이나 학과목들을 원래의 경험으로 되돌려야
할 필요가 생겨난다. 구체적인 경험을 추상화한 것인 교과의 내용은
추상화가 이루어지기 이전의 경험으로 복원되어야만 한다. 교과의 내
용은 심리화(心理化)될 필요가 있다.[32] 교과의 내용은 즉각적이고 개별

---

[32] 듀이에 따르면 교과의 내용은, 그것이 아무리 추상적인 것이라고 하더라도, 일상의
　경험을 원천으로 해서 출현한 것이다. '교과의 내용을 심리화(psychologize)한다'는

적인 경험을 기원으로 하여 생겨난 것이며, 그 속에서 의의를 지닌다. 바로 이 점에서 교과의 내용은 즉각적이고 개별적인 경험으로 인계되거나 번역될 필요가 있는 것이다.

따라서 모든 학과나 교과는 두 가지 측면을 지닌다. 하나는 학문을 탐구하는 학자에게 의미를 지니는 교과의 측면이며, 다른 하나는 가르치는 일을 수행하는 교사에게 의미를 지니는 교과의 측면이다. 이러한 두 가지 측면이 결코 대립하거나 갈등하는 것은 아니다. 학자에게 있어 교과는 새로운 문제를 발굴하고, 새로운 연구를 수행하며, 검증된 결과를 얻는 데에 사용해야 하는 주어진 진리의 체계를 의미할 뿐이다. 그에게 있어 학문적인 교과의 내용은 그 자체로 충분한 것이다. 그는 교과의 내용을 형성하는 다양한 지식을 다른 것들과 서로 관련지으며 이해하고, 그것들과 새로운 사실들을 연결시킨다. 그는 학자로서 교과의 특정한 경계 바깥으로 나아가도록 요구받지는 않는다. 만약 그렇게 한다면, 그것은 교과의 다른 내용과 동등한 수준의 일반적인 사실들을 좀 더 수집하기 위해서이다. 교사의 문제는 학자의 문제와는 다르다. 교사로서 그는 자신이 가르치는 교과목에 새로운 사실을 덧붙인다거나 새로운 가설을 제안하고 이를 검증한다거나 하는 일에는 관심이 없다. 교사는 학문적인 교과의 내용이 경험의 발달에 있어 특정한 단계나 국면을 나타낸다고 보고, 이에 관심을 지닐 뿐이다. 그의 문제는 생생하고 당사자적인 경험을 불러오는 데에 있다. 따

말은 경험의 최종적인 결과에 해당하는 교과의 내용만을 따로 떼어내 제시하는 것이 아니라, 그것을 일상의 경험과 관련을 지어 제시한다는 뜻이다. 이처럼 교과를 심리화하는 일은 앞의 『경험과 교육』에서 소개한 '교과의 진보적 조직'과 하나로 연결된다.

라서 교사인 그의 관심을 사로잡고 있는 것은 교과가 경험의 한 부분
이 되는 방식이 무엇인가 하는 점이다. 아동의 현재 경험 속에 들어
있는 것 가운데 교과와 관련하여 활용할 수 있을 만한 것은 무엇인가?
그러한 요소들을 어떻게 활용해야 하는가? 아동의 필요와 행동을 해
석하고, 아동의 성장을 적절하게 지도하기 위해서 아동에게 제공해야
하는 매개물은 무엇인가? 이러한 문제들에 대한 답을 구함에 있어 교
사는 자신이 갖고 있는 교과의 지식이 어떠한 도움을 제공하는지 궁
리하는 데에 여념이 없다. 그는 교과 그 자체에 관심이 있는 것이 아
니라, 성장하는 전체적인 경험 속에서 그 경험과 관련된 하나의 요소
로서 교과에 관심이 있는 것이다.33 여기서 알 수 있듯이 교사가 교과
를 이렇게 다룬다는 것은 곧 교과가 아동과 관련을 맺도록 심리적인
측면에서 파악한다는 뜻이다.

　　교과가 이중적인 측면을 지니고 있다는 사실을 명심하지 못하고
쉽사리 망각하기 때문에, 우리가 앞에서 기술했던 것처럼, 교육과정과
아동을 서로 적대적인 것으로 취급하는 잘못을 범하게 된다. 학자들
에게 의미를 지니는 교과 내용은 아동의 현재 경험과는 직접적인 관

---

33 흔히 교과에 담겨 있는 지식을 교육을 통하여 전수되어야 하는 목적이나 가치에
　해당하는 것으로 간주하는 경우가 많다. 그리고 교육이 지니는 내재적 가치란 다
　른 것이 아니라, 바로 교과의 내재적 가치라고 보는 경향이 강하다. 이러한 사고방
　식은 특히 피터스(R. S. Peters)의 『윤리학과 교육』을 통해 교육학계에 널리 퍼졌다.
　그러나 이 대목에서 알 수 있듯이 듀이는 교육을 경험의 성장으로 간주하고, 교육
　과 관련하여 교과는 그 자체로 가치를 지니는 것이 아니라 경험의 성장에 기여하
　는 하나의 요소나 수단이라고 생각한다. 그리고 교육의 내재적 가치는 교과가 아
　니라 경험의 성장 과정 그 자체 속에 들어 있다는 것이다. 교육, 또는 교과의 가치
　에 대한 피터스의 생각과 대조되는 것으로 듀이의 견해를 해명하는 일은 듀이의
　교육이론을 정당하게 평가하는 일과 관련하여 중요한 연구 주제가 된다.

련을 갖지 못한다. 그것은 아동의 현재 경험을 벗어나 있다. 여기서
위험은 단지 이론적인 데에만 국한되지는 않는다. 우리는 실제로 모
든 방면에서 위협을 받고 있다. 교과서와 교사는 서로 경쟁이라도 하
듯이, 학자에게 의미를 지니는 교과의 내용을 거의 그대로 아동에게
도 제시하고 있다. 학자의 교과를 아동의 교과로 제시하는 과정에서
교과에 가해지는 변형과 수정이 있다면, 학자보다는 낮은 지적 수준
에 있는 아동도 이해할 수 있도록 어려운 내용은 제거하고, 교과의 내
용을 좀 더 쉽게 바꾸는 정도이다. (그러나) 그러한 자료들은 (아동의)
삶과 관련이 있는 용어로 번역되지도 않을 뿐만 아니라, 아동의 현재
의 삶을 대체하기 위해 바깥에서 부과된 것인 양, 직접 제공된다.

　　이로 인하여 세 가지 전형적인 해악이 생겨난다. 첫째로 아동이
이미 보고 느끼고 사랑하고 있는 것들과 유기적인 관련을 거의 맺지
못하기 때문에 자료는 순전히 형식적이고 상징적인 것이 되고 만다.
지나치게 형식적이고 상징적인 것을 높이 평가하기가 불가능한 이유
가 있다. 진정한 형식이나 참된 상징은 진리를 발견하고 주장하는 데
에 필요한 방법으로 역할을 할 수가 있다. 그러한 것들은 미지의 영역
을 향하여 개인이 가장 확실하게 멀리까지 나아가도록 하는 데에 도
움이 되는 도구들이다. 진정한 형식과 참된 상징은 개인이 과거의 탐
구 활동 속에서 성공적으로 습득해 온 것들을 지칭하는 수단들이다.
그러나 이러한 일은 상징이 제대로 상징의 기능을 수행할 수 있을 경
우에만, 즉 개인이 이미 겪어온 실지의 경험들을 상징이 대표하고, 간
결한 형태로 요약한 것일 때만 생겨난다. 상징의 기원이 되는 활동들
속에서 조금씩 유도된 것이 아니라 외부로부터 유입된 상징은, 흔히

이야기하듯이, 공허하고 단순한 상징일 뿐이다. 그것은 활기가 없고 메마른 상징에 그치고 만다. 요즘에는 아동의 삶 속에서 그 자체로 중대한 위치를 차지하고 있었던 것으로부터 조금씩 유도되어 생겨난 것이 아닌 (추상적인 교과목의 내용, 즉) 수학적이거나 지리적인, 또는 문법적인 사실들이 그러한 중대한 위치를 대신 차지해야 되는 것처럼 강제되고 있다. 그것은 (아동의 성장을 가져다주는 참된 경험이라는) 실재(實在)가 아니라, 특정한 조건들이 충족될 경우에만 맛볼 수 있는 실재의 표지판(즉, 경험의 껍데기)에 불과하다. 그러나 다른 사람들이 탐구해서 밝혀낸 사실들을 뜬금없이 제시하면서 아동에게는 그것을 받아들여 공부하고 익히기만 하면 된다고 요구하는 것은 그러한 조건들이 충족될 가능성을 처음부터 없애버리고 만다. 이렇게 되면, 사실들은 해석서가 있어야만 의미를 지니게 되는 뜻도 모를 상형문자와 같은 것이 될 수밖에 없다. 그 사실들이 무슨 의미를 지니는지를 밝혀주는 추가적인 장치가 없는 이상, 사실들은 아무짝에도 쓸모가 없는 헛된 호기심의 대상이 될 뿐이며, 마음에 부담이 되고 마음의 작동을 방해하는 무거운 짐으로 남게 된다.

학자에게 의미 있는 내용을 아동에게도 그대로 제시하는 데에 따라 다니는 두 번째 해악은 그것이 동기를 유발하지 못한다는 점이다. 제시된 사실들이나 진리들은 새로운 것을 자기 것으로 습득하고 동화하는 데에 활용될 수 있는 것으로 체험되지 못한다. 그뿐만 아니라, 그렇게 활용하려는 갈망이나 필요나 요구도 불러일으키지 못한다. 교과의 내용을 심리적인 측면에서 다룰 때, 즉 현재의 성향이나 활동들의 부산물로 파악할 때, 현재의 경험 속에서 경험이 직면하고 있는 지

적이거나 실제적이거나 윤리적인 장애들을 찾아내기가 용이하다. 그
뿐만 아니라, 문제가 되고 있는 진리를 습득하게 되면, 그러한 장애들
을 좀 더 적절하게 다룰 수도 있다. 이러한 필요로부터 바로 배우고자
하는 동기가 생겨난다. (한마디로) 목적이 아동 자신의 것이라야 그는
(그 목적을 달성하고 싶어서 누가 시키지 않아도) 목적을 실현하는 데에 필
요한 수단들을 계속 추구하게 되는 것이다.34 그러나 특정한 자료를
아동이 배워야 하는 하나의 과제라는 형태로 직접 제공할 때에는 필
요와 목적을 관련짓는 고리들이 현저하게 소멸되고 만다. 우리가 기
계적인 수업이니 활기가 없는 수업이니 하는 말로 부르고 있는 것은
이러한 동기의 결여에서 생겨나는 결과이다. 반면에 수업이 유기적이
고 생기가 넘친다는 것은 상호작용이 이루어지고 있음을 의미한다.
그러한 수업은 정신적인 요구가 있고, 자료가 그에 부합하도록 제공
되고 있음을 뜻한다.

　　세 번째 해악은, 가장 논리적인 양식으로 조직된 가장 학문적인
주제라고 할지라도, 이미 다 만들어져서 바깥으로부터 제공된 것이라
는 식으로 아동에게 그것을 주면, 그것이 갖고 있던 논리성이나 학문
성이라는 특질마저도 사라지고 만다는 것이다. 그러한 자료는 상당한
수정을 거치지 않으면 안 된다. 그 자료에 필수불가결한 내용이라고

---

34 학자들에게나 의미 있는 내용을 아동에게 그대로 제시할 때, 아동은 그것을 배운
　결과가 어떠할지를 예견할 도리가 없게 된다. 즉, 예견된 결과의 형태로 가시적인
　목적(end-in-view)을 설정할 수가 없다. 목적을 설정할 수가 없기 때문에 아동은
　목적을 실현하기 위하여 어떠한 활동들을 수행해야 하는지를 사고하고 판단할 수
　도 없게 된다. 이는 결국 학자들에게나 의미 있는 내용은 아동의 지력이 성장하도
　록 돕는 아동 자신의 교과가 될 수 없다는 뜻이 된다. 그러한 것에 아동이 흥미와
　관심을 지닐 수 없다는 사실은 너무도 분명하다.

하더라도, 아동이 파악하기에는 지나치게 어려운 부분들을 제거하거
나 축소해야만 한다. 그렇게 되면 무슨 일이 일어나는가? 학자들에게
가장 중요한 내용, 그리고 학문의 논리에 맞도록 실제로 탐구를 수행
하고 분류를 행하는 데에 있어 가장 가치 있는 내용이 배제되는 사태
가 빚어진다. 학자들에게 생생한 사고를 유발하던 힘을 지닌 학문적
인 특성이 희미해지고, 사실들을 조직하는 기능 역시도 사라지고 만
다. 그렇지 않다고 하더라도, 우리가 흔히 지적하는 것처럼, 아동의
추론 능력이나 추상화와 일반화를 수행하는 능력 등이 적절히 발달할
기회를 얻지 못하고 만다. 이로 인하여 교과의 내용은, 그것이 논리적
인 관점에서만 교과의 내용으로 성립될 수 있는 것임에도 불구하고,
정작 논리적인 가치를 상실하게 될 뿐만 아니라, 단지 암기해야 될 잡
동사니처럼 제시된다. 이러한 사태는 자가당착이라 할 만한 것이다.
아동은 성인들의 논리적인 체계가 지니는 장점도 습득하지 못하고,
자기 자신의 타고난 이해력이나 대처 능력도 발달시키지 못한다. 이
로 인하여 아동의 논리는 발달상의 장애를 겪거나 억눌리고 만다. 아
동이 한 세대나 두 세대 전에는 학문적인 타당성을 지니고 있었을지
모르나 지금은 그렇지 못한 시시하고 하잘 것 없는 것을 학문처럼 배
우는 일이 실제로 벌어지지 않으면 그야말로 다행이라 할 정도이다.
이는 (자기 자신이 아닌) 옛날 옛적 어느 사람이 경험했던 바를 토대로
해서 (자기 자신이 아닌) 또 다른 어떤 사람이 만들어 놓은 것을 (마치 그
것이 자기 자신의 것인 양) 추억하며 과거로 빠져드는 것과 조금도 다를
바가 없다.

　　해악은 여기서 그치지 않는다. 그리고 그러한 해악은 아동과 교

육과정 가운데 어느 하나만을 강조하는 오류를 범하면서 서로 맞서고 있는 이론들 모두에게서 비롯된다. 따라서 그 이론들을 적당히 절충해서 해결책을 끌어낼 수는 없다. 심리적인 고려 사항들을 비방하거나 한편으로 밀어 놓을 수는 있지만, 이것들을 완전히 배제할 수는 없다. 문 밖으로 내쫓아도 이것들은 창문을 통하여 다시 들어오고 만다. 어쨌든 어디에서인가는 동기에 호소하지 않을 수 없고, 따라서 마음과 자료 사이에 연결고리를 만들지 않으면 안 된다. 물론 이러한 연결고리 없이도 그럭저럭해나갈 수는 있다. 이 경우에 유일한 문제는 연결고리가 마음과 관련을 맺고 있는 자료 그 자체로부터 나오는 것인가, 아니면 다른 외부의 출처로부터 도입해서 끼워 넣은 것인가 하는 점이다. 만약 교과의 내용이 부단히 확장되고 있는 아동의 의식 속에서 적절한 위치를 차지하고 있다면, 또는 교과의 내용이 아동의 과거 활동이나 사고, 또는 경험으로부터 생겨난 것일 뿐만 아니라, 이후에 무엇인가를 성취하거나 이해하는 데에 적용될 수 있는 것이라면, 흥미를 불러일으키기 위하여 어떠한 장치나 속임수 같은 방법들에 의존할 필요는 없다. 교과의 내용을 심리적인 측면에서 다룬다는 것은 그것이 흥미를 갖도록 만든다는 의미이다. 바꾸어 말하면, 교과의 내용이 의식적인 삶의 전체 속에 자리를 잡도록 하여 그러한 삶이 지니는 가치를 공유하도록 만드는 것이다. 그러나 아동의 삶과는 동떨어진 관점이나 태도 속에서 생겨나 발달하였을 뿐만 아니라, 아동에게는 생소한 동기에 힘입어 개발된 자료를 외부에서 부과하게 되면, 그것은 아동의 삶 속에서 적절한 자리를 얻기가 어렵다. 이렇게 되면 교과를 아동의 삶 속으로 밀어 넣기 위한 억지스러운 개입, 교과를 주입하기 위한 반복연습, 또는 아동을 유혹하는 인위적인 보상 등을 동원하는 일이 벌어지고 만다.

교과의 내용에 조금이라도 심리적인 의미를 덧붙이기 위해 (즉, 교과의 내용에 억지로라도 아동이 마음을 쏟도록 유도하기 위해) 외적인 것을 동원하는 이러한 세 가지 방식들이 어떤 문제를 초래하는지에 대해서는 좀 더 (상세히) 언급할 필요가 있다. '지나치게 친밀한 나머지 허물이 없이 지내면 체통을 잃을 수도 있지만, 애정 같은 것이 생겨날 수도 있다'는 말이 있다. 마찬가지로 무엇인가가 우리에게 아주 낯익은 것이 되어 버림으로써, 처음에는 그것이 경멸의 대상이었지만, 결국에는 애착의 대상이 될 수도 있다. 우리가 옷 대신 쇠사슬을 두르고 있다고 가정해 보자. 처음에는 어색했을지 몰라도 우리는 두르고 있는 쇠사슬에 곧 익숙해지며, 오히려 이를 제거해버리면 그것을 그리워하게 될 수도 있다. 여기서 엿볼 수 있듯이 처음에는 끔찍스럽게 보이던 것도 그것이 관습처럼 되면, 결국 우리는 그것을 기꺼이 맞이하게 된다. 무의미하고 불쾌하던 활동들도, 오래 지속되다 보면, 즐거운 것이 될 수 있다. 다른 종류의 활동은 배제하고 특정한 활동의 방식만을 요구하는 조건들이 끊이지 않고 제공되면, 마음이 그러한 판에 박힌 듯한 기계적인 절차에 대해서도 흥미를 지니게 될 가능성이 있다. 나는 따분한 장치나 무미건조한 연습인데도 불구하고, 학생들이 그것에 흥미를 지니고 있기 때문에 그것들이 옹호되고 칭송을 받는 경우가 있다는 이야기를 종종 듣는다. 그렇다. 이것이야말로 최악의 경우이다. 마음이 적절한 활동을 제대로 수행해 볼 수 있는 기회로부터 차단되어 있으며, 그러한 활동의 묘미를 맛보지도 못한 나머지, 주어진 것들

을 그저 알고 행해야 될 것으로 받아들이는 그런 수준까지 전락해 버
릴 뿐만 아니라, 그러한 한정되고 답답한 경험에 어쩔 수 없이 흥미를
갖게 되는 것이다. 마음은 다른 데서가 아니라 바로 마음 자신이 작동
하는 가운데 그러한 작동 자체 속에서 만족을 찾는다. 이것이 정상적
인 마음이 따르는 법칙이다. 만약 마음이 넓은 범위에 걸쳐서 의미가
있는 일들을 수행한다는 사실을 부정하면, 마음은 그것에 남겨진 형
식적인 활동에서라도 만족을 구하려고 한다. 실제로 마음은, 그것이
감당할 수도 없을 만큼 격렬한 활동을 제외하면, 너무나도 자주 그런
식으로 만족을 얻고 있다. 우리의 학교가 양산해 내고 있는 가장 골치
아프고 좋지 않은 결과는 여기서 생겨난다. 상징들을 피상적으로 머
릿속에 저장하고 기억을 통하여 재생해내는 것과 관련된 흥미가, 상
당수의 학생들에게는, 상징 이면의 참된 것에 대한 원래의 생생한 흥
미를 대신하고 있다. 이러한 일이 벌어지는 전적인 이유는 배워야 되
는 교과의 내용이 개인의 구체적인 마음과 관련을 맺지 못하고 있다
는 데에 있다. 따라서 교과의 내용이 마음과 생산적인 관계를 맺도록
해주는 대안적인 연결고리를 찾아서 이를 정교하게 다듬어야만 한다.

　　교과의 내용에 대한 생생한 동기를 대신하는 두 번째 대체물은
바로 대비효과(對比效果)이다. 수업 자료들은 그 자체로는 흥미가 없는
것이라고 하더라도, 최소한 다른 대안적인 경험들과 대조하면 관심의
대상이 되게끔 제시된다. (아무리 재미가 없다고 하더라도) 수업 자료를
배우는 것은 꾸지람을 듣거나, 조롱을 당하거나, 방과 후에 남거나,
치욕스러울 만큼 낮은 점수를 받거나, 진급하지 못하거나 하는 것 등
등에 비하면, (차라리 더 나은 것이기 때문에 상대적으로) 더 커다란 흥미와

관심의 대상이 된다. 훈육이라는 이름으로 통용되고 있는 것들은 아이들을 온화하게 대해야 한다는 취지의 교육론에 반대하고 대신 노력과 의무라는 기치에 찬성하는 데서 자부심을 느끼는 견해에 근거하고 있다. 그런데 훈육의 방식들 가운데 상당수는 피상적인 수준의 흥미나 관심, 또는 다양한 종류의 물리적이거나 사회적이거나 개인적인 고통에 대한 두려움과 혐오감에 호소하는 데 그치고 있다. 교과의 내용은 매력을 지니지 않으며, 그럴 수도 없다. 교과의 내용은 성장하는 경험 속에서 생겨난 것도 아니고, 그러한 경험과는 관계도 없다. 따라서 마음은 언제나 공부해야 될 자료로부터 벗어나려고 한다. 이때 그러한 마음을 강제로라도 억눌러서 자료로 되돌아가도록 하는 데에 도움이 되는 것이라면, 비록 마음이나 교과와는 아무런 관계도 없는 외적인 것이라고 하더라도, 그러한 것들에 끊임없이 호소하게 된다.

그러나 인간의 본성은 원래 불쾌한 것보다는 유쾌한 것 속에서, 예상되는 대안적인 고통보다는 지금 당장의 직접적인 즐거움 속에서 동기화(動機化)되는 경향이 있다. 그리고 이러한 경향에 주목하다 보니 흥미에 관한 현대의 이론이나 실제는 흥미라는 말을 잘못 이해하게 되었다. 흥미에 관한 현대의 이론이나 실제 속에서도 자료는 여전히 사라지지 않고 남아있기는 하다. 그러나 자료 그 자체의 특성에 관한 한, 그것들은 인간의 내적인 동기나 경험과는 무관하게, 외부에서 선정되어 체계적으로 조직된 것이다. 지리나 산수나 문법 같은 학과목들이 그렇게 하나의 자료로서 선정되고 조직된다. 그러나 이러한 학과목들의 선정과 조직에 있어서 언어나 지구, 또는 수나 측정 등과 관련된 아동의 경험이 지니는 잠재력은 고려되지 않는다. 이처럼 아동의 경험과는 무관하게 자료가 선정되어 조직되고 있기 때문에 아동의 마음과 학과목들이 서로 관련을 맺도록 만들어야 한다는 골치 아픈 문제가 발생한다. 아동은 자신의 경험과 관련이 없는 자료에 대하여 반발을 보이기 마련이며, 자료에 주의를 기울이지 못하고 다른 것들로 눈길을 돌리는 경향을 보인다. 자료와는 무관한 다른 활동들과 생각들이 아동을 사로잡게 되고, 이로 인하여 아동은 학과 수업으로부터 멀어지고 마는 것이다. 이러한 불상사로부터 벗어나는 적절한 방법은 자료를 변경시키는 일, 또는 자료를 심리화해서 그것이 아동의 경험으로부터 자연스럽게 생성되도록 만드는 일이다. 바꾸어 말하면, 자료를 아동의 삶 속에서 뽑아내고 아동의 삶 속에서 점진적으로 발달하도록 만드는 것이다. 그러나 이렇게 하는 것보다는 자료를 그대로 놓아두고 흥미를 유발하는 기만적인 방법을 동원하는 것이 더 쉽고 간단하다. 자료를 흥미 있는 것으로 만들기 위하여 그것을 아동의 구미에 맞게 꾸미고, 눈앞의 자료와는 무관하거나 간접적으로만 관련이 있는 것들을 동원하여 자료가 지니는 무미건조함을 은폐한다. 그리고 마지막으로, 설사 아동이 전혀 다른 것의 묘미에 빠져 이를 즐기고 있다고 하더라도, 아동의 구미에는 맞지 않는 자료들을 억지로라도 아동에게 먹여서 소화시키도록 만들면 되는 것이다. 여기서 또 다시 비유를 들어 이야기하는 것을 양해해 주기 바란다. 정신적인 동화나 소화는 의식(意識)과 관련된 문제이다. 만약 눈앞의 자료에 아동의 주의가 주어지지 않는다면, 그것은 제대로 이해되지도 않을 것이며, 아동의 능력으로 전환되어 작동하지도 않을 것이다.

　아동과 교육과정이 대립된다는 주장에 대해서 과연 우리는 어떤

판결을 내릴 수 있을까? 우리의 논의를 촉발했던 원래의 이 주장 속에
는 한 가지 근본적인 오류가 들어 있다. 아동을 그의 맹목적인 자연적
충동에 따르도록 방치하거나, 외부에서 아동에게 방향을 지시하여 따
르게 하거나 하는 것 이외에 다른 선택지는 없다는 그릇된 전제가 그
것이다. 모든 활동은 무엇인가에 대한 반응이며, 그 무엇인가에 대한
적응이자 순응이다. 다른 것들과는 아무런 관련이 없이 순전히 자기
혼자서 일어나는 활동 같은 것은 있을 수 없다. 왜냐하면 활동은 어떠
한 환경이나 상황 속에서 여러 가지 조건들과 관련을 맺는 가운데 생
겨나는 것이기 때문이다. 마찬가지로 외부로부터 진리를 부과하거나
던져주는 일 같은 것도 불가능하다. 모든 것은 외부에서 제공되는 것
들에 반응하는 가운데 마음이 겪게 되는 활동들에 달려 있기 때문이
다. 이렇게 보면, 학과목을 구성하는 체계화된 여러 지식의 가치는 그
것이 교사로 하여금 아동에게 어떠한 환경을 마련해 주어야 하는지를
결정하도록 해주고, 간접적인 방식으로 아동을 지도하도록 해준다는
데에 있다. 그것이 일차적으로 가리켜 보여주는 것과 그것이 지니는
일차적인 가치는 아동을 위한 것이 아니라 교사를 위한 것이다. 그것
은 교사에게 다음과 같은 이야기를 들려준다. '이러이러한 것이 이 아
동들이 장차 성장하여 도달할 수 있는 지적이거나 심미적인, 또는 행
동적인 측면에서의 능력과 성취이다. 아동 각자가 주인이 되어 수행
하는 그들의 활동이 다른 샛길로 빠지지 않고 이러한 방향들을 따라
움직여 나가도록 안내하라. 그리고 그들의 활동이 절정에 달해 무엇
인가를 성취할 수 있도록 매일매일 적절한 조건들을 마련해 주도록
하라. 아동이 타고난 저마다의 개성과 소질을 실현하면서 각자에게

예정되어 있는 삶을 살 수 있게 하라. 그럼으로써 과학이 되었든, 예술이 되었든, 아니면 산업과 관련된 것이 되었든, 아동이 자신의 것으로 향유하고 있고, 또 향유하게 될 세계를 당신에게 펼쳐 보일 수 있도록 하라'.

　　문제 해결의 열쇠가 되는 것은 아동이다. 왜냐하면 발현되어야 하는 것은 아동이 현재 지니고 있는 능력이며, 발휘되어야 하는 것도 아동이 현재 소유하고 있는 역량이고, 실현되어야 하는 것 역시 아동이 지닌 현재의 태도이기 때문이다. 그러나 아동의 능력과 역량과 태도가 발현되도록 하려면, 교사는 교육과정 속에 구현되어 있는 인류가 이룩해 놓은 업적들을 빈틈없이 철저하게 알고 있어야 한다. 그렇지 못하면, 교사는 아동이 현재 지니고 있는 능력이나 힘, 또는 태도가 무엇인지를 알 수도 없고, 그러한 것들이 어떻게 발현되고 구사되며 실현되어야 하는지도 알 수가 없게 된다.

부록

존 듀이를 위한 한 편의 변론

1장

존 듀이의 비애: 그를 둘러싼 오해와 혼동

 존 듀이(John Dewey, 1859~1952)의 것만큼 오랜 시간 동안 수많은 사람들에 의하여 거론되고 있는 교육론도 드물다. 현대 철학은 플라톤에 대한 주석(註釋)에 불과하다는 말에 빗대어 현대의 교육학은 듀이에 대한 주석이라고까지 평가되고 있는 것을 보면, 그의 교육론이 교육과 관련된 논의의 중심에 자리를 잡고 있는 것은 그리 기이할 바가 없는 일인지도 모른다. 그런데 듀이의 교육론은 교육이론의 정황에 밝은 교육학도나 교육학자들만의 전유물은 아닌 듯하다. 교육은 일반인들에게도 초미의 관심사가 되고 있는 것 가운데 하나이며, 그런 만큼 그들도 교육의 문제에 대하여 다양한 의견과 발언을 내놓고 있다. 그런데 교육에 대한 일반인들의 발언 속에는, 그들이 알고 있든 모르고 있든, 듀이의 교육론에 해당하는 것들이 스며들어 있다고 한다(이홍우, 1987: v). 이 말의 진위 여부는 별도로 따져 보아야 하는 것이라고 하더라도, 어찌 되었든, 듀이의 교육론은 교육학자들은 물론이고, 교육이 가장 중대한 문제가 되고 있는 금세기를 살고 있는 모든

사람에게도 어떠한 방식으로든 영향을 미치고 있다는 점만큼은 이를
통해서 충분히 짐작할 수 있다.

　그런데 한 가지 놀라운 일은 듀이가 유례를 찾아보기 어려울 만
큼 수많은 사람의 입에 오르내리고 있으면서도 정작 그의 중요한 저
작들을 조금이라도 읽어본 적이 있는 사람들은 놀랄 만치 적다는 점
이다. 교육학의 주요 저작들을 천착(穿鑿)해 볼 기회가 없었을 일반인
들은 예외로 한다고 하더라도, 교육학을 공부한다는 학생들은 물론이
고, 심지어 전문적인 교육학자들 가운데도 듀이의 저작을 읽어본 사
람은 그리 많지 않은 듯하다. 그러면서도 그들의 논의 속에는 듀이가
심심찮게 등장하고 있다. 물론 듀이의 교육론은 이제 하나의 고전이
되어가고 있는 만큼, 굳이 그의 저작들을 읽어보지 않아도, 교육과 관
련된 그의 중요한 주장들은 여러 경로를 통하여 교육학자들에게 익숙
한 것이 되어 버렸다는 점을 무시할 수는 없다.

　그렇기는 하지만, 이것이 그렇게 쉽사리 양해될 수 있는 문제는
아니다. 왜냐하면 듀이만큼 그의 교육론을 둘러싸고 조화되기 어려운
평가, 심지어 모순되기까지 하는 상반된 평가가 내려지고 있는 인물
도 없기 때문이다. 좀 더 심하게 말하면, 듀이를 거론하는 사람들마다
그들이 말하는 듀이가 너무나도 달라서 그들이 과연 동일한 사람의
교육론에 대하여 이야기하고 있는 것인지가 의심스러울 지경이다. 사
정이 이 정도가 되면, 듀이의 교육론은 하나의 고전으로 자리를 잡기
보다는 오히려 교육학적인 논쟁거리로 부각되는 것이 온당하다고 볼
수 있다.

　우리의 교육학계에서 듀이의 교육론을 주제로 작성된 학위 논문

이나 전공 서적의 수는 그것이 얼마나 되는지를 헤아리기도 어려울 만큼 많다. 그리고 많은 경우에, 세부적인 차이는 있다고 하더라도, 듀이의 입장을 지지하고 이를 좀 더 자세히 해석하고 있는 것들이 듀이에 대한 논의의 대종(大宗)을 이루고 있는 듯하다. 그러나 이렇게 말한다고 해서 듀이가 모든 사람으로부터 우호적인 평가를 받고 있다는 뜻은 아니다. 우리 교육학계의 한편에서는 듀이를 비판하고 반대할 뿐만 아니라, 심지어 그를 교육학이 극복해야 할 장애물로 취급하고 있는 것도 사실이다. 듀이에 대한 비판은 여러 가지 관점에서 이루어지고 있기는 하지만, 다음과 같은 듀이에 대한 평가는 이들 비판을 집약하여 표현하고 있다.

> 듀이의 교육의 개념은 단적으로 말하여 교육의 개념을 부정하는 데에 그 의도가 있다고 말할 수 있다. … 듀이는 교육을 경험의 계속적인 재구성으로 정의한다. 듀이에게 경험의 재구성은 성장과 동의어이므로, 교육은 또한 계속적인 성장으로 정의될 수도 있다. … 듀이에게 있어서 교육에 대한 논의가 의미를 가지는 유일한 기반은 현재의 개인의 삶, 즉 개인이 현재의 삶을 위하여 여러 가지 활동을 하는 사태이다. … (계속적인 성장이라는 정의를 통하여 듀이가 말하고자 하는 세계는) 개인이 당장 그에게 관심이 있는 목적을 달성하기 위하여 하는 활동(이른바 유목적적 활동)이라는 측면에서 파악되는 세계, 또는 실제적 문제 해결이라는 측면에서 파악되는 세계이다. … 실제의 세계가 있다는 것, 그리고 그것을 비추는 거울로서의 실제적 자아가 있다는 것은 몸과 목숨을 가지고 사는 인간이라면 누구나 인정할 수 있다. 그것은 '보통 사람들'이 살고 있는 세계, 이른바 '생활'이라는 것이 전개되고 있는 세계이다. 혹시 정치는 그럴 수 있을지 모르지

만, 교육은 그 '보통 사람들'의 세계를 겨냥할 수 없다. 교육은 '위대한 것', '개인보다 더 큰 것'에 동경과 찬탄을 품을 수 있도록 이끄는 일이다. … 듀이의 설득력이 무엇에 기초를 둔 것이든지 간에, 그가 '위대한 것에 대한 헌신'을 '개인 욕망의 충족'으로 바꿔치기하려고 한 것은 분명하다. 그렇게 하는 것은 곧 보통 사람들의 생각, 교육을 받지 않은 상태에서도 능히 할 수 있는 생각을 교육의 목적으로 삼은 것이며, 따라서 그것은 교육이 실패한 경우를 오히려 교육의 목적으로 삼는 것이다. 세계의 모든 위대한 것들, 위대한 사람들이 이룩한 모든 위대한 업적은 현재의 유목적적 활동에 도움이 되지 않는 한, 귀족 계급의 한가한 여가 활동에 지나지 않는다는 말을 하는 사람이 어떻게 '교육'에 관심이 있다고 말할 수 있는가? 그는 교육을 하라고 말하는 것이 아니라, 교육을 하지 말라고 말하는 것이다(이홍우, 1991: 145~154).

만약 위의 주장이 근거가 있는 것이라면, 듀이는 결코 용서받을 수 없는 교육의 적(敵)인지도 모른다. 그리고 더 나아가 듀이에 대한 주석이라 할 수 있는 현대 교육학의 대부분, 그리고 그동안 우리의 교육학계에서 양산된 듀이에 대한 논문과 연구들 가운데 그를 지지하고 있는 상당수의 것들은 한갓 도로(徒勞)에 불과한 것이 되어 버릴 수도 있다. 바로 이러한 점에서 위의 인용문에서 제기되고 있는 듀이에 대한 평가는 대단히 충격적인 것일 수밖에 없다. 그럼에도 불구하고 듀이를 지지하는 진영에서 이에 대한 체계적인 반론이 제대로 이루어지지 않고 있는 것은, 학문적인 논쟁이라 할 만한 것을 별반 찾아보기 어려운 우리 교육학계의 현실을 감안한다고 하더라도, 이 역시 무척이나 충격적인 일이다. 듀이를 찬양하고 그를 위대한 교육사상가로 평가하던 그 많은 논문과 연구물들의 저자들은 다 어디로 간 것인가? 위의 인용문에 나타난 평가가 너무도 어이없는 것이어서 차라리 침묵으로 답을 대신하고 있는 것인가? 아무리 해도 자세한 내막을 알 길이 없는 사람들에게 이는 참으로 궁금한 일이 아닐 수 없다.

그런데 위의 인용문에서 비판받고 있는 듀이의 교육관은, 한마디로 말하면, 실용주의적인 교육관이라 할 수 있다. 실용주의의 정체를 한마디로 분명히 드러내기는 어렵다고 하더라도, 일단 그것은 일상적인 삶의 영위(營爲)와 개선이야말로 인간이 관심을 가져야 하는 가장 중요한 문제이며, 인간이 수행하는 모든 활동들은 바로 이 문제의 해결에 기여할 수 있어야 한다는 생각으로 요약할 수 있다. 이러한 실용주의가 교육을 이해하고 이끄는 관점으로 자리 잡을 때, 그것은 실생활에서 직면하는 문제들을 해결하고, 그럼으로써 실생활을 개선하는 데에 기여할 수 있는 지식과 기능, 기술 등이 가치 있는 것이며, 교육은 바로 그러한 실용적인 지식과 기술, 기능 등을 가르치고 배우는 것이라야 한다는 사고방식으로 나타난다. 이러한 실용주의적인 발상은 바로 교육에 대한 일반인들의 상식적인 교육관에 해당한다. 오늘날 교육에 대하여 발언하고 있는 일반인들의 교육관을 자세히 분석해 보면, 그것은 정도의 차이는 있다고 하더라도, 실용주의적인 사고에서 벗어나지 못하고 있다.

듀이의 교육관을 실용주의로 평가하는 데에는 그럴 만한 충분한 이유가 있다. 그의 교육이론 가운데 실제로 실용주의적인 요소가 들어있는가에 관한 논의는 잠시 유보해 둔다고 하더라도, 널리 알려진 것처럼 듀이 교육론의 사상적인 기반은 프래그머티즘(pragmatism)이

다. 그리고 실용주의는 바로 프래그머티즘의 우리말 번역어이다.35 번
역은 아무렇게나 이루어지는 것이 아니다. 하나의 번역어를 구상하는
데에도 원어(原語)가 담고 있는 본래의 의미를 온전히 반영하도록 하
려는 힘든 사유가 진행되기 마련이다. 이러한 사실을 염두에 둘 때,
프래그머티즘의 번역어로 널리 통용되고 있는 실용주의라는 말속에는
분명 프래그머티즘의 본질적인 특징이 상당 부분 담겨 있을 것이다.
듀이의 사상적 기반은 프래그머티즘이며, 실용주의는 프래그머티즘의
본질적인 모습을 담으려는 산고(産苦) 끝에 나온 번역어이다. 따라서
듀이의 교육론이 실용주의적인 교육관과 상통한다는 판단에는 상당한
정도의 신빙성이 있다고 인정할 수 있다. 물론 일반인들의 실용주의
적 교육관이 산만하고 체계적이지 못한 반면에 듀이의 교육론은 실용
주의적 교육관에 학적인 근거를 부여하고 이를 체계화하고 있다는 차
이점은 있을 것이다. 그리고 바로 이 점에서 듀이의 교육론은 일반인
들의 교육에 대한 상식적인 견해에 그럴듯한 학문적 치장을 한 것이
라는 말이 나오게 된다.

　　듀이는 과연 먹고 살아가는 일이 주된 문제가 되는 생활의 세계
를 교육이 이루어질 수 있는 기반으로 상정하고 있는 것인가? 만약 그
러하다면, 위에서 인용한 듀이에 대한 평가는, 그것이 지나치게 혹독
한 어조로 표현되어 있다는 점을 제외하면, 별다른 문제가 없는 것으

---

35 사실 프래그머티즘을 실용주의라고 번역한 것은 일본인 학자들이며, 따라서 그것
　　은 우리말 번역어라기보다는 수입어(輸入語)이다. 그러나 실용주의가 프래그머티즘
　　의 적절한 번역어인가에는 상당한 정도로 논란의 소지가 있다(이보형 외, 1986; 김태
　　길, 1990). 이러한 이유로 최근에는 프래그머티즘을 실용주의로 번역하기보다는 소
　　리 나는 그대로 표기하는 경향이 늘고 있다(김태길, 1990; 엄태동, 1999).

로 볼 수 있다. 교육이 먹고 살아가는 일과 전혀 관계가 없을 수는 없다고 하더라도, 그것만이 교육의 전부는 아니며, 보기에 따라서 그것은 교육이 명시적으로 관심을 표명할 만한 것 가운데 아주 사소한 부분에 지나지 않는 것일 수도 있다. 듀이는 이처럼 사소한 것을 교육의 전부인 양 과장하고 있는 것인가?

모르긴 몰라도 듀이에 대한 국내의 연구물들 가운데 그를 일반인들의 실용주의적 교육관을 체계화한 인물로 본격적으로 묘사하고 있는 것은 찾아보기 어렵다. 아닌 게 아니라 듀이 자신도 그의 교육론이 실용주의로 오해되는 것을 경계하는 듯한 발언을 여기저기서 개진하고 있다. 그럼에도 불구하고 듀이를 실용주의적인 교육관의 대표자로 보고, 바로 이 점에서 그는 교육의 본래적인 모습을 훼손하고 있다는 평가가 나오고 있는 이유는 무엇인가? 아마도 듀이의 논의가 어떠한 점에서 그의 본래 의도와는 다르게 해석되는 경향이 있다는 데에 주된 이유가 있을 것이다.

이 글은 듀이의 논의 가운데 오해의 소지가 있으며, 또 실제로 오해되고 있는 부분은 무엇인가를 찾아서 듀이의 본래 의도를 부각시키고, 이를 통하여 그의 교육론의 정체가 무엇인가를 밝히기 위한 것이다. 이 점에서 이 글은 듀이를 대신해서 그의 교육이론을 옹호하고자 하는 한 편의 변론(辯論)이다. 누구에게 물어본다고 하더라도, 듀이는 교육의 이론과 실제에 있어서 그 누구보다도 막대한 영향력을 끼친 인물로 인정받고 있다. 그럼에도 불구하고 그에 대한 상반된 평가가 공존하고, 이들 간에 소통이 이루어지지 않음으로써 듀이의 진정한 정체가 무엇인지 혼미한 채로 남아있다면, 이것이야말로 불가사의한 일이 아닐 수 없다. 이는 듀이에 대한 온당한 대접도 아니다. 누구나 다 알고 있다고 생각하지만, 실제로는 어느 누구에 의해서도 그 진면모가 드러나지 않은 채, 듀이 같은 주목받을 만한 가치가 충분한 인물이 교육학 역사의 뒤편으로 사라지고 있다는 것, 그것은 분명 듀이는 물론이고 우리 모두에게 크나큰 비애일 수밖에 없다.

듀이에 대한 오해의 한 가운데에 자리를 잡고 있으면서 그를 둘러싸고 제기되는, 심각하거나 사소한, 모든 오해를 낳고 있는 원천에 해당하는 것이 프래그머티즘을 실용주의로 해석하는 견해이다. 이에 따르면, 실용주의는 실생활과 관련된 가치를 중시하는 사고방식으로서 프래그머티즘이 실용주의와 대동소이한 것인 이상, 프래그머티즘 역시 세속적인 인간의 삶을 영위하고 개선하는 일을 최우선의 관심사로 삼고 있는 사유 체계이다. 그리고 실용주의가 먹고 살아가는 일에 일차적인 관심을 갖고 삶을 영위할 수밖에 없는 일반인들의 상식적인 사고방식에 해당하는 만큼, 프래그머티즘은 철학적인 용어와 논의의 틀을 동원하여 일반인들의 상식을 학문적으로 치장한 것에 지나지 않는다는 것이다.

프래그머티즘은 영어가 아니다. 그것은 실천이나 행위를 뜻하는 그리스어 '프래그마타'(pragmata)에서 나온 말로 관념이나 이론 등의 가치나 타당성을 실천을 통하여 밝힌다는 취지를 담고 있다(James,

1907). 이러한 프래그머티즘은 전통 철학과는 구분되는 발상에 근거하고 있다. 전통 철학은 지식을 바깥 세계, 또는 실재(reality)의 표상이나 모사(模寫)로 간주한다. 지식은 실재를 있는 그대로 표상해야 하며, 실재와 일치되는 한에서 진리일 수 있다(RP[36]: 92~93, 142~144, QC: 17). 따라서 철학의 과제는 지식이 실재를 표상하는 방식을 해명하고 실제로 지식이 실재와 일치하는지를 따지는 것이 된다. 그러나 프래그머티즘은 지식을 바깥 세계의 표상으로 보지 않으며, 따라서 세계와 대응하는 것으로도 생각하지 않는다. 이러한 점에서 프래그머티즘은 지식을 절대적인 것, 확실한 것, 불변적인 것으로 간주하는 전통 철학에서 이탈하는 사유 체계이다. 이에 따르면, 전통 철학이 꿈꾸어 왔던 완성된 최종적인 지식은 도달할 수 없는 이상이다. 지식은 언제나 성장하는 과정 중에 있는 것으로서 최종적일 수 없다는 것이다.

그렇다면, 지식이란 무엇인가? 듀이에 따르면, 지식은 그 자체가 목적이라기보다는 우리가 실현하고자 하는 목적을 위하여 활용되어야 하는 도구이다. 아마도 지식이 도구라는 이러한 주장이 프래그머티즘을 실용주의로 해석하는 근거로 활용되었을 것이다. 그러나 듀이가 지식을 도구로 본다고 할 때, 그것은 지식이 우리의 세속적인 삶을 위한 도구라는 의미를 지니지는 않는다. 지식은 도구라는 말을 듀이의 사유 체계 전체 속에서 이해하지 않고, 이것만을 따로 떼어내어 해석할 때, 프래그머티즘은 곧 실용주의라는 오해가 증폭되고 만다.

프래그머티즘이 실용주의와 동일한 아이디어를 담고 있는지에 대

---

36 이 글에서 듀이의 저작들은 약칭으로 표시되며, 약칭은 참고 문헌에 소개되어 있다.

해서는 불분명한 점이 많다. 흔히 프래그머티즘의 진리관을 실생활과
관련된 유용성이나 실용성에서 지식의 가치를 구하는 것으로 이해하
는 경향이 있지만, 이는 프래그머티즘을 근본적으로 오해한 것이다(김
태길, 1990; 엄태동, 1999; Bernstein, 1966, 1971). 다음의 발언은 듀이의 프
래그머티즘을 실용주의와 성급히 동일시해서는 안 되며, 그 취지를
다른 곳에서 구해야 한다는 점을 일깨워준다.

> 듀이의 프래그머티즘을 실용주의로 번역하고, 속된 실리(實利)의 추구만을
> 역설하는 철학인 것처럼 이해하는 것은 부당하다. … 듀이가 아이디어, 사
> 유, 지식 등을 도구라고 말했을 때, 그것은 결코 좁은 의미의 실리나 실용
> 을 위한 도구라는 뜻으로 한 말이 아니다. 그것은 문제가 도사리고 있어서
> 만족스럽지 못한 상황을 문제가 해소되어 만족스러운 상황으로 바꾸어 놓
> 는 데에 도움이 되는 도구라는 의미이다(김태길, 1990: 67~68).

듀이가 말하는 문제 사태는 어떠한 상황을 지칭하는가? 프래그머
티즘을 실용주의로 해석하려는 사람들은 듀이의 문제 사태를 먹고 살
아가는 일과 관련된 '실제적인'(practical) 문제 상황을 의미하는 것으로
이해하는 경향이 있다(이홍우, 1990: 152~153). 실제적인 문제 사태라는
말에서 연상되는 바처럼, 듀이가 관심을 두는 문제 사태는 이론적인
것과는 대비되는 것으로서, 생계를 영위해야 하는 이른바 생활과 관
련된 문제 사태를 의미한다는 것이다. 그러나 실제적이라는 말을 이
렇게 해석하는 것은 프래그머티즘이 말하는 '실천'(praxis)의 의미에 대
한 온당한 해석은 아니다. 영어의 실천(practice)은 프래그마타에서 파
생된 말이기는 하지만, 많은 경우에 그것은 먹고 살아가는 일과 관련

된 세속적인 활동을 지칭하며, 이는 이론적인 것(the theoretical)과는 대립적인 관계에 있다. 반면에 프래그머티즘이 말하는 실천으로서의 praxis는 이론적인 활동으로서의 theoria와 밀접한 관계를 갖는 것으로서 세속적인 활동을 지칭하는 것은 아니다(Bernstein, 1971: ix~xi). 영어의 practice가 theory와 구분될 뿐만 아니라 대립적인 관계에 있다고 하면, praxis는 theoria와 개념적으로 구분될 수는 있을지 몰라도 사실상 서로 분리되어 존재하는 것은 아니다(손원영, 2001: 20~30). 말하자면, praxis는 행위와 성찰이 혼융(混融)되어 있는 상태로서 practice-theory라는 이분법적인 틀을 넘어서는 개념이다. 그럼에도 불구하고 프래그머티즘은 praxis의 본래적인 의미보다는 practice와 관련하여 그 취지가 해석되면서 원래의 모습과는 다른 사유 체계로 변질되어 버렸다.

  듀이의 철학은 이론적인 것과 실제적인 것이라는 전통 철학의 구분을 넘어서려는 시도이다. 따라서 그의 철학을 평가할 때, 그것이 부정하는 전통 철학을 끌어다가 적용하는 것은 온당하지 못하다. 듀이와 같은 프래그머티스트들을 이해하는 데에 있어서 흔하게 범하는 오류는, 프래그머티즘이 전통 철학의 극복을 겨냥하면서 전통 철학의 경계를 벗어나고 있음에도 불구하고, 이를 전통 철학의 틀에 비추어 평가하는 데서 빚어진다(Prado, 1987: 11, 29). 듀이가 이론적인 것과는 구분되는 실제적인 것만을 옹호하고 있으며, 그럼으로써 이론적인 것의 가치를 무시하고 실제적인 것의 가치만을 두둔하는 실용주의를 표방하고 있다는 해석은 이러한 오류 가운데서도 대표적인 것이다.

  이러한 점을 감안할 때, 듀이가 말하는 문제 사태를 이론적인 것과 대립되는 실제적인 것으로만 해석할 이유는 없다. 그것은 주어진 사건이나 대상 등을 다루는 가운데 그러한 사건이나 대상의 특질에 대하여 사고하고, 그 사고에 근거하여 행위를 하는 실천적인 상황, 즉 사고와 행위가 혼융되어 상호작용하는 상황이라는 차원에서 이해될 필요가 있다. 그러한 경우에 듀이가 말하는 문제 사태는 실리나 실용성이 관계되는 문제라기보다는 우리가 삶을 살아가는 가운데 직면하게 되는 각양각색의 문제를 의미하는 것으로 해석될 수 있다(김태길, 1990: 66). 이러한 경우에는 심미적이거나 인지적인, 또는 도덕적이거나 종교적인 문제 등 온갖 문제들이 듀이가 말하는 문제 사태에 해당한다. 따라서 듀이가 말하는 문제 사태를 생활과 관련된 실용적이거나 실제적인 문제 사태로만 보는 것은 오해이다. 듀이 자신도 이와 관련하여 프래그머티즘, 또는 프래그머티즘의 다른 표현인 도구주의(instrumentalism)를 실용주의로 해석하는 것은 명백히 그릇된 것임을 분명히 하고 있다.

도구주의에 따라다니는 가장 집요한 오해는 그것이 지식을 단순히 실제적인 목적이나 실제적인 필요의 충족을 위한 수단으로 간주하고 있다고 생각하는 것이다. 그러한 생각에 따르면, 도구주의가 염두에 두고 있는 실제적인 것은 물질적인 유용성이나 먹고 살아가는 일과 관련된 실용성에 해당하는 것으로 오해되고 만다. 그동안 프래그머티스트들이 너 나 할 것 없이 프래그머티즘이 의미하는 바가 가장 명백하게 드러나도록 분명히 이야기해왔음에도 불구하고, 사람들은 여전히 '프래그머틱'이라는 말을 들을 때마다 거의 습관적이라 할 만큼 생계와 관련된 실용성을 떠올리는 경향이 강하다. 그러나 다시 한번 분명히 이야기하지만, 프래그머틱이라는 용어는 사고라든지 반성적인 고찰을 통하여 최종적으로 도달하게 된 의미가 무엇인지를 알려면, 그리고 그 의미가 타당한 것인지를 검증하려면, 그러한 사고와 반성적인 고찰이 가져온 귀결이나 결과를 참조해야 한다는 원칙을 지칭하는 것일 뿐이다. 프래그머틱이라는 말은 그 결과가 어떠한 성격을 지니는 것인지에 대해서는 한마디도 언급하지 않는다. 그 결과는 성격상 심미적인 것일 수도 있고, 도덕적인 것일 수도 있으며, 종교적인 것일 수도 있다. 결과는 당신이 원하는 그 어떤 것도 될 수 있다(EEL: 366).

이상과 같은 듀이의 항변을 존중할 때, 지식이나 관념은 문제 사태를 해결하는 데에 도구가 된다는 말은 실용주의적인 해석과는 다른 견지에서 이해될 필요가 있다. 듀이가 말하는 문제 사태는 우리가 삶을 영위하는 가운데 직면하게 되는 다양한 문제들과 관련하여 그 문제의 해소를 위하여 필요한 활동들을 강구하고, 이들을 비교하는 가운데 가장 적절한 활동을 선정하며, 그 결과가 어떠할지를 예견하고, 실제로 예견된 결과가 실현되는지를 검증하기 위하여 활동을 수행하는 사태를 지칭한다. 이러한 문제 해결 활동을 통하여 신장되는 지적인 능력을 듀이는 지력(知力, intelligence)이라 부른다(RP: 134). 하나의 문제 사태 속에서 신장된 지력은 이와는 다른 문제 사태 속에서 해결책을 모색하는 데에 활용된다. 이처럼 문제 사태를 해결하는 가운데 지력이 신장되는 과정이 듀이가 말하는 경험의 재구성이요, 성장이며, 이것이 곧 교육의 과정이기도 하다.

물론 이러한 문제 사태는 생활과 관련된 실제적인 사태를 겨냥하는 것은 아니다. 그것은 학자가 이론적인 문제를 해결하기 위하여 애쓰는 지적인 문제 사태일 수도 있고, 예술가가 자신의 미적인 통찰을

작품에 구현하기 위하여 노력을 경주하는 심미적인 문제 사태일 수도
있으며, 우리가 특정한 상황 속에서 어떻게 행동하는 것이 바람직한
가를 놓고 고심하는 도덕적인 문제 사태일 수도 있다. 따라서 우리의
사유나 관념, 지식 등이 이러한 문제 사태의 도구가 된다는 것은 우리
의 인지적이거나 심미적인, 또는 도덕적인 성장에 그러한 것들이 유
용하게 활용된다는 의미를 지닌다. 이러한 점에서 관념이나 지식이
도구로서 유용성을 지녀야 한다는 듀이의 발언을 실용주의로 이해하
는 것은 잘못이다. 이와 관련하여 다음과 같은 듀이의 발언에 다시 한
번 귀를 기울일 필요가 있다.

> 진리를 유용성이라 정의할 때, 그것을 순전히 사적(私的)인 목적이나 특정
> 한 개인이 마음에 품고 있는 어떠한 이익에 유용하다는 뜻으로 생각하는
> 경우가 흔하다. … 그러나 사실을 정확히 이야기하자면, 유용성으로서의
> 진리란 특정한 관념이나 이론이 경험의 재구성을 가져온다고 할 때, 그것
> 이 새로운 경험의 구성에 기여할 수 있다는 의미에서의 유용성을 뜻한다
> (RP: 170).

여기서 듀이가 말하고 있는 것은 지식이 하나의 발판으로 활용되
어 그것과는 다른 새로운 지식의 구성에 활용될 수 있다면, 그것은 지
식으로서 가치를 지닌다는 점이다. 물론 이때 지식은 그것 자체로서
가치를 지니는 것이라기보다는 이후의 지식이 재구성되는 과정에 도
구로 사용된다는 점에서 가치를 지닌다. 지식은 지식의 성장 과정 속
에서 그러한 성장을 지속시키는 힘으로서의 유용성을 지녀야 한다.
이것이 듀이의 도구주의적 지식관이다.

도구주의적 지식관에 따르면, 특정한 관념이나 지식이 성공적인 결과를 가져오는지를 따져봄으로써 그것이 가치 있는 것인지를 검증할 수 있다. 이때 성공을 실생활과 직접적으로 관련된 실제적인 결과를 의미하는 것으로만 해석하려는 것은 옳지 않다. 그것은 우리가 당면하고 있는 문제 사태를 성공적으로 해결하는 가운데 얻게 되는 결과로서 인지적인 것일 수도 있고, 심미적인 것일 수도 있으며, 도덕적인 것일 수도 있다. 그것은 듀이의 말 그대로 그 어떠한 것도 될 수 있다. 다만 성공적인 결과는 그것에서 멈추는 것이 아니라, '성공'(success)이라는 말이 '지속됨'(succeeding)을 의미하는 데에서도 알수 있듯이, 새로운 문제 사태에도 활용되어 새로운 관념과 지식을 계속적으로 산출할 수 있어야 한다(RP: 182). 이처럼 관념이나 지식이 새로운 관념이나 지식의 산출로 계속적으로 이어질 수 있는 성공적인 결과를 낳아야 한다고 할 때, 그 결과가 실제적인 것이냐, 아니냐는 프래그머티즘의 직접적인 관심사에 속하지 않는다(EEL: 366). 그것은 관점에 따라 어떠한 것으로도 해석될 수 있다. 이러한 점을 간과하고 듀이가 말하는 성공적인 결과를 실생활과 관련된 문제 사태의 해결이라는 측면에서만 바라보는 것은 듀이에 대한 공정한 태도가 아니다.

지식을 도구로 보는 듀이의 견해 속에는 전통 철학의 지식관과는 구분되는 프래그머티즘 고유의 지식관이 담겨 있다. 듀이는 지식도 성장하는 경험의 어느 한 국면(局面)에 해당하는 것으로 본다. 그리고 지식이 경험인 이상, 그것은 변화와 비완결성(非完結性)을 특징으로 한다. 전통 철학의 경우, 고정되고 완결된 형태의 확실한 지식을 지향한다는 점을 감안하면, 프래그머티즘의 지식관은 전통 철학의 그것과는 확연히 구분되는 셈이다. 오히려 정확히 말하면, 프래그머티즘은 전통 철학의 지식관을 부정한다(RP: 171). 왜냐하면, 전통 철학이 겨냥하는 절대적이고 확실한 지식은 최종적인 것으로서 그것과는 다른 새로운 지식의 창출에 도구로서 활용될 여지가 없는 지식인 반면, 프래그머티즘은 그러한 최종적인 지식을 허용하지 않기 때문이다(DE: 334~335, QC: 81). 전통 철학이 가정하는 것처럼 최종적인 확실한 지식을 확보할 수 있다고 생각하고, 특정한 지식을 절대시하는 것은 인간이 자신이 구성한 산물에 불과한 지식을 마치 절대적인 지식인 것처럼 취급하는 착각을 불러온다. 이는 자신이 만든 것을 우상(偶像)처럼 숭배하는 어리석은 결과를 가져올 뿐이다(RP: 99). 새로운 경험이나 지식으로 이어지지 않는 최종점에 위치한 절대적인 경험이나 지식은 프래그머티즘의 사유 체계에는 들어설 여지조차 없는 전통 철학의 낡은 잔재이다.

듀이가 말하고 있는 것처럼 한 단계의 경험으로서의 지식은 이후의 지식, 또는 이후의 경험을 낳는 데에 기여하는 도구이다. 그것은 이후의 지식을 산출하는 데에 유용하게 활용되어야 한다. 그러나 이때의 도구나 유용성은 실생활에의 도구나 유용성이라는 의미는 아니다. 이 점을 간과하면 우리는 프래그머티즘의 통찰을 놓치고 그것을 실용주의로 착각하게 된다. 그동안 우리는 이러한 착각을 너무나도 자주 범해 왔으며, 그럼으로써 프래그머티즘이 교육에 줄 수 있는 통찰 가운데 많은 것을 놓쳐왔다.

교육이 추구해야 하는 가치를 밝히는 일은 교육학의 항구적인 탐구 주제에 속하며, 따라서 완결된 해답을 기대하기는 어렵다. 이러한 점에서 보면, 교육의 가치에 대하여 수많은 논의들이 전개되면서 갑론을박이 이루어지고 있는 현실은 오히려 당연한 일이라고 볼 수도 있다. 그렇기는 하지만, 교육의 가치에 대한 다양한 논의들을 살펴보면, 그것은 대략 두 가지 정도의 흐름을 형성하고 있다. 첫째는 인간이 사회적인 삶을 영위하는 가운데 추구하는 경제적인 부나 사회적인 지위, 명예 등이야말로 하나의 사회 제도로서 교육이 당연히 만족시켜야 할 인간적인 가치에 해당한다고 보는 견해이다. 둘째는 교육이 부나 명예, 지위 등과 같은 세속적인 가치의 추구에 한정되어서는 안 되며, 오히려 이러한 것들을 초월하여 진이나 선, 또는 미 등과 같이 교과에 반영되어 있는 가치를 충족시켜야 한다고 보는 견해이다. 첫번째 견해가 교육의 가치를 실제적인 가치에서 구하고 있다면, 두 번째 견해는 교육의 가치를 교과의 가치에서 구하고 있다고 말할 수 있다. 아닌 게 아니라 교육을 둘러싸고 전개되고 있는 이론적이거나 실제적인 논의와 갈등은 많은 경우에 교육이 실제적인 가치를 추구해야 하는가, 아니면 교과의 가치를 추구해야 하는가에 대한 견해의 차이에서 비롯된다. 쉽게 말하면, 교육의 가치와 관련하여 우리는 '실제적인 가치냐, 아니면 교과의 가치냐'라는 양자택일의 상황에 처해 있으며, 이러한 선택지 이외에 제3의 대안은 존재하지 않는 것처럼 생각해 왔다.

　　듀이를 실용주의자로 보는 많은 오해에도 불구하고, 실지로 듀이는 교육의 가치를 실제적인 것에서 구하는 견해와는 다른 입장을 견지하고 있다. 듀이에게 있어 교육은 경제적이거나 사회적인 가치를 추구하는 일과는 직접적인 관련이 없는 인간사이다. 물론 지력의 성장이나 경험의 재구성이 우리에게 실제적인 가치를 부산물로 안겨 줄 수도 있지만, 그것은 교육이 우리에게 줄 수 있는 유일한 가치도 아닐 뿐만 아니라, 본래적인 가치는 더욱이 아니다. 프래그머티즘과 실용주의의 차이에 주목하고, 전자를 후자로부터 분리시켜 생각하게 되면, 듀이가 말하는 교육의 가치가 실제적인 가치로 환원될 수 없음을 알 수 있다. 우리 사회에는 실용주의적인 발상이 만연되어 있다. 고부가가치를 산출할 수 있는 실용적인 지식이 소중하며, 그러한 지식으로 무장된 산업인력이나 실제적인 지식인을 기르는 것이야말로 교육이 추구할 바라는 실용주의적 아이디어가 득세하고 있는 것이다. 그러나 분명히 말하지만, 듀이의 교육론이나 프래그머티즘은 그러한 세속적인 발상과는 무관하다.

　　그렇다면, 듀이는 실제적인 가치에 반대하고 교육의 가치를 교과

의 가치에서 구하는 입장에 있다고 볼 수 있는가? 교육의 가치가 될
만한 후보는 실제적인 가치이거나 아니면 교과의 가치 가운데 하나이
며, 다른 것은 존재하지 않는다고 생각하는 경향을 고려할 때, 그렇다
고 말할 수 있을지도 모른다. 그러나 교과의 가치를 교육이 추구해야
하는 본래적인 가치로 생각하는 입장에 있는 사람들은 듀이야말로 교
과의 가치를 실제적인 가치로 바꿔치기 한 교육의 배신자로 평가하고
있다. 아닌 게 아니라 듀이에 대한 대부분의 비판은 거의 예외 없이
교과의 가치를 신봉하는 입장에 있는 사람들이 주도하고 있다. 그리
고 그러한 비판들은 듀이가 실제적인 가치를 교육의 가치로 내세우고
있다는 점에 집중되고 있다. 이러한 점은 기이한 일이 아닐 수 없다.
듀이가 실용주의자라는 세간의 평가에도 불구하고, 앞에서 논의했던
것처럼, 그는 실용적인 가치를 교육의 본래적인 가치로 생각하지 않
고 있다. 그럼에도 불구하고 실용적인 입장에 있는 사람들은 듀이가
그들과 같은 입장에 있는 것으로 간주하고 그를 지지하고 있으며, 교
과의 가치를 강조하는 사람들은 같은 이유로 듀이를 비난하고 있다.37
이상과 같은 현상이 벌어지고 있는 데에는 여러 가지 이유가 있을 수
있다. 그러나 무엇보다도 듀이가 생각하는 교육의 가치가 실제적인

---

37 듀이가 실용적인 교육론을 취하고 있다는 점을 들어 그를 교육을 부정한 인물로
   비난하기도 하지만(이홍우, 1990: 153~154), 똑같은 이유를 들면서도 그를 낡은 교육
   을 새로운 교육으로 전환시킨 인물로 찬양하기도 한다. 특히 우리나라의 교육과
   관련하여 '듀이는 현실의 생활을 거의 무시해 온 구교육(舊敎育)의 탈속적(脫俗的)인
   교육관을 세속적인 것으로 돌이키는 데에 공헌한 생활중심교육을 부각시켰다'는
   평가(김재만, 1982: 252)가 내려지기도 한다. 동일한 것에 대하여 이렇듯 상반된 평가
   가 이루어지고 있는 실태는 그 자체로도 흥미롭지만, 양자 모두 듀이의 본래 의도
   를 제대로 파악하고 있는 것인가 하는 점이 더욱 중요한 문제이다.

가치나 교과의 가치라는 이분법적인 틀을 넘어서는 제3의 가치에 해당함에도 불구하고, 이를 종래의 이분법적인 틀에 꿰맞추어 이해하는 데에서 그 이유를 찾을 수 있다.

듀이는 실제적인 가치를 교육의 가치로 보지 않지만, 그렇다고 해서 교과의 가치가 곧바로 교육의 가치라고 생각하지도 않는다. 그가 주목하고 있는 것은 교육이 지닐 수 있는 고유한 가치이다. 즉, 교육은 교육 아닌 것들이 지닐 수 있는 가치와는 구분되는 나름대로의 가치를 내장(內藏)하고 있다는 점을 주장하려는 것이 듀이의 본래 의도이다. 이러한 듀이의 생각은 교육의 내재적 가치를 역설하는 그의 다음과 같은 유명한 발언 속에 그대로 반영되어 있다.

> 삶은 발달이며, 발달 또는 성장이 곧 삶이다. 이것을 교육에 적용하여 고쳐 쓰면, 첫째로 '교육의 과정은 그것 자체가 목적으로서 그것을 넘어선 목적을 지니지 않는다'는 것과 둘째로 '교육의 과정이란 계속적인 재조직, 재구성, 변형의 과정이다'라는 것이 된다(DE: 54). … 사실을 두고 말하면, 성장에는 더 성장한다는 것 이외에 다른 목적이 없다. 마찬가지 이유로 교육의 경우에도 더 교육받는다는 것 이외에 교육이 봉사해야 할 다른 목적은 없다. … 학교교육의 목적은 성장을 가져올 수 있는 힘을 체계적으로 구비하도록 하여 교육이 지속되도록 하는 일이다(56). … 교육의 과정은 지속적인 성장의 과정이다. 그것은 성장의 각 단계마다 성장의 능력을 부가시켜주는 일을 목적으로 갖는다(59). … 교육의 과정은 그 결과로서 더 교육받을 수 있는 능력을 가져온다(73).

그런데 듀이의 이러한 발언은, 그 외형만 놓고 보면, 교과의 가치를 거론하는 가운데 교육의 내재적 가치를 주장하는 논의들, 예를 들어, 피터스(1966)의 논의나 이홍우 교수(1990)의 논의와 크게 다르지 않다. 듀이의 것이 되었든, 피터스나 이홍우 교수의 것이 되었든, 이들은 모두 교육의 가치나 목적을 교육의 바깥이 아닌 교육의 안쪽에서 구하고 있으며, 바로 이 점에서 교육의 내재적 가치를 주장하고 있는 것으로 평가받고 있다. 그러나 양자의 논의는 그 외형상의 유사점에도 불구하고, 교육의 가치가 교육의 안쪽에 있다고 할 때, 그 교육이 어떤 것인가 하는 점에서 근본적인 차이를 지니고 있다. 피터스나 이홍우 교수가 생각하는 교육의 활동은 흔히 교육의 내용으로 언급되는 학문이나 예술, 또는 도덕 등을 추구하는 활동 자체를 의미하며, 이것 이외에 교육의 활동이 별도로 존재하는 것은 아니다(이홍우, 1990: 80~81). 예를 들어 과학이나 예술 등을 지식과 이해 또는 지적인 안목을 기르기 위하여 탐구하는 이상, 그것은 교육의 활동이며, 이 경우 교육의 내재적 가치는 과학이나 예술 같은 교과의 가치와 다르지 않다는 것이다. 바로 이러한 점에서 그들이 보기에 교육을 내재적으로 정당화하는 일은 교과의 내재적 가치를 밝히고, 이것이 누구에게나 가치 있다는 점을 논증하는 것이 된다.

　듀이 역시 교과가 내재적 가치를 지닐 수 있음을 부정하지는 않는다. 그러나 그에게 있어 교과의 내재적 가치는 교과의 가치일 뿐이며, 이것이 저절로 교육의 내재적 가치가 되는 것은 아니다. 학문이나 예술과 같은 것이 교과가 될 수 있으려면, 그것은 반드시 배우는 사람과의 관련 속에서 실제로 그 사람의 성장에 기여하는 바가 있는가 하는 점이 먼저 검토되지 않으면 안 된다. 이를 듀이는 '경험의 상호작용 원리'라는 말로 설명한다(EE: 24). 그가 보기에는 학문이나 예술 같은 것도 성장하는 경험의 한 국면에 해당한다. 그리고 학문이나 예술이라는 경험은 그것이 배우는 사람의 현재 경험과 상호작용하여 그의 경험이 새로운 차원에서 재구성되거나 성장하는 데에 활용될 수 있어야만 교육적으로 가치가 있는 경험이 될 수 있다. 따라서 학문이나 예술이라고 해서, 누구나 추구해야 하는 교육적인 가치를 지니는 것은 아니다. 그것은 누군가의 성장에 기여할 수 있을 때, 바로 그 누군가에게 가치를 지닌다. 설사 학문적이거나 예술적인 가치를 지니는 것이라고 하더라도, 즉 학문적인 면이나 예술적인 면에서는 내재적 가치를 인정받을 수 있는 것이라고 하더라도, 상호작용의 원리를 만족시키지 못할 경우에 그것은 교육적인 가치를 갖지 못한다.

아이들에게 비프스테이크를 먹이지 않는 것은, 그것이 아이들에게 맞지 않기 때문이지, 비프스테이크가 영양분이 없기 때문은 아니다. 우리가 초등학교 1학년이나 6학년 아이들에게 삼각함수를 가르치지 않는 것은, 그것이 아이들에게 맞지 않기 때문이지, 삼각함수 자체를 무시해서가 아니다. 교과 그 자체만 가지고는 그것이 교육적이라거나 성장에 도움이 된다거나 하는 평가를 할 수 없다. 배움의 당사자가 도달해 있는 성장의 단계와는 무관하게 어떠한 교과가 본래부터 그 속에 교육적 가치를 지니고 있다고 말할 수는 없다. 교과는 개인의 필요 및 역량에 적합한 것이라야 한다. 전자를 후자에 맞도록 조절하는 데에 실패하게 되면, 특정한 교과가 본래부터 교양적 가치를 지닌다거나 정신적인 도야(陶冶)에 유익하다는 잘못된 생각에 빠지고 만다. … 상호작용의 원리로부터 분명히 알 수 있는 것처럼 배워야 할 자료를 개인의 필요 및 역량에 맞도록 조절하는 데에 실패하면,

개인이 배워야 할 자료에 맞도록 (자신의 필요와 역량을 조절하여) 적응
해야 하는데 그렇게 하지 못하는 경우만큼이나, 비교육적인 경험이 초래될
수 있다(EE: 27).

　여기서 짐작할 수 있는 것처럼, 듀이의 경우에 교과의 가치와 교
육의 가치가 반드시 일치하는 것은 아니다. 본래부터 그 속에 교육적
인 가치를 담고 있는 교과는 존재하지 않는다. 그것은 반드시 배우는
사람과의 관련 속에서 그와 상호작용하는 가운데 그의 성장에 도움이
될 경우에만 교육적인 가치를 지닐 수 있다. 만약 교과가 그러한 것이
라면, 특정한 종류와 수준의 교과가 누구에게나 보편적으로 교육적인
가치를 지닐 수 있는 것은 아니다. 위의 인용문에 언급되어 있는 것처
럼, 삼각함수는 그것을 다룰 만한 수준에 있는 학생에게는 교육적인
가치를 지니는 교과가 될 수 있지만, 그렇지 못한 학생에게는 교육적
인 가치를 지니는 것이 아니다. 즉, 갑(甲)에게는 교육적인 가치를 지
니는 교과가 을(乙)에게는 그렇지 않을 수도 있으며, 을에게 가치 있
는 교과라고 해서 반드시 갑에게도 그러한 것은 아니다.38
　그러나 교과의 가치와 관련해서 듀이가 전개하는 사고의 특이한
점은, 특정한 사람에게 교육적인 가치를 지니는 교과라고 해서, 그 교

---

38 여기서 알 수 있는 것처럼 교육적인 가치와 관련해서 듀이는 상당한 정도로 상대
　주의적인 관점을 견지하고 있다. 사실 절대주의를 비판하는 프래그머티즘 자체가
　이미 상대주의적 경향을 지니고 있다. 그러나 오해해서는 안 될 것은 듀이가 상대
　주의를 견지하기는 하지만, 그렇다고 해서 모든 지식이나 관념 등은 동등한 지위
　에 있다고 보는 무정부 상태를 용인하지는 않는다는 점이다. 그는 상대주의 속에
　서 경험의 개선과 성장을 이야기하고 있다.

과의 가치가 곧 교육의 가치는 아니라고 보는 데에 있다. 정확히 말하면, 교과는 그것이 어떠한 것이라고 하더라도, 경험의 재구성, 또는 성장으로서의 교육에 대하여 소재(素材)가 되는 것으로서 교육의 수단이다. 즉, 교과는 교육을 위한 소재로서 수단적인 가치를 지닌다. 아마도 이것이 교육의 가치와 관련해서 듀이가 피터스나 이홍우 교수의 입장과 근본적으로 구분되는 점일 것이다.

그렇다면 교과가 교육의 소재로서 교육에 대하여 수단적인 가치를 지닌다는 것은 무슨 뜻인가? 앞에서도 논의했던 것처럼, 듀이에게 있어서 교육은 지력이나 경험이 성장하는 과정 그 자체이다. 하나의 문제 사태에 직면하여 이를 해결하기 위한 탐구의 활동을 전개하는 가운데 지력이 발휘되고, 그것은 다음의 문제 사태와 관련하여 쇄신됨으로써 성장해 나간다. 그리고 이러한 성장의 과정에서 우리는 어떠한 경험을 하게 되며, 성장의 과정이 끝없이 계속된다는 점에서 그 경험은 계속적으로 재구성된다. 재구성의 과정을 통하여 우리는 재구성 이전의 것과는 다른 경험을 지니게 되며, 이 경험을 토대로 이전에는 상호작용할 수 없었던 교과와 상호작용할 수 있게 된다. 바꾸어 말하면, 경험의 재구성과 함께 우리는 이전에는 배울 수 없었던 것을 배울 수 있게 됨으로써 자신에게 교육적인 가치를 지니는 교과의 지평을 확대하게 된다. 이러한 교육의 과정에서 교과는 경험의 계속적인 성장을 위한 발판이나 도구로 활용된다.

사실 교과를 도구로 보는 생각은 듀이의 프래그머티즘 속에 이미 들어 있는 것이다. 프래그머티즘에 의하면, 관념이나 지식은 그 자체가 가치를 지닌다기보다는 문제 사태의 해소에 기여한다는 점에서 도구적인 가치를 인정받을 수 있다. 물론 듀이가 말하는 문제 사태는 생계와 관련된 실제적인 사태를 의미하는 것은 아니다. 그것은 인지적인 것일 수도 있고, 심미적인 것일 수도 있으며, 도덕적인 것일 수도 있고, 종교적인 것일 수도 있다. 듀이의 문제 사태를 그 가운데 어느 하나로 고정시켜 생각하는 것은 오해이다.

그렇다면 관념이나 지식이 문제 사태의 해소에 기여하는 도구라는 말은 무슨 의미인가? 문제 사태를 해결하는 능력을 듀이는 지력이라 부르며, 이는 다른 말로 표현하면, 반성적 사고(reflective thinking)의 능력이기도 하고, 탐구의 능력이기도 하다. 그것을 어떠한 용어로 표현하든지 간에, 듀이가 보기에, 문제 사태를 해결하는 가운데 우리는 문제 해결의 능력, 또는 반성적인 사고와 탐구의 능력을 습득하게 되며, 이러한 능력을 토대로 이후의 새로운 문제 사태를 좀 더 효과적으로 해결해 나가게 된다. 물론 그 과정에서 우리는 단계마다 새로운 경험을 재구성하여 습득하게 되며, 그러한 경험은 이후의 경험을 산출하는 데에 활용된다. 중요한 것은 재구성의 결과로 특정한 경험을 얻는다는 것이 아니라, 경험을 재구성하는 과정에서 반성적인 사고와 탐구의 능력을 습득하고 이를 계속적으로 신장시켜 나간다는 점이다. 그리고 듀이가 보기에 반성적 사고를 신장시키는 것이 바로 교육이 겨냥해야 하는 목적이다(HWT: 125). 반성적 사고의 능력이 신장됨으로써 우리는 성장의 단계마다 더 성장할 수 있는 능력을 획득하게 되며, 교육을 받은 결과로 더 교육받을 수 있는 능력을 갖추게 된다.

이러한 듀이의 발언을 존중할 때, 우리는 색다른 통찰에 도달할 수 있다. 듀이가 말하는 반성적인 사고와 탐구의 활동, 또는 능력은

우리가 스스로를 계속적으로 성장시켜 나가는 능력으로서 배움의 활
동을 수행하는 능력을 의미한다. 바꾸어 말하면, 반성적 사고는 곧 배
움의 활동을 의미한다. 그리고 반성적 사고가 교육이 겨냥해야 하는
목적에 해당하는 만큼 배움의 능력을 습득하고 이를 신장시켜 나가는
것이 바로 교육의 목적인 셈이다. 어떻게 본다고 하더라도 배움의 활
동은 교육 활동의 안쪽에 놓여 있으며, 교육에 내재한다. 바로 이 점
에서 듀이는 교육의 목적이나 교육이 추구해야 하는 가치가 교육의
바깥에 존재하는 것이 아니라, 교육의 안에 존재한다고 보며, 따라서
교육의 내재적 가치를 주장한다. 피터스나 이홍우 교수의 생각과는
달리 듀이의 경우에 교과는 반성적 사고나 배움의 활동을 수행하는
데에 필요한 도구이며 소재이다. 반성적 사고나 배움이 교육에 해당
하는 이상, 듀이는 교육의 목적이란 바로 교육 자체이며, 교과는 이러
한 교육이 지속되도록 하는 도구라고 보는 것이다.

　　교과가 교육의 목적이나 교육이 추구해야 하는 본래의 가치가 아
니라, 소재요 도구라는 듀이의 이러한 발언은 프래그머티즘을 실용주
의로 간주하는 통념과 결합하여 교과를 생활의 수단으로 폄하하려는
발상을 담고 있다고 오해되기 쉽다. 아마도 교육의 가치를 교과에서
구하는 입장에 있는 사람들이 듀이가 교육의 개념을 부정하고 있다고
비난하는 이유도 이러한 오해에서 비롯된다고 볼 수 있다. 그러나 듀
이가 말하고자 하는 것은 교육의 가치는 실제적인 데에 있지 않을 뿐
만 아니라, 교과에 들어 있는 것도 아니고, 교육 그 자체에 내재한다
는 점이다. 이러한 듀이의 관점은 교육의 가치를 실제적인 가치나 교
과의 가치에서 구하는 입장과는 차원을 달리하고 있다. 이를 간과할

경우, 우리는 듀이를 실생활과 관련된 교육의 실용적인 가치를 주장
한 사람으로 오해하면서 그를 지지하기도 하고 비난하기도 하는 수렁
에 빠지고 만다. 그러나 듀이의 주장을 제대로 읽을 경우, 우리는 교
육의 본래적인 가치나 내재적인 가치와 관련하여 듀이로부터 소중한
통찰을 얻을 수 있으며, 이를 중심으로 새로운 교육의 모습을 그려나
갈 수 있다.

듀이에게 있어서 교과는 경험이 성장하는 과정, 즉 교육의 과정이 원활히 이루어지도록 하는 데에 사용되어야 하는 도구이며 소재이다. 이러한 교과관(教科觀)은 듀이를 제외하면 누구에게서도 찾아보기 어려울 만큼 새로운 것이다. 그러나 새로운 교과관을 내놓는 것은 동시에 '교육의 과정이 원활히 이루어지도록 하려면, 교과를 어떻게 조직하여야 하는가'라는 문제를 동시에 제기하게 된다. 듀이의 교과관이 새로운 것인 만큼 종전과 같은 교과의 조직 원리는 듀이에게는 적합한 것일 수가 없다. 먼저 듀이는 현존하는 교과에 대하여 다음과 같은 문제를 제기한다.

(교과가 담고 있는 경험은 아동의 경험이 재구성됨으로써 도달할 수 있는 것이기는 하지만) 그것이 아동의 경험과 동떨어져 있다는 것은 엄연한 사실이다. 따라서 책이나 예술 작품 등에서 찾아볼 수 있는 것과 같은 형식을 갖추고 정련되어 있을 뿐만 아니라, 체계를 이루고 있는 성인의 교과와 아동의 교과는 동일하지 않으며 그럴 수도 없다. 성인의 교과는 아동의

교과가 장차 도달할 수 있는 가능태(可能態)를 나타내며, 현재의 상태는
아니다. 그것은 전문가나 교사의 활동 속으로는 직접 들어올 수 있지만,
초보자나 아동의 활동으로는 직접 들어올 수 없다. 교사와 학생 각자의 관
점에서 볼 때 그들의 교과가 다르다는 사실에 주목하지 못함으로써 교과
서나 현재의 지식을 표현하는 교과서 이외의 자료들을 사용함에 있어서
상당한 잘못이 생겨나고 있다. … 교사는 학생이 단지 가능태로 지니고 있
는 것을 현실태(現實態)로 보여주고 있다. 즉, 교사는 학생이 지금 배우고
있는 것을 이미 알고 있다. 여기서 알 수 있듯이 교사의 문제와 학생의 문
제는 근본적으로 같지가 않다(DE: 190).

　이러한 비판을 통하여 듀이가 지적하고자 하는 것은 교육 현장에
서 학생들에게 교과로 제시되고 있는 것들이 많은 경우에 학생의 교
과가 아닌 성인이나 전문가의 교과이기 때문에 실제로 학생들의 성장
에 제대로 활용될 수 없다는 점이다. 즉, 학생들의 경험이 재구성되는
과정에 도구나 소재로 활용되지 못한다는 것이다. 성인이나 전문가의
교과는 해당 교과의 기준으로 보면, 수준이 높고 정교한 내용으로 구
성되기 마련이다. 그러한 교과는 그 교과가 담고 있는 해당 학문이나
예술 등의 기준으로 보면 탁월한 것으로 평가될 수 있다. 그러나 교육
적인 기준에서 보면 그렇지 못하다. 학생들이 지니고 있는 현재의 경
험과 상호작용함으로써 학생들의 경험이 재구성되는 데에 기여할 수
있는가 하는 점에서 보면, 대개의 경우 전문가의 교과는 학생에게 진
정한 교과가 되지 못함으로써 비교육적인 경험을 낳게 된다.
　그렇다면 성인이나 전문가의 교과는 교육적으로 아무런 의미를
지니지 못하는 것인가? 물론 그렇지는 않다. 성인이나 전문가의 교과

는 학생의 현재 경험이 재구성의 과정을 거쳐 발전해 나갈 경우 도달
할 수 있는 미래의 가능태에 해당하는 경험을 담고 있다. 문제는 학생
의 현재 경험과 성인의 교과 사이에 존재하는 간극을 메워줄 수 있는
방법을 찾는 일이다. 이와 관련하여 듀이가 제안하는 것이 '교과의 진
보적 조직'(progressive organization of subject-matter)이라는 아이디어이
다. 이에 따르면, 성인의 교과가 담고 있는 경험은 원래 사회적인 삶
의 장면에서 찾아볼 수 있는 원초적인 경험으로부터 생겨난 것이다.
예를 들면, 수학이라는 교과의 체계적인 지식은 일상적인 삶의 장면
에서 셈하고 측정하는 활동에 그 발생적 기원을 두고 있다. 물론 수학
적 지식은 일상적인 경험을 대상으로 반성적인 사고를 전개하는 가운
데 몇 번에 걸쳐 추상화가 이루어진 결과로 생겨난 것이다. 그리고 바
로 이 점에서 양자 사이에는 엄청난 간극이 존재하기 마련이지만, 그
렇다고 해서 이 두 가지 경험이 상호 무관한 것도 아니고 적대적으로
대립하는 관계에 있지도 않다. 원초적인 경험이 수많은 재구성의 과
정을 거쳐 도달하게 되는 것이 교과가 담고 있는 체계적으로 조직된
경험인 것이다(CC: 277~279). 그런데 학생들이 지니고 있는 경험은 삶
의 장면에서 발견되는 원초적인 경험에 가깝다. 따라서 교육자는 그
러한 학생들의 경험에서부터 시작하되, 이 경험이 진보적으로 발전하
여 조직화된 경험으로 나아가는 여정과 과정을 학생들이 체험할 수
있도록 조치를 취하지 않으면 안 된다.

　　교과의 진보적 조직이라는 아이디어와 관련하여 듀이는 교과가
크게 보면 3단계를 거치면서 발전한다고 생각한다. 첫 번째 단계의 교
과는 무엇인가를 할 줄 아는 것으로서의 지식이다. 학생들이 사회적

인 삶을 영위하는 가운데 수행하는 다양한 활동들은 성격상, 그것이
진보적으로 발전할 경우, 다양한 교과들의 경험으로 연결될 수 있는
지식을 담고 있다. 그리고 교과와 학생이 상호작용할 수 있도록 배려
하는 교과의 조직은 바로 여기서부터 출발해야 한다. 듀이가 보기에
는 이러한 원칙이 무시되었기 때문에 학교에서 수행하는 배움의 활동
은 학생들에게 생생한 의미를 주지 못하고, 의미 없는 암기나 언어적
재생으로 흐르고 말았다.

> 우리가 처음으로 갖게 되는 지식, 그리고 우리의 내면에 가장 깊숙이 자리
> 를 잡게 되는 지식은 무엇인가를 할 줄 아는 것으로서의 지식이다. 예를
> 들면, 걷는 것, 말하는 것, 읽는 것, 쓰는 것, 스케이트나 자전거를 타는
> 것, 기계를 다루는 것, 계산하는 것, 말을 모는 것, 물건을 사는 것, 사람을
> 다루는 것 등등을 할 줄 아는 것이다. … (이는) 목적을 실현하기 위한 수
> 단으로서의 행위를 지적으로 통제하는 것이 곧 지식이라고 보는 생각이다.
> 과학적으로 형성된 사실이나 진리를 제외한 모든 것을 무시하는 학문주의
> 적 지식관의 영향으로 말미암아 일차적인 교과나 최초의 교과는 언제나
> 능동적인 활동, 즉 신체를 사용하고 자료를 다루어보는 일을 수반한다는
> 점을 교육의 장면에서 간과하게 된다. 그러한 일이 벌어지게 될 때, 수업
> 시간에 다루는 학교의 교과는 배우는 학생의 필요나 목적과 동떨어진 것
> 이 되며, 그럼으로써 암기해야 할 무엇, 교사가 요구할 때 재생해야 할 무
> 엇으로 변질되고 만다. 반대로 교과의 자연적인 발달을 존중하게 될 때,
> 교육은 언제나 '행함을 통한 배움'(learning by doing)을 수반하는 사태로
> 부터 출발한다. 기예적인 활동이나 노작적인 활동이 교육과정(教育課程)의
> 초기 단계를 형성하며, 이는 목적을 실현하기 위하여 무엇을 어떻게 해야

하는지를 아는 것, 즉 최초의 지식에 상응하는 조치이다(DE: 192).

두 번째 단계의 교과는 첫 번째 단계의 교과인 최초의 지식을 발전시켜 나가는 데에 도움이 되는 정보들로 구성되며, 이는 다른 사람들이나 자료들로부터 얻을 수 있다. 물론 그러한 정보는 학생이 지니고 있는 직접적인 최초의 지식에 잘 맞아 들어감으로써 그 지식의 효율성을 증진시키고 의미를 심화시킬 수 있어야 한다. 세 번째 단계의 교과는 합리적이며 논리적으로 조직된 지식을 말한다. 이 교과는 앞에서 듀이가 말한 성인이나 전문가의 교과에 해당한다.

물론 교과가 듀이의 말대로 3단계를 거치면서 발전하는 것인지에 대해서는 이견의 여지가 있다. 무엇인가를 할 줄 아는 것으로서의 최초의 지식과 체계적으로 조직된 성인의 교과 사이에는 듀이가 생각한 것 이상으로 수많은 단계가 존재할 수도 있다. 그러나 여기서 중요한 것은 경험이나 지식이 발달해 나가는 과정을 생략하고, 마지막에 나올 수 있는 결과로서의 지식만을 따로 떼어내어 교과를 논리적으로 조직하기보다는, 발달의 과정을 존중하면서 교과를 조직하자는 아이디어이다.

이 아이디어는 교육과 관련하여 대단히 중요한 생각을 담고 있다. 앞에서도 논의했던 것처럼, 누구에게나 교육적인 가치를 지니는 보편적인 교과는 존재하지 않는다. 각자 자신의 경험을 가지고 상호작용함으로써 그 경험을 재구성하는 데에 도움을 받을 수 있을 만한 경험이나 지식이 당사자에게는 교육적으로 가치를 지니는 교과가 될 수 있다. 예를 들어 특정한 교과의 지식이 $a \rightarrow b \rightarrow c \rightarrow d \rightarrow \cdots \rightarrow m$

→n의 단계를 거치며 발전해 왔다고 가정하자. 학문적이거나 예술적인 기준을 중심으로 평가하자면, 이 가운데 n에 해당하는 것만이 가장 수준이 높고 정련된 경험으로 인정받을 수 있다. 그리고 a→b→c→d→……→m에 해당하는 것은, 당시는 몰라도 현재의 시점에서 보면, 과거의 흔적으로서 더 이상 학문적이거나 예술적인 경험이 될 수 없는 것으로 평가받게 된다. 많은 경우에 a→b→c→d→……→m에 해당하는 것은 교과서에 실리지 못할 뿐만 아니라, 시대에 뒤떨어진 것으로 간주되어 폐기처분되기까지 한다. 그러나 듀이의 아이디어에 따르면, a→b→c→d→……→m은 학문적이거나 예술적인 기준으로 보면 가치가 없거나 가치가 떨어지는 것일지 모르나, 교육적으로는 대단히 가치가 있는 것일 수도 있다. 그러한 것들은 각각을 소재로 삼아 상호작용하는 가운데 그들의 현재 경험을 재구성하는 데에 도움을 받을 수 있는 사람들에게는 교육적인 가치를 지니는 교과가 된다.

   교과의 진보적 조직이라는 듀이의 아이디어는 경험의 상호작용 원리를 충족시키는 한, 모든 단계의 경험을 교과로 존중하며 그것들을 계열화하여 학생들의 경험의 재구성이 원활히 이루어지도록 하자는 취지를 담고 있다. 그리고 이렇게 할 경우에 학생들은 암기나 언어적인 재생이 아니라, 진정으로 각자에게 의미가 있는 배움의 활동을 수행할 수 있게 된다. 듀이의 교육론을 구성하는 핵심적인 개념 가운데 하나인 흥미는 바로 학생들이 그들의 현재 경험을 토대로 상호작용할 수 있을 만한 수준의 경험에 대하여 갖는 정서적인 힘이다. 그것은 상호작용이 가능한 경험을 겨냥하여 그것을 추구하려는 정서적인 추진력인 것이다.39 그리고 그러한 흥미는 바로 여기서 거론한 것처럼 교과가 진보적으로 조직되어야만 발휘될 수 있다.

그런데 이러한 듀이의 아이디어는 다시 교과의 가치를 중시하는 학자들에게는 그가 실용적인 지식을 중시하고 있다는 의심을 불러일으키고 만다. 듀이가 최초의 지식, 즉 첫 번째 단계의 교과로 내세우고 있는 '무엇인가를 할 줄 아는 지식'이라는 것은 성격상 사회적인 삶을 영위하는 데에 필요한 실제적인 활동들이다. 예를 들어 듀이가 학생들에게 처음으로 제시해야 하는 교과로 소개하고 있는 것들은 목공 작업, 염색하기, 요리하기, 재배하기 등과 같은 활동들인데 이것들은 먹고 살아가는 일과 관련된 이른바 실제적이고 실용적인 활동이다. 그리고 이러한 실제적인 활동들로부터는 교과 공부를 통하여 전수되어야 하는 이론적인 지식이 나올 수 없다. 대충 이러한 비판들이 듀이에게 쏟아진다. 그러나 목공 작업, 염색하기, 요리하기, 재배하기 등과 같은 활동들을 오로지 실용적이며 실제적인 가치를 지닌다고만 보는 것은 듀이의 생각을 오해하고 있다. 이와 관련하여 듀이의 다음과 같은 반론을 경청할 필요가 있다.

> 능동적인 활동이 공부거리가 아니라 해야 할 것을 나타낸다는 사실과는
> 별도로, 그것들이 사회적인 사태를 대표한다는 데에서 그것이 지니는 교육

---

39 듀이가 말하는 흥미를 실제적인 삶의 장면에서 우리가 직면하게 되는 문제 사태에 대한 관심 정도로 이해하는 것은 듀이의 의도를 잘못 파악한 것이다. 듀이의 흥미는 실용적인 문제, 그것을 해결할 경우 우리에게 이익이 따르는 그런 문제에 대한 관심이 아니다. 그것은 여기서 보듯이 학생들의 현재 경험, 그리고 그 경험과 상호작용할 수 있는 경험 사이에 존재하는 열정이며 호기심이고 관심이다.

적인 의의를 찾을 수 있다. 인간의 기본적이며 공통된 관심사는 의식주나 가구 설비, 그리고 생산, 교환, 소비 등과 관련된 장비 등을 핵심으로 한다 (DE: 207). … 이러한 기본적인 인간적 관심사를 학교에서 활용할 수 있는 자원으로 옮겨 놓은 것, 즉 정원 가꾸기, 옷감 짜기, 목재를 가지고 하는 작업, 금속 다루기, 요리 등과 같은 다양한 활동들이란 단순히 먹고 살아가는 것과 관련된 가치를 지닌다고 비난하는 것은 이러한 활동들이 지니는 중요한 의의를 놓치고 만다(207~208). … 학교에서는 금전적인 이득을 얻기 위해서가 아니라, 그 자체의 내용 때문에 능동적인 활동을 수행한다. 외부적인 관련 사항이나 임금을 벌어야 한다는 압력으로부터 자유로운 것으로서 능동적인 활동들은 내재적으로 가치 있는 경험의 양상을 제공한다. 그것들은 성격상 진정으로 자유교육(自由敎育)다운 측면을 지닌다 (208).

듀이의 이러한 반론을 제대로 이해하려면, 우리는 실제적인 활동과 이론적인 활동이 별도로 존재하며, 어떠한 활동은 언제나 실용적인 것이고, 어떠한 활동은 언제나 이론적인 것이라는 식으로 생각해서는 안 된다. 동일한 활동이 어떠한 경우에는 실용적일 수도 있고 이론적일 수도 있다. 예를 들면, 목공 활동은 경제적으로 유용한 산물을 만들어 내려는 의도에서 수행되는 실제적인 활동일 수도 있으며, 목공 활동의 재료가 갖는 성격이나 목공 활동에 활용되는 다양한 장치들의 원리를 이해하려는 의도에서 수행되는 이론적인 활동일 수도 있다. 또한 과학 활동은 산업적이거나 군사적인 목적을 위하여 동원되는 경우에는 실제적인 활동이 될 수도 있으며, 세계의 운행 원리를 이해하는 데에 동원되는 경우에는 이론적인 활동이 될 수도 있다. 이러

한 점을 고려할 때, 듀이가 진보적으로 조직되어야 할 최초의 교과로
옷감 짜기, 염색하기, 정원 가꾸기 등과 같은 활동들을 거론한다고 해
서, 그가 이론적인 것을 무시하고 실제적인 활동들을 중시하고 있다
고 생각해서는 안 된다. 실제적인 활동이나 이론적인 활동은 분리된
채로 고정되어 있는 것이 아니다. 활동은 그것을 수행하는 사람의 의
도나 목적, 그리고 활동이 수행되는 상황이나 맥락 등에 따라서 실제
적인 것이 될 수도 있고, 이론적인 것이 될 수도 있다.

　듀이에 따르면, 아동이 수행하는 다양한 활동들을 먹고 살아가는
일과 관련된 실제적인 관점에서만 바라보는 것이야말로, 그릇된 실용
주의적 발상(utilitarian conception)40에서 생겨나는 것이다. 학생들에게
이러한 활동들을 시키는 이유는 경제적인 실리를 따지는 실제적인 활
동에 접하도록 하기 위해서가 아니다. 오히려 이런 활동들을 통해서
학생들이 사회적인 삶을 이해하고 그러한 활동들을 수행하는 데에 활
용되는 다양한 원리들을 깨닫도록 이끌기 위한 것이다(SS: 12~14). 바
꾸어 말하면, 이러한 활동들을 수행하는 가운데 학생들은 나름대로의
문제 사태에 직면할 수가 있고, 이를 해결하는 과정에서 지력을 신장
시킬 수 있다. 듀이가 그러한 활동들이 자유교육적인 측면을 지닌다
고 말하는 이유도 바로 여기에 있다.

　그리고 듀이가 보기에 이러한 활동들을 수행하는 가운데 학생들

---

40 듀이는 자신의 관점을 자주 utilitarian적인 생각과 대조시키면서 차별화를 시도하
　고는 한다. utilitarian적인 생각이란 먹고 살아가는 일과 관련된 실제적이거나 실용
　적인 가치를 중시하는 관점이다. 듀이의 프래그머티즘을 우리말로 실용주의라고
　번역하고 있지만, 실상 그것은 듀이가 반대하는 utilitarian적인 생각의 번역어로 더
　적합하다.

은 다양한 교과들의 조직된 경험으로 나아갈 수 있다. 무엇인가를 능 동적으로 수행하는 활동을 통하여 학생들은 예술로 이어질 수 있는 체험을 할 수도 있고, 과학이나 역사 등을 이해하는 데에 필요한 거점 을 확보할 수도 있다(SS: 12~13). 듀이의 관심은 최초의 지식, 즉 능동 적인 활동들 자체에 있는 것이 아니라, 그것들이 성인이나 전문가가 지니고 있는 것과 같은 체계적으로 조직된 경험으로 발전되어 나아가 도록 하는 데에 있다.

> 예를 들어 정원 가꾸기를 장래 정원사가 되도록 준비시키기 위해서라든지,
> 재미있게 시간을 보내기 위한 방법으로 가르쳐야 할 필요는 없다. 그것은
> 농사나 원예가 인류의 역사에서 어떠한 위치를 지녀왔는지, 또 그것이 현
> 재의 사회 조직에서는 어떠한 위치를 차지하는지에 대한 지식을 얻는 통
> 로가 된다. 교육적으로 통제된 환경 속에서 수행될 때, 정원 가꾸기는 성
> 장에 관한 사실, 토양의 화학적 성질, 빛과 공기, 수분의 역할, 성장에 해
> 로운 동물과 유익한 동물 등을 공부하는 데에 있어 수단이 된다. … (즉)
> 학생들이 성장함에 따라 정원 가꾸기에 대한 원래의 직접적인 관심과는
> 무관하게 발견을 위하여 탐구해야 하는 흥미 있는 문제들, 즉 식물의 발아
> 와 성장, 열매에 의한 번식 등과 관련된 문제들을 지각하게 될 것이며, 그
> 럼으로써 의도적인 지적 탐구로 나아가게 될 것이다(DE: 208).

이러한 듀이의 발언을 통해서도 알 수 있듯이 교과의 진보적 조 직이라는 아이디어는 체계적으로 조직된 성인의 교과를 무시하고 아 동의 사회적인 활동 속에 들어 있는 원초적인 경험이나 교과만을 강 조하기 위한 것은 아니다. 더욱이 그가 성인의 교과가 생겨나는 원천

으로 거론하고 있는 최초의 교과를 구성하는 활동들이 다분히 실제적
인 활동들이라는 점을 근거로 듀이는 이론적인 것을 실제적인 것으로
환원하고 있다고 평가하는 것도 옳지 않다. 그의 원래 문제의식은 '학
생들이 자신들의 경험을 재구성하는 과정에 능동적으로 임하면서 무
엇인가를 배우며, 그럼으로써 반성적인 사고와 배움의 능력을 더해
나가도록 하려면, 교과를 어떻게 조직할 것인가' 하는 데에 있다.

　　듀이의 교육이론만큼, 어떠한 경우에는 열광적인 환대를 받고, 또 어떠한 경우에는 신랄한 비난을 받는 등, 극단적인 평가가 엇갈리고 있는 경우도 드물다. 그러나 듀이의 교육이론을 지지하는 경우이든, 아니면 그것을 비난하는 경우이든, 진정으로 듀이가 교육의 본질에 대해서 무엇을 말하고자 했는가를 제대로 이해하고 평가를 내리고 있는지는 확실하지 않다. 실상을 이야기하자면, 듀이의 교육이론에 대한 철저한 이해에 근거한 수용과 비판의 노력이 부족함으로 인하여 정작 그의 교육이론이 지니고 있는 알맹이도 놓치고 있을 뿐만 아니라, 그의 교육이론에 따라붙는 몇 마디 수식어를 거론하는 정도로 그의 사상을 피상적으로 이해하는 경향이 농후하다(이돈희, 1992: 1~2). 이러한 점을 감안할 때, 듀이의 교육이론은 이미 철 지난 과거의 유물도 아니며, 누구나 그 요지를 분명히 이해하고 있어서 별도의 다른 설명을 필요로 하지 않을 만큼 자명한 사상도 아니다. 오히려 우리는 듀이의 교육이론을 종전과는 다른 관점과 각도에서 재조명함으로써 그가 그리고 있는 교육의 모습을 다시 확인해야 될 입장에 있다고 볼 수 있다.

듀이의 교육이론을 어떠한 각도에서 새롭게 조명할 필요가 있는지에 대해서는 학자마다 의견이 분분할 수가 있다. 그리고 이는 듀이의 교육이론을 생산적으로 소화한다는 점에서도 바람직한 현상일 것이다. 여기서는 그러한 새로운 시각의 하나로 '교육본위론'(教育本位論)의 관점을 제안하고자 한다. 교육본위론이라는 말에서 연상할 수 있듯이 그것은 다른 무엇보다도 교육을 본위나 중심으로 삼고, 교육이 아닌 것들은 교육을 둘러싸고 있거나 교육과 관계를 맺을 수 있는 주변적인 현상, 또는 변인 정도로 취급한다는 관점을 대표하고 있다. 사실 교육본위론이라는 용어는 교육을 교육학의 고유한 개념 체계를 구축하여 해명한다는 취지를 표방하고 있는 장상호 교수(1991, 1997, 2000)의 이론적인 탐색을 지칭하는 개념이다. 그러나 이 용어는 반드시 장상호 교수의 독점물일 수는 없다. 교육을 모든 것의 중심에 위치시키면서 교육의 고유한 면모를 해명하려는 교육이론이라면, 그것은 교육본위론이라는 이름으로 불릴 자격이 있다.[41]

듀이의 교육이론은 교육본위론의 취지를 만족시키고 있는가? 현재 우리의 주변에는 수많은 교육이론이 존재하고 있다. 그렇지만 교육이란 무엇이며, 그것의 본질과 가치가 어떠한 것인가 하는 질문을 다룸에 있어서, 교육을 다른 것과 구분되는 실체로 상정하고, 교육만이 지니는 고유한 면모를 해명하고 있는 것은 그다지 많지 않다. 그런

---

[41] 실제로 듀이의 교육이론을 교육본위론을 근거로 하여 재해석함으로써 듀이를 둘러싸고 있던 오해를 해소하고, 발전적인 이해의 방향을 모색한 연구로 김규욱(2001)을 참고할 수 있다.

데 듀이의 교육이론은 다른 교육이론들과는 달리 그러한 드문 시도를
하고 있다. 앞에서의 논의를 통하여 간접적으로 드러난 것처럼, 듀이
는 교육을 교육이 아닌 것, 예를 들면 우리의 생활 세계를 형성하고
있는 각종의 사회적인 현상이나 현실 등과는 구분되는 실체로 상정하
고 있으며, 다양한 교과의 지식으로 환원할 수도 없는 것으로 부각시
키고 있다. 그가 교육이 추구해야 하는 목적이나 가치를 생활 세계나
교과의 세계에서 구하지 않고, 교육의 안쪽에서 확보하려고 시도하고
있는 점이나, 그러한 목적과 가치를 지니고 있는 교육의 활동이 어떠
한 것인지를 해명하려고 시도하고 있는 점 등은 그의 교육이론이 교
육본위론의 취지를 만족시키고 있다는 사실을 보여준다. 더욱이 그가
자신의 주저(主著)라 할 수 있는 『민주주의와 교육』에서 자신이 생각
하는 교육, 즉 경험의 재구성과 성장으로서의 교육을 소개하고, 그러
한 교육이 원활히 이루어질 수 있는 사회 형태로 민주주의를 재개념
화(再槪念化)하여 제안하고 있는 장면은 전형적인 교육본위론의 시각
이라 할 수 있다. 즉, 고유한 목적과 가치, 그리고 활동의 원리를 지니
고 있는 교육을 구성하고, 그러한 교육을 본위로 하여 교육의 주변 세
계들이 교육을 위한 조건이나 환경 등으로 기능하려면 어떠한 모습을
취해야 하는지를 보여주고 있는 것이다. 이러한 점들을 고려할 때, 듀
이의 교육이론은 교육본위론의 길을 따르고 있다고 평가할 수 있다.

　　이러한 평가가 맞다면, 듀이의 교육이론은 교육의 목적과 가치,
교육 활동의 원리, 교육적 성장의 양상, 교육의 사회적인 토대 등과
관련하여 교육에 내재하는 교육의 고유한 규칙에 근거하여 새로운 논
의를 제공하고 있어야 한다. 즉, 듀이의 교육이론이 교육본위론이 되

려면, 그것은 무엇보다도 교육의 고유한 목적과 가치, 그리고 그러한 목적과 가치를 실현하는 데에 필요한 교육의 특색 있는 운영 원리 등을 보여줄 수 있어야 한다.

　먼저 듀이에게 있어 교육의 고유한 목적이나 가치는 무엇인가? 그러한 것들은 교육이 아닌 것들이 지닐 수 있는 목적이나 가치 등과는 질적으로 구분되는가? 이러한 질문에 대하여 우리는 일단 그렇다는 긍정적인 답을 할 수가 있다. 앞에서도 소개했던 것처럼, 듀이는 교육이 추구해야 하는 목적이나 가치를 교육의 바깥에서 구하지 않고, 교육의 안쪽에서 구하려는 시도를 하고 있다. 그러한 시도는 '교육은 더 교육받는다는 것 이외에 다른 목적을 지니지 않는다'라는 그의 선언에 스며들어 있다. 대개의 경우 우리는 교육의 가치나 목적을 교육의 바깥에서 찾는다. 물론 그러한 교육의 가치나 목적은 이야기하는 사람에 따라, 또 교육을 둘러싸고 있는 시대적 배경이나 사회 상황에 따라 다양한 것이 될 수 있다.

　그러나 듀이가 보기에 이는 교육의 진정한 가치나 목적이 될 수 없다. 예를 들어 교육이 교육 아닌 다른 것, 즉 경제적인 부나 사회적인 지위, 명예 등을 추구하고 이를 실현시켜 주어야 한다고 생각하는 경우를 살펴보자. 부나 지위, 명예 등은 분명 우리가 소망하는 가치 가운데 하나이며, 일상적인 삶의 장면에서는 가장 소중한 가치이기도 하다. 그러나 교육이 그러한 가치를 실현시켜 주어야 한다는 것은, 그러한 가치가 교육의 바깥에 존재하는 것인 이상에는, 교육이 부나 지위, 명예 등과 관련하여 수단적인 위치에 있다는 의미가 된다. 바꾸어 말하면, 교육이 추구해야 하는 목적이나 가치는 교육에 외재하며, 교육은 그러한 외재적인 가치들을 실현하는 데에 동원되는 수단으로서의 가치를 지니는 것이다. 그런데 교육이 수단이라는 말은 수단인 교육이 지향하는 가치나 목적이 실현되는 순간, 교육은 더 이상 어떠한 가치도 지니지 못하며, 존재 이유를 상실하게 된다는 의미를 담고 있다. 또한 부나 지위, 명예 등을 실현하는 데에 교육이라는 수단보다 더 강력한 수단이 등장하는 경우에도 교육은 수단으로서의 매력도 상실한 채, 용도 폐기되어 버릴 수 있다는 의미도 들어 있다(엄태동, 2000: 36~39). 이렇게 생각할 때, 교육의 고유한 내재적 가치 대신 외재적 가치에 주목하는 생각은, 의도했든 그렇지 않든 간에, 교육의 발전과 존속에 커다란 위협을 가져온다고 볼 수 있다.

교육의 내재적 가치를 주장하는 것은 듀이의 교육이론만은 아니다. 교과의 가치를 내세우면서 교육의 내재적 가치를 옹호하는 이론들도 존재한다. 그러나 듀이에 따르면, 교과의 내재적 가치와 교육의 내재적 가치는 동일한 것이 아니다. 교과는 듀이가 생각하는 계속적인 성장으로서의 교육에 대하여 수단적인 위치에 있다. 프래그머티즘이 지적하듯이 우리는 절대적인 완성된 경지에 도달할 수 없다. 우리는 단지 현재의 것을 부단히 경신하여 새로운 것으로 나아갈 수 있을 뿐이며, 따라서 중요한 것은 최종점이 아니라 변화의 과정과 그러한 변화의 과정을 주도하는 능력이다. 교과의 가치 척도로 판단하면, 높은 수준의 교과 지식일수록 그것은 그렇지 못한 것보다 더 소중하다. 따라서 교과의 세계는 좀 더 수준 높은 교과 지식을 지향하기 마련이다. 그러나 교육의 경우에는 그렇지가 않다. 어떠한 수준의 교과 지식을 소재나 수단으로 삼아 자신의 경험을 재구성하든지 간에, 그러한 재구성 과정이 충실히 이루어지고, 그 과정에서 우리가 재구성의 능력을 습득하며 이에 보람을 지닐 수 있다면, 그것은 교육적으로 대단히 소중한 가치를 인정받을 수 있다. 설사 교과 지식의 수준은 낮다고 하더라도, 따라서 교과의 가치라는 측면에서는 높은 평가를 받지 못한다고 하더라도, 그러한 지식을 소재로 하여 충실한 교육의 활동을 전개할 수만 있다면, 그것은 높은 수준의 교과 지식을 가지고 부실한 교육 활동을 수행하는 경우보다 교육적으로 더 가치 있는 것이다.

　　이상과 같은 점들을 고려할 때, 듀이는 교육의 가치나 목적을 실생활의 장면에서 효력을 갖는 가치들로 보지 않으며, 또한 그것을 교과의 세계에서 중시되는 좀 더 높은 수준의 진, 선, 미 등이라고 생각하지도 않고 있다. 우리는 자신의 현재 경험과 상호작용할 수 있는 경험을 담고 있는 그런 수준의 교과를 교육의 소재로 삼아 현재의 경험을 재구성할 수 있으며, 그 과정의 충실성에 상응하는 만큼의 교육적인 가치를 체험할 수 있다. 경험의 계속적인 재구성 활동에 충실히 임하는 이상, 누구든지 간에, 그가 어린 아동이든, 성숙한 성인이든, 교과와 관련하여 초보자이든, 아니면 전문가이든 간에, 동등한 교육적 가치를 향유할 수 있다. 그리고 그러한 교육적인 가치의 체험은 인간의 성장이 최종점을 갖지 않고 부단히 이루어지는 이상, 결코 중단되지 않고 지속될 수 있는 것이다. 이처럼 듀이는 교육 아닌 것들이 지닐 수 있는 것과는 구분되는 교육의 가치를 상정하고 이를 부각시키고 있으며, 바로 이 점에서 나름대로 교육본위론의 길을 걷고 있다고 평가받을 수 있다.

　　그러나 듀이가 생각하는 교육의 고유한 내재적 가치가 단순히 하나의 이상에 그치지 않고, 현실적으로 체험 가능한 것이 되려면, 그러한 가치를 체험할 수 있는 방법이 있어야 한다. 물론 그러한 방법은 교육의 활동에 해당한다. 이와 관련하여 듀이가 제안하고 있는 것이 반성적 사고이다. 반성적 사고가 바로 경험의 재구성 과정에 작용하는 지력을 수반한 활동이다. 듀이의 설명에 따르면, 반성적 사고는 우리가 당면하고 있는 상황 속에서 생겨나는 문제를 의식하는 단계와 그러한 문제의 정체를 분명히 하는 단계, 그리고 문제를 해결하는 데에 동원할 수 있는 방안들을 가설들로 구상하는 단계, 가설들을 하나씩 검토하는 가운데 최적의 방안이 될 만한 것을 선택하는 단계, 마지막으로 상상적인 사고나 실제의 장면에 가설을 적용하여 그 효력을 검증함으로써 문제를 해결하는 단계 등으로 이루어진다.

    이러한 반성적 사고는 우리가 직면하는 다양한 문제 사태에서 두루 찾아볼 수 있는 것이며, 그만큼 보편성을 갖는다. 그러나 경험의 재구성 활동이나 문제의 해결 활동에 작용하는 사고가 과연 듀이가 반성적 사고라는 이름으로 묘사한 것처럼 그렇게 단순한 형태를 띠는지는 의문의 여지가 있다(이돈희, 1992: 15). 반성적 사고는 경험의 재구성 활동이며, 듀이에 따르면, 그것은 교육의 활동이기도 하다. 따라서 이러한 의문은 교육의 활동이 과연 반성적 사고라는 형태로 단순화시켜 설명될 수 있는 것인지를 묻는 것이기도 하다. 그러나 여기서 우리가 생각해야 할 점은 교육의 활동이 어떠한 형태로 이루어지는가는, 듀이를 포함하여, 어느 누구로부터도 최종적인 대답을 구할 성질의 문제가 아니라는 점이다. 아마도 이는 교육학이 탐구해야 할 항구적인 질문에 속한다고 보는 편이 맞을 것이다. 따라서 우리는 듀이의 반성적 사고가 교육의 활동으로서는 부실한 점이 있으므로 그의 교육이론이 그릇된 것이라고 판단해서는 안 된다. 프래그머티즘에 충실하게 이야기하자면, 듀이의 교육이론 역시 앞으로 교육이론이 부단히 재구성되는 가운데 우리가 하나의 디딤돌로 삼아야 할 이정표에 불과하다. 교육의 내재적 가치가 존재한다고 믿는 이상, 그러한 가치를 구현하는 교육의 활동이 어떠한 것인가를 해명하는 일은 듀이가 우리에게 남겨준 탐구의 주제인 셈이다. 그리고 이렇게 생각할 때, 한 가지 우리가 더 관심을 기울여야 하는 것은 배움의 활동과 더불어 교육의 활동을 구성하고 있는 가르침의 활동이 어떤 것인지를 밝히는 일이다. 사실 듀이가 말하는 반성적 사고는 배움의 활동을 보여줄 뿐, 가르침의 활동을 보여주는 것은 아니다. 이러한 점에서 반성적 사고를 발전시켜 배움의 활동을 체계적으로 묘사하고, 그와 맞물려 진행되는 가르침의 활동을 탐색하는 것은 듀이의 교육이론을 한 차원 더 발전시키는 데 관건이 된다.

경험의 재구성 활동을 통하여 우리가 교육적으로 성장한다고 할 때, 그러한 성장의 양상은 어떠한 것인가? 먼저 밝혀둘 것은 듀이의 교육이론은, 그것이 프래그머티즘을 기반으로 삼고 있는 이상, 우리의 성장이 지향해 할 최종적인 상태를 가정하지 않는다는 점이다. 그러한 완성된 형태의 성장은 절대적인 것을 상정하지 않는 프래그머티즘의 성격상, 듀이의 교육이론에는 들어올 여지가 없다. 성장과 관련된 이러한 듀이의 논의에 대하여 흔히 제기되는 비판은 무엇이 성장이라면 그것이 나아가야 할 방향이 존재해야 되는데, 이상적인 성장의 형태를 부정하는 듀이에게는 그러한 것이 존재하지 않는다는 것이다.

즉, 듀이의 성장에 관한 논의 속에는 성장의 준거에 해당하는 것이 들어 있지 않다는 것이다. 그러나 이러한 비판은 듀이가 넘어서려는 전통 철학의 틀을 다시 듀이에게 덮어씌우는 잘못을 범하게 된다. 성장의 준거를 분명히 하라는 요구는, 어떠한 형태든지 간에, 이상적이며 완성된 형태의 성장을 상정할 것을 요구한다. 그런데 우리가 상정하는 완성된 형태의 성장은 그것을 상정하는 우리의 현재 성장의 정도에 의해 제약을 받기 마련이다. 즉, 우리가 그리는 성장의 최종점은 현재 우리가 도달해 있는 성장의 양태를 반영하지 않을 수 없는 것이다. 이러한 점에서 성장의 준거를 밝히라는 요구는 현재의 관점에서 규정된 성장의 관념을 그러한 현재와는 다른 미래의 어떠한 성장을 가늠하는 데까지 부당하게 적용하는 오류를 낳을 뿐이다. 듀이의 프래그머티즘을 발전적으로 계승한 것으로 평가받는 로티42는 이와 같은 점을 지적하면서 오히려 듀이가 성장의 준거를 밝히지 않은 점이야말로 전적으로 올바른 조치라고 평가한다(Rorty, 1999: 120).

듀이가 최종적인 결과로서의 성장을 상정하지 않는 이상, 그에게 남게 되는 것은 부단한 성장의 과정뿐이다. 그런데 어떠한 것을 성장이라고 말하려면, 설사 완성된 형태의 성장을 준거로 삼지는 않는다고 하더라도, 이후의 경험이 이전의 경험보다 개선된 것이라는 점 정도는 확인할 수 있어야 한다. 이와 관련하여 주목할 필요가 있는 것이 듀이가 '경험의 계속성'이라는 원리로 전개하고 있는 논의이다(EE: 19).

---

42 로티의 네오-프래그머티즘(neo-pragmatism)의 전체적인 양상과 이에 근거하여 추론할 수 있는 새로운 교육론에 대해서는 엄태동의 『로티의 네오 프래그머티즘과 교육』(서울: 원미사. 1999)을 참고하라.

이에 따르면, 하나의 경험은 그것에서 멈추지 않고 이후의 경험이 이루어지는 데에 필요한 발판이나 도구로 활용되기 마련이다. 그리고 이후의 경험은 다시 그것보다 이후의 경험을 낳는 도구로 작용한다. 이러한 경험의 재구성 과정에는 종착점이 존재하지 않는다.

위에서 간략하게 소개한 듀이의 경험의 계속성의 원리 속에는, 비록 듀이가 명시적으로 언급하지는 않았다고 하더라도, 그가 말하는 성장이 어떠한 가치 판단에 의하여 이루어지고 있음을 보여주는 단서가 들어 있다. 하나의 경험이 그것에서 종료되지 않고, 그것과는 다른 새로운 경험을 낳는 도구로 작용하며, 이처럼 하나의 경험이 그것과는 다른 새로운 경험으로 계속적으로 나아가는 과정이 성장이라는 것은 무슨 의미인가? 다시 한번 이야기하지만, 듀이는 성장의 준거로 작용할 만한 완성된 최종적인 성장을 상정하지 않는다. 절대적이며 최종적인 것을 추구하는 것은 듀이 이전 전통 철학의 꿈이기는 하지만, 듀이의 철학에 이르면 그러한 것은 인정되지 않는다. 그러나 절대적인 것을 상정하지 않는다고 해서 듀이가 성장의 준거라고 할 만한 것을 완전히 포기하는 것은 아니다.

우리가 하나의 경험에 머물러 있는 상태를 가리켜 성장이라고 하지는 않는다. 성장은 적어도 하나의 경험에서 다른 경험으로 나아가는 움직임과 흐름에 적용되는 말이다. 그런데 성장이라는 것은 말 그대로 그러한 움직임과 흐름이 이전의 것보다는 개선된 경험으로 나아간다는 의미를 담고 있다. 이전의 것과 질적인 차이가 없거나, 아니면 이전의 것보다도 조잡하고 유치한 경험을 향하여 나아가는 움직임을 성장이라 하지는 않는다. 그것은 정체된 상태이거나 아니면 퇴보에 불과하다. 그렇다면 듀이가 말하는 하나의 경험이 그것과는 다른 새로운 경험으로 나아가는 과정이 성장에 해당한다는 것을 우리는 어떻게 알 수가 있는가? 듀이의 경험의 계속성의 원리에는 이러한 의미가 들어 있다. 성장의 주체인 우리는 하나의 경험을 도구로 삼아 그것과는 다른 차원의 경험을 재구성하여 나아가는 과정에서 두 가지의 경험에 직면하게 된다. 하나는 재구성 이전의 경험이요, 다른 하나는 그것을 도구로 하여 새롭게 재구성된 경험이다. 그런데 듀이는 이후의 경험이 이전의 경험을 발판으로 삼아 재구성되는 것이기는 하지만, 이후의 경험은 이전의 경험이 담고 있지 못한 새로운 전망을 보여준다고 생각한다. 이후의 경험을 토대로 하여 우리는 새로운 세계를 환경으로 맞이하게 되며, 그러한 환경은 이전의 경험에서는 상상할 수도 없던 가능성을 담고 있다. 우리는 이전의 경험과 이후의 경험을 비교하는 가운데 좀 더 새로운 전망을 보여주는 것, 좀 더 다양한 경험으로 계속적으로 나아갈 수 있는 가능성을 지닌 것을 개선된 경험으로 선택할 수 있다. 바꾸어 말하면, 이전에는 생각할 수 없었던 새로운 세계를 자신의 환경으로 맞이하도록 이끌어 주며, 그것과 상호작용함으로써 좀 더 새로운 경험을 재구성할 수 있도록 해주는 경험이 이전의 것보다는 개선된 경험으로 선택된다. 듀이가 말하는 경험의 재구성 과정에는 이러한 주체적인 판단과 선택이 개재하며, 이를 통하여 경험은 좀 더 개선된 경험으로 성장한다. 물론 이러한 주체적인 판단과 선택의 과정에는 오류가 끼어들 수밖에 없지만, 이는 절대적인 것에 도달할 수 없는 인간에게 허용된 유일한 진보의 기제(機制)라 할 수 있다.

  결국 듀이가 생각하는 교육의 과정을 통하여 우리는 자신의 경험을 재구성하는 활동의 역량과 그러한 활동을 통하여 접하게 되는 경험들의 가치를 주체적으로 판단하는 능력을 확충하게 되는 셈이다. 그러나 이러한 능력과 역량을 확충하기 위해서는 종전과는 다른 방식으로 교과의 내용을 조직하지 않으면 안 된다. 듀이가 보기에 종전의 교과들은 성인의 관점에서 보았을 때, 지식이나 예술이라 할 만한 것들을 중심으로 조직되어 왔다. 즉, 성인이나 전문가가 보기에 지식이나 예술이라 할 만한 높은 수준의 것을 선정하고, 이를 논리적으로 조직하여 왔던 것이다. 그러나 듀이에 따르면, 그러한 성인이나 전문가의 교과가 곧바로 아동이나 학생들의 교과가 될 수는 없다. 그러한 교과들은 아동의 현재 경험보다 지나치게 높은 수준의 것이기 때문에 아동이 그의 현재 경험을 근거로 하여 상호작용할 수 없는 것들이다. 이로 인하여 아동은 교과들을 진정으로 이해하기보다는 무의미한 암기와 재생에 시달릴 수밖에 없었던 것이다.

  듀이가 제안하는 것은 교과의 진보적인 조직이다. 이는 아동이 자신의 현재 경험을 발판으로 삼아 흥미를 갖고 도전하여 상호작용할 수 있는 수준의 경험을 선정한 뒤, 이를 교과로 제시하고, 아동이 이 경험에 도달하면, 다시 그것과 상호작용할 수 있는 수준의 경험을 교과로 제공하는 방식을 의미한다. 이러한 방식을 취해야만 아동은 흥미와 관심을 지니고 교과를 배울 수 있게 된다. 물론 그러한 과정이 거듭되는 가운데 아동은 점진적으로 성인이나 전문가의 교과가 담고 있는 경험에까지 도달한다.

  여기서 우리는 듀이가 나름대로 교육본위론적인 발상을 전개하고 있다는 점을 확인할 수 있다. 우리는 교과의 내용을 선정하고 조직할 경우에 대부분 학문적이거나 예술적인 가치 기준을 참조한다. 학문적이거나 예술적인 기준에 비추어 가치를 지니는 가장 새롭고 가장 수준 높은 지식을 교과의 내용으로 선정한 뒤, 이를 곤란도를 감안하여 적절히 계열화하는 것이다. 그러나 듀이는 학문적이거나 예술적인 기준이 아니라, 교육적인 기준을 중심으로 한 교과 내용의 조직이라는 아이디어를 제안하고 있다. 학문적이거나 예술적인 기준에서 보면 가치가 있다고 평가하기 어려운 낡고 수준 낮은 내용이라 하더라도, 그것이 아동의 경험과 적절히 불일치하여 그의 흥미를 유발하고, 그럼으로써 아동과 상호작용할 수 있는 것이라면, 교육적으로는 대단히 소중한 교과의 내용이 된다. 듀이에 따르면 교과의 내용은 그것이 얼마나 최신의 것이며 수준이 높은 것이냐, 또는 진리나 미에 얼마나 근접한 것이냐에 따라 가치 평가가 이루어져서는 안 된다. 교과는 교육의 수단이다. 따라서 우리는 그것이 아동이나 학생의 흥미를 불러일으키면서 상호작용할 수 있는 것인가, 그리고 아동이나 학생은 그러한 교과를 통하여 지력을 신장시킬 수 있는가를 질문해야 한다. 물론 듀이도 인정하듯이 교과의 진보적인 조직이라는 아이디어에 맞도록 교과의 내용을 조직하는 일은 결코 쉬운 과제가 아니다. 그러나 쉽지 않다고 하더라도 우리가 교육을 제대로 운영하고자 한다면, 이 과제는 결코 무시되어서는 안 된다. 우리가 듀이를 계승하자면, 바로 이 과제를 중심으로 듀이의 아이디어를 좀 더 구체적으로 번역하려는 다양한 노력이 이루어져야 한다.

듀이는 자신이 생각하는 이상적인 교육이 제대로 이루어지도록 하려면, 그러한 교육을 둘러싸고 있는 사회적인 환경이 어떠한 모습을 갖추어야 하는가와 관련해서도 교육본위론적인 통찰을 제시하고 있다. 많은 경우에 우리는 교육과 사회의 관계를 생각함에 있어서 교육이 사회가 추구하는 가치나 사회의 발전을 위하여 봉사해야 되는 도구라는 관점을 당연시하고 있다. 그러나 교육이 내재적인 가치를 지니며 교육은 그러한 가치에 충실해야 한다고 생각하는 듀이의 입장에서 보면, 그러한 관점은 그릇된 것이다. 교육이 제대로 운영되고 발전하려면, 사회는 교육이 교육답게 이루어지도록 보장하는 환경이 되어야 한다는 것이 듀이의 생각이다. 물론 현실적인 사회가 교육의 발전을 보장하기 어려운 모습을 지니고 있다면, 그 사회를 개혁하여 교육적인 환경이 되도록 노력해야 한다. 잘 알려진 것처럼 듀이는 민주주의를 교육적인 사회 형태로 제안하고 있다. 이때 민주주의는 정치적인 사회 형태를 의미하는 것이 아니다. 그것은 각자가 자유롭게 자신의 관심에 따라 다양한 경험을 추구하고, 다른 사람들과의 상호작용을 통하여 그러한 경험들을 자유롭게 공유할 수 있도록 보장하는 사회이다. 그런데 다양한 경험들이 추구되고, 또 그 경험들이 자유롭게 공유되어야 한다는 것은 결국 경험의 계속적인 재구성으로서의 교육이 활발히 이루어져야 한다는 의미이다. 그리고 민주주의는 그러한 교육이 숨 쉴 수 있는 교육적인 사회, 즉 교육을 위한 사회로서 제안되고 있는 것이다.

　　듀이가 결코 완성된 형태의 교육이론이나 교육본위론을 제안하고 있는 것은 아니다. 프래그머티스트인 듀이로서는 자신의 교육이론이 그러한 것이라 생각할 수도 없을 것이다. 그의 교육이론은 그것과는 다른 새로운 교육이론의 재구성에 도구로서 사용되어야 하는 하나의 이정표이고 징검다리일 뿐이다. 그러나 현재 우리는 듀이의 교육이론을 발판으로 삼아 새로운 교육이론을 모색할 수 있을 만큼 그의 교육이론을 충분히 소화하고 있지는 못하다. 오히려 우리의 교육계나 교육학계는 그동안 듀이의 교육이론을 그것의 본래 취지나 의미와는 다르게 해석해 온 감이 있다. 그래서 듀이가 전혀 동의하지 않을 실제적인 조처도 듀이의 진보적인 교육에 해당하는 것으로 둔갑시키고, 또 듀이가 명시적으로 부인하고 있음에도 불구하고 그의 이론을 천박한 실용주의를 대표하는 것으로 간주해 왔다. 이는 듀이 개인의 불행에 그치지 않고, 교육과 교육학의 발전을 위해서도 바람직하지 않은 일이다. 만약 듀이에게서 우리가 배워야 할 것이 아직도 많다고 하면, 더욱더 그러하다. 여기서 제안한 듀이에 대한 해석과 듀이를 재조명하는 관점은 듀이의 교육이론을 발판으로 삼아 새로운 교육이론을 모색한다고 할 때, 한번쯤 고려해볼 만한 가치가 있을 것이다. 듀이는 우리에게 과거가 아니라 여전히 살아있는 현재이며, 우리는 듀이라는 현재를 거쳐 그가 시사하고 있을 미래를 향해 나아가야 한다. 우리는 듀이를 너무 허술하게 이해하거나 오해하였으며, 그 바람에 그에게서 들을 수 있는 교육과 교육학에 대한 기발한 통찰과 발상을 놓쳐 버린 듯하다. 그래서인지는 모르겠으나, '그 앞에 어떤 수식어도 붙지 않는 교육의 고유한 면모를 밝히고 싶다'는 듀이의 애절한 소망이 도대체 무슨 의미를 지니는지조차 모르는 교육학자들이 등장하는 시대가 오고 말았다.

역자 후기

  교육에 대해 이론적인 공부를 하고 싶은데 어떤 책을 읽어야 할
지 모르겠다며 적당한 것을 물어오는 사람들이 있다. 교육이 가져다
주는 물질적인 효용에만 예민할 뿐, 정작 교육이 무엇인지에 대해서
는 너무도 둔감한 세태에 비추어보면, 교육학자인 나에게 이들은 참
으로 소중한 사람들이다. 그러나 그들을 위해 이리저리 책들을 뒤적
여 보지만, 그들의 남다른 열정이나 지적인 관심을 충족시켜줄 만한
읽을거리는 쉽게 찾을 수가 없다. 어쩌면 당연한 일이다. 교육학을 예
비교사들을 위한 교직과목이라 생각하고, 수업용 교재 쓰는 일 정도
를 자신들의 소임으로 여기는 교육학자들의 손에서 일반 교양인들이
원하는 작품이 나올 리 만무하다. 대형서점의 교육학 코너에 꽂혀 있
는 책들은 내용이 서로 다르지 않은 교육학 교재들 일색이며, 일반인
들의 교육에 대한 이론적 관심과 지적 갈증을 채워주기에는 내용이
턱없이 빈약하다.
  그래도 부탁을 거절하기 어려워 몇 권의 책들을 추천하곤 하는데
그때마다 듀이의 책이 한두 권 정도는 꼭 끼어있었다. 그러나 듀이의
책을 읽을 만하다고 권하면서도 마음이 편했던 적은 거의 없었다. 그

것은 듀이가 교육을 이론적으로 공부하는 일과 관련해서 읽을 만한
가치가 없는 인물이어서는 아니다. 오히려 듀이는 교육에 이론적 관
심이 있는 사람들이 늘 옆에 두고 틈날 때마다 읽어야 할 만큼 중요한
교육이론가 가운데 한 사람이다. 그래서 읽어보라고 추천도 한 것이
다. 그런데 왜 마음이 불편했을까?

　　듀이의 책을 한 번이라도 읽어본 사람이라면 분명히 공감할 터이
지만, 그의 책은 읽기가 도통 쉽지 않은 글들로 쓰여 있다. 원고지에
펜으로 글을 써서 퇴고가 쉽지 않은 시대였음을 감안한다고 하더라
도, 영문으로 된 그의 글은 어떤 때는 지나치다 싶을 정도로 같은 이
야기를 반복하는가 하면, 또 어떤 때는 하나의 문장과 그 다음 문장
사이에 몇 개의 문장들이 빠진 것이 아닌가 하는 생각이 들 만큼 생략
이나 비약이 심하다. 이런 이유 때문에 듀이의 책을 영문으로 직접 읽
다가 끝내 다 읽지 못하고 중간에 덮어버린 사람이 한 둘이 아닐 것이다.

　　결코 쉽게 읽을 수 없는 듀이의 책이지만, 그래도 꼭 읽을 만한
가치가 있는 것을 꼽으라고 하면, 『경험과 교육』이 빠지지 않는다. 그
러나 독자를 결코 편하게 만들지 않는 듀이의 글쓰기 솜씨가 이 책에
서도 유감없이 발휘되고 있다. 아무리 인내심을 갖고 마지막 페이지
까지 다 읽으려고 해도 그렇게 하기가 쉽지 않다. 이는 불행한 일이
다. 왜냐하면 이 책은 듀이의 다른 책들에 비하면 상대적으로 분량이
많지 않은 작품이지만, 그럼에도 불구하고 듀이 교육이론의 가장 중
요한 핵심을 거의 고스란히 담고 있기 때문이다. 이런 중요한 책이 단
지 읽기가 불편하다는 이유로 독자들의 독서목록에서 빠진다면, 너무
도 애석한 일이 아니겠는가?

　　독자들이 듀이의 책을 편하게 읽을 수 있도록 해야겠다는 생각으
로 꽤 오래전에 『경험과 교육』을 번역해서 출간한 적이 있다. 시간이
많이 지나서 기억이 정확하지는 않지만, 그때 나는 듀이가 말하고자
하는 바가 훼손되지 않는 이상, 영문으로 된 그의 글을 우리말로 직역
하기보다는 독자들이 편하게 읽을 수 있는 자연스러운 우리글로 옮겨
야겠다는 원칙을 세웠었다. 듀이가 쓴 영문을 우리말로 직역하면, 그
것은 영문으로 된 듀이의 글을 읽는 것 이상으로 독자들을 고통스럽
게 할 뿐만 아니라, 도대체 듀이가 무슨 말을 하려고 하는지도 제대로
이해할 수 없게 만들 것이 뻔했기 때문이다. 미국인인 듀이가 아니라
한국의 어느 학자가 쓴 책을 읽고 있다고 독자들이 착각할 정도로 자
연스러운 우리말로 번역을 시도하다 보니 꽤 힘이 들었다. 번역이 이
렇게 힘든 것인지 그때 처음 알았고, 출간과 동시에 다시는 남의 글을
번역하지 않겠다는 결심을 했다.

　　『경험과 교육』을 읽으면서 교육에 대해 고민하는 독자들이 그리
많지는 않아도 끊이지 않고 있었던 모양이다. 이제는 문을 닫은 출판
사를 대신해서 박영사가 『경험과 교육』의 번역본을 다시 출간하겠다
는 뜻을 전해왔다. 오탈자를 바로잡는 정도로 가벼운 수정을 해서 책
을 내면 되겠다는 생각을 했다. 그러나 원고 수정을 위해 번역본을 읽
다가 갑자기 마음이 무거워졌다. 부드럽게 읽을 수 있는 우리말로 번
역하겠다는 원래 취지와는 달리 여전히 이해하기가 쉽지 않은 우리말
번역문들이 여기저기 눈에 들어왔기 때문이다. 영문을 우리말로 직역
하는 편한 번역의 유혹에서 충분히 벗어나지 못했던 것이다. 독자들
이 이 책을 읽으면서 느꼈을 곤혹감을 생각하니 이대로는 출판을 할

수 없었다. 그래서 다시는 번역을 하지 않겠다는 생각을 하게 만든 책을 가지고 또 한 번 번역을 하는 흔치 않은 일을 하게 되었다. 원래의 번역본과 대조해보면 알겠지만, 『경험과 교육』의 상당 부분을 새로 번역했다. 듀이가 말하고자 한 바가 더 쉽게 이해될 수 있도록 하면서도 독자들이 더 편하고 자연스럽게 읽을 수 있는 우리말로 옮기려고 무진 애를 썼다.

『경험과 교육』만 그렇게 한 것이 아니다. 이 책의 2부로 같이 실은 듀이의 논문인 「아동과 교육과정」의 번역도 만족스럽지 않기는 마찬가지여서 처음부터 다시 번역하였다. 『경험과 교육』보다 36년 먼저 나온 글이기는 하지만, 「아동과 교육과정」은 『경험과 교육』에 등장하는 듀이 교육이론의 가장 중요한 문제의식과 해답을 거의 그대로 간직하고 있다. 이 논문을 새로 번역한 글을 『경험과 교육』의 새로운 번역과 함께 읽는다면 듀이 교육이론에 좀 더 쉽게 다가갈 수 있을 것이다.

이 책의 부록으로 「존 듀이를 위한 한 편의 변론」을 실었다. 이 논문은 듀이의 『경험과 교육』을 번역해 내놓으면서 역자가 이해한 범위 내에서 듀이의 교육이론을 소개하고 그를 둘러싼 논란과 오해를 불식시키려고 쓴 「지상에서 추방당한 존 듀이의 천상의 교육학」을 부분적으로 수정한 것이다. 듀이의 교육이론을 옹호하는 입장에서 쓴 이 글은 발표한지 거의 19년이 흘렀다. 듀이의 교육이론이 중요하다는 생각에는 커다란 변함이 없지만, 그를 대하는 역자의 애정이 이전과 똑같을 수는 없다. 역자는 이제 교육에 대해서 듀이와는 여러모로 다른 생각을 갖고 있다. 듀이의 교육이론을 옹호하는 글을 처음 쓰던 당시에는 천상의 교육학처럼 보였을지 모르나, 이제 나에게 그의 교육이론은 더 이상 천상의 교육학이 아니다. 이처럼 지금 역자가 갖고 있는 교육에 대한 생각을 담고 있지는 못하지만, 이 글은 듀이의 교육 이론에 관심을 갖고 있는 독자들에게는 여전히 읽을 만한 가치가 있다. 그래서 부분적인 수정과 함께 원제목이 갖고 있던 다소 과장된 찬사를 뺀 제목인 「존 듀이를 위한 한 편의 변론」으로 고쳐 다시 실었다.

교육이라는 이름으로 온갖 허망한 이야기들이 범람하고 있는 이 시대에 교육이란 도대체 무엇인지를 진지하게 다시 묻는 사람들이 몇 명이라도 끊이지 않고 계속 나왔으면 좋겠다. 그리고 그 흔치 않은 사람들에게 이 책이 조금이라도 도움이 된다면 더 이상 바랄 것이 없겠다.

참고 문헌

김규욱(2001). 듀이 교육이론에 대한 교육본위론적 재해석. 서울대학교 박사
　　학위논문.

김재만(1982). 한국 교육과 Dewey 교육사상. 한국철학회·한국교육학회·한국
　　존 듀이 연구회(편). 『존 듀우이와 프라그마티즘』. 서울: 삼일당.
　　239－259.

김태길(1990). 『존 듀이의 사회철학』. 서울: 명문당.

손승남(2001). 교육적 인간상으로서 신지식인의 가능성과 한계. 『교육철학』.
　　제25집. 교육철학회. 55－71.

손원영(2001). 『기독교 교육과 프락시스』. 서울: 한국장로교출판사.

엄태동(1999). 『로티의 네오 프래그머티즘과 교육』. 서울: 원미사.

엄태동(2000). 교육의 개념과 반성적 교육철학. 박성희 외(2000). 『교육학에
　　의 초대』. 서울: 원미사. 15－62.

이돈희(1992). 『존듀이: 교육론』. 서울대학교 출판부.

이보형 외(1986). 『미국인의 생활과 실용주의』. 서울: 민음사.

이홍우(1987). 역자 해설. 이홍우(역). 『민주주의와 교육』. 서울: 교육과학사.
　　ⅰ－ⅹⅹⅵ.

이홍우(1990). 『교육의 개념』. 서울: 문음사.

장상호(1991). 『교육학 탐구 영역의 재개념화』. 교육학 연구. 91－2. 서울대
　　학교 사범대학 교육연구소.

장상호(1997). 『학문과 교육(상): 학문이란 무엇인가』. 서울대학교 출판부.

장상호(2000). 『학문과 교육(하): 교육적 인식론이란 무엇인가』. 서울대학교 출판부.

황용길(1999). 『열린 교육이 아이들을 망친다』. 서울: 조선일보사.

Bernstein, R. J.(1966). John Dewey. New York: Washington Square Press.

Bernstein, R. J.(1971). Praxis and Action: Contemporary Philosophies of Human Activity. Philadelphia: University of Pennsylvania Press.

Dewey, J.(1899). School and Society. John Dewey: The Middle Works. Vol.1. Carbondale and Edwardsville: Southern Illinois University Press. (SS)

Dewey, J.(1902). The child and the Curriculum. John Dewey: The Middle Works. Vol.2. Carbondale and Edwardsville: Southern Illinois University Press. (CC)

Dewey, J.(1916). Democracy and Education. John Dewey: The Middle Works. Vol.9. Carbondale and Edwardsville: Southern Illinois University Press. (DE)

Dewey, J.(1916). Essays in Experimental Logic. John Dewey: The Middle Works. Vol.10. Carbondale and Edwardsville: Southern Illinois University Press. (EEL)

Dewey, J.(1920). Reconstruction in Philosophy. John Dewey: The Middle Works. Vol.12. Carbondale and Edwardsville: Southern Illinois University Press. (RP)

Dewey, J.(1929). The Quest for Certainty: A Study of the Relation of

Knowledge and Action. John Dewey: The Later Works. Vol.4.
Carbondale and Edwardsville: Southern Illinois University Press. (QC)

Dewey, J.(1933). How We Think: A Restatement of the Relation of
Reflective Thinking to the Educative Process. John Dewey: The Later
Works. Vol.8. Carbondale and Edwardsville: Southern Illinois
University Press. (HWT)

Dewey, J.(1938). Experience and Education. John Dewey: The Later
Works. Vol.13. Carbondale and Edwardsville: Southern Illinois
University Press. (EE)

James, W.(1907). Pragmatism. New York: Prometheus Books.

Peters, R. S.(1966). Ethics and Education. London: George Allen & Unwin.

Prado, C. G.(1987). The Limits of Pragmatism. New Jersey: Humanities
Press.

Rorty, R.(1999). Philosophy and Social Hope. New York: Penguin Books.

색인

ㄱ

가설　110, 143, 204

가시적인 목적　79, 80, 147

경험론　15

경험의 계속성의 원리　19, 26, 27, 29, 30, 31, 33, 34, 44, 45, 49, 207, 208

경험의 논리적인 측면　138, 139, 141, 142

경험의 상호작용 원리　40, 41, 43, 45, 46, 48, 181, 192

경험의 심리적인 측면　138, 139, 142, 144

경험의 재구성　49, 161, 172, 173, 177, 183, 192, 200, 204, 205, 207, 208

과학적인 방법　101, 108, 109, 111, 112, 113

교과의 가치　47, 144, 176, 177, 178, 179, 180, 182, 183, 185, 193, 202, 203

교과의 진보적 조직 103, 104, 107, 143, 187, 189, 192, 196

교육본위론　199, 200, 203, 211

교육의 가치　47, 176, 177, 178, 179, 180, 182, 183, 187, 201, 203

교육의 본질　116, 198

교육의 소재　183, 203

교육적인 경험　21, 32, 55, 67

김태길　164, 169, 171

ㄴ

내재적 가치　71, 144, 179, 180,

181, 185, 202, 203, 205

놀이   45, 57, 58, 59, 68

ⓒ

대응설   121, 168

도구주의 168, 171, 172, 173, 174

동기   129, 146, 147, 149, 151, 152

ⓔ

로티   206

링컨   21

ⓜ

민주주의 21, 27, 28, 29, 200, 211

민주주의와 교육   79, 91, 200

ⓗ

반성적 사고   75, 77, 78, 184,
185, 204, 205

발달   133, 139, 142, 143, 179

비교육적인 경험   15, 16, 32, 48, 55,
182, 188

ⓢ

사고   76, 100, 108, 137, 171, 172

새교육   5, 6, 7, 8, 9, 10, 11, 12, 22,
41, 89, 90, 114, 115, 134, 137

성인의 교과   6, 187, 188, 189,
191, 196, 209

성장   22, 23, 31, 32, 38, 41, 42, 44,
47, 50, 72, 76, 87, 88, 90, 91, 92,
93, 98, 102, 113, 126, 129, 130,
131, 132, 133, 136, 139, 142, 144,
147, 154, 161, 168, 172, 173, 174,
177, 179, 181, 182, 183, 185, 187,
188, 196, 200, 205, 206, 207, 208

소극적인 자유   76

습관   4, 16, 28, 29, 30, 32, 70, 102,
171

실용주의 163, 164, 165, 167, 168, 169,
170, 171, 172, 173, 174, 177, 185,
195, 212

실험적 방법   114

ⓞ

아동의 교과   145, 187, 188

아리스토텔레스   108

아퀴나스   108

엄태동   164, 169, 202, 206

외재적 가치   71, 202

원인   27, 28

이돈희   198, 204

이유   27, 28, 29

이홍우   100, 159, 162, 169, 178, 180,
          183, 185

ㅈ

자유11, 12, 29, 39, 41, 42, 56, 59, 65,
       67, 71, 72, 75, 194

자유교육   194, 195

자제력   16, 77, 78

장상호   199

적극적인 자유   76

준비   49, 51, 52, 53

지력   41, 42, 75, 77, 78, 80, 86, 87,
        98, 112, 147, 172, 177, 183, 184,
        195, 204, 210

진보적인 교육   3, 4, 5, 6, 9, 16,
          17, 18, 20, 21, 27, 29, 38, 79, 80,

85, 93, 97, 103, 104, 108, 115,
213

ㅊ

초등교육 89, 104

충동66, 76, 77, 78, 79, 80, 81, 82, 83,
       85, 86, 125, 136, 137, 138, 154

ㅋ

코페르니쿠스   23

ㅌ

통제   10, 36, 39, 41, 52, 55, 56, 57,
        59, 60, 62, 63, 64, 68, 71, 77, 127,
        137, 140, 142, 196

ㅍ

프래그머티즘   121, 163, 164,
          167, 168, 169, 170, 171, 174, 174,
          177, 182, 183, 185, 195, 202, 205,
          206

프톨레미 23

플라톤   78, 79, 159

피터스   47, 144, 180, 183, 185   흥미   80, 85, 120, 121, 127, 129,
                                                 133, 134, 135, 136, 149, 151, 152,
ⓗ   153, 192, 193, 196, 209, 212

학자의 교과   145, 147

저자 소개

존 듀이(John Dewey, 1859~1952)

19세기와 20세기에 걸쳐 활약한 미국의 철학자이자 교육학자이다. 미국의 자생적인 철학이라 할 수 있는 프래그머티즘의 탄생에 커다란 역할을 하였을 뿐만 아니라, 프래그머티즘의 시각에서 교육을 조망하여 혁신적인 교육이론을 내놓았다. 그의 교육이론은 우리나라 교육학의 발전에 커다란 공헌을 한 것이 사실이지만, 이제는 한국의 교육학자들에 의해 건설적으로 극복되어야 하는 장애물이기도 하다. 듀이가 우리에게 선사한 교육학 분야의 대표적인 저서로는 『경험과 교육』 이외에 『민주주의와 교육』, 『학교와 사회』 등이 있다.

역자 소개

엄태동

1965년 수원에서 태어나 서울대학교에서 교육학을 공부했다. 2000년부터 청주교육대학교에서 교육이란 무엇인지를 고심하며 그 성과를 모아 학생들을 가르치고 있다. 『로티의 네오 프래그마티즘과 교육』, 『초등교육의 재개념화』, 『하이데거와 교육』, 『거장들의 만남과 헤어짐』 같은 책들을 썼다.

제2판
존 듀이의 경험과 교육

초판발행	2001년 11월 26일
제2판발행	2019년 4월 22일
중판발행	2024년 6월 21일

지은이	존 듀이(John Dewey)
옮긴이	엄태동
펴낸이	노 현

편 집	강민정
표지디자인	박현정
제 작	고철민·조영환

펴낸곳	㈜ 피와이메이트
	서울특별시 금천구 가산디지털2로 53 한라시그마밸리 210호(가산동)
	등록 2014. 2. 12. 제2018-000080호
전 화	02)733-6771
f a x	02)736-4818
e-mail	pys@pybook.co.kr
homepage	www.pybook.co.kr
I S B N	979-11-89643-95-9 93370

copyright©엄태동, 2019, Printed in Korea

정 가   10,000원